Designing for Older Adults

Principles and Creative Human Factors Approaches

适老化设计
——原则及创新性人因学方法

（原著第3版）
Third Edition

[美] 萨拉·J. 查亚（Sara J. Czaja）　　沃尔特·R. 布特（Walter R. Boot）　著
　　 尼尔·查尼斯（Neil Charness）　　温迪·A. 罗杰斯（Wendy A. Rogers）

山娜　张帆　崔艺铭　译

化学工业出版社
·北京·

Designing for Older Adults: Principles and Creative Human Factors Approaches 3rd Edition / by Sara J. Czaja, Walter R. Boot, Neil Charness, Wendy A. Rogers / ISBN: 978-1-138-05366-3

Copyright© 2019 by Taylor & Francis Group, LLC.

Authorized translation from English language edition published by CRC Press, part of Taylor & Francis Group LLC; All rights reserved. 本书原版由 Taylor & Francis 出版集团旗下，CRC 出版公司出版，并经其授权翻译出版。版权所有，侵权必究。

Chemical Industry Press Co., Ltd. is authorized to publish and distribute exclusively the Chinese (Simplified Characters) language edition. This edition is authorized for sale throughout Mainland of China. No part of the publication may be reproduced or distributed by any means, or stored in a database or retrieval system, without the prior written permission of the publisher. 本书中文简体翻译版授权由化学工业出版社独家出版并限在中国大陆地区销售。未经出版者书面许可，不得以任何方式复制或发行本书的任何部分。

Copies of this book sold without a Taylor & Francis sticker on the cover are unauthorized and illegal. 本书封面贴有 Taylor & Francis 公司防伪标签，无标签者不得销售。

北京市版权局著作权合同登记号：01-2023-5473

图书在版编目（CIP）数据

适老化设计：原则及创新性人因学方法/（美）萨拉·J.查亚（Sara J. Czaja）等著；山娜，张帆，崔艺铭译. —北京：化学工业出版社，2023.11（2025.2重印）

书名原文：Designing for Older Adults: Principles and Creative Human Factors Approaches

ISBN 978-7-122-44001-3

Ⅰ.①适… Ⅱ.①萨…②山…③张…④崔… Ⅲ.①老龄产业-产品设计 Ⅳ.①F264②TB472

中国国家版本馆CIP数据核字(2023)第153251号

责任编辑：李彦玲　　　　　　　文字编辑：吴江玲
责任校对：张茜越　　　　　　　装帧设计：史利平

出版发行：化学工业出版社
　　　　　（北京市东城区青年湖南街13号　邮政编码100011）
印　　装：北京天宇星印刷厂
710mm×1000mm　1/16　印张15　字数264千字
2025年2月北京第1版第2次印刷

购书咨询：010-64518888　　　　售后服务：010-64518899
网　　址：http://www.cip.com.cn
凡购买本书，如有缺损质量问题，本社销售中心负责调换。

定　　价：68.00元　　　　　　　　　　版权所有　违者必究

人因学和老龄化系列

全球人口老龄化促使面向老年人群体的系统、环境和产品设计大量出现。本系列书籍旨在介绍如何将人因学应用到适老化设计的不同领域。系列图书面向普通的读者群体,主要目标读者包括人类因素/人机工程学专家、老年学家、心理学家、健康相关从业者和工业设计师。这些书籍的统一主题将聚焦于人类因素对适老化设计的相关性和贡献。

《连续护理退休社区老年人技术培训设计》 希莉娅·R.科顿、伊丽莎白·A.约斯特、罗纳德·W.伯科夫斯基、维琪·温斯坦德和威廉·A.安德森

《老年人培训和教学计划的设计》 萨拉·J.查亚和约瑟夫·夏里特

《适老化健康管理设计:人因学视角》 尼尔·查尼斯、乔治·德米里斯和伊丽莎白·克鲁平斯基

《老年人显示设计》 理查德·帕克和安妮·麦克劳林

《适老化设计——原则和创新性人因学方法(第二版)》 亚瑟·D.菲斯克、温迪·A.罗杰斯、尼尔·查尼斯、萨拉·J.查亚和约瑟夫·夏里特

欲了解更多关于该系列的信息,请访问:

www.crcpress.com/Human-Factors-and-Aging-Series/book-series/CRCHUM-FACAGI。

谨以此书献给:

——那些激励我们的老年人;

——我们的父母和祖父母;

——我们研究中的参与者,正是他们大力的配合帮助我们制定了适老化设计原则。

第三版前言

> 时间是无法解释的,因为它以稳定的间隔移动——不断地将过去往前推动,把未来带到现在。
>
> ——基尔罗伊·J. 奥尔德斯特

本书第一版的目标是提供一个入门指南,帮助人们在为老年人设计系统、产品或环境时考虑重要问题。基于读者的反馈和人因学以及老龄化的发展,我们制定了第二版,扩展了第一版中包含的内容。在第二版中,我们更新了章节,确保我们的建议是最新的,并另外编写了应用章节。我们还添加了一个"教程"部分,涵盖常用主题,如将老年人纳入可用性试验和焦点小组,以及与可用性研究和建模方法相关的统计学视角。

随着时间不断推进(它必然会这样),我们意识到需要再次更新这本书,制定第三版。老龄化、技术和日常环境的科学是动态的。在过去的10年中,新的知识被创造出来,新的技术出现了,社会结构和环境发生了变化。因此,为了确保本书仍然具有相关性和时效性,我们更新和扩展了上一版中包含的主题内容。我们还更新了推荐读物,并提供与之相关的链接材料。此外,我们制定了一个新的概念框架来构建讨论主题(见图1.3),并扩大了应用领域,包括许多对老年人生活重要的领域。例如,关于沟通和社会参与(第13章)、休闲活动(第14章)和医疗技术(第10章)的章节。本书对设计过程的讨论也有所展开,虽然不能很好预测未来,但我们还是增加了一章来讨论未来的设计问题。鉴于这些扩展以及我们保持适老化设计简明入门指南的目标,我们将教程编入一本新书中,该书还将包含案例研究,并作为本书的伴随读物:

《适老化设计:案例研究、方法和工具》,作者为 Boot, W. R., Charness,

N., Czaja, S. J., & Rogers, W. A.，出版社为CRC Press，位于佛罗里达州博卡拉顿市。

在编写第三版时，我们通过关于这些主题的新的资料来源，发现新的看问题的方式，反过来证实了本书的重要性和持续相关性。适老化设计领域正在继续发展，它的知识基础正在扩展。在过去的10年中，我们从自己的研究以及我们的学生和同事的工作中学到了很多。我们希望您能感受到我们的热情，相信第三版能继续对从事适老化设计和研究活动的人员产生影响。当然，我们的许多建议不仅适用于老年人。一般来说，提高老年人的可用性也会提高年轻人的可用性。本书旨在吸引更广泛意义上的读者群体。

本版代表了"老龄化和技术增强研究和教育中心"（CREATE）全体员工的共同努力。CREATE由美国国家卫生研究院/国家老年研究所通过4PO1 AG1721资助。我们感谢Dan Fisk和Joe Sharit对CREATE及早期版本的贡献，因为那些书籍是这本书的基础。我们要感谢CRC Press的Cindy Carelli的持续支持，以及Christy McGuire的编辑支持。我们还要感谢CREATE外部科学顾问委员会提供的意见，以及我们在国家老年研究所的项目官员Dana Plude。我们还感谢为我们的研究作出贡献的学生和研究助手、社区联络员、读者以及参与我们研究的个人。此外，我们感谢以下学术机构的支持：迈阿密大学、佛罗里达州立大学、佐治亚理工学院、伊利诺伊大学厄巴纳-香槟分校和威尔·康奈尔医学院。最后，我们向我们的家人表示最深切的感谢，感谢他们一直以来的支持。

萨拉·J. 查亚

沃尔特·R. 布特

尼尔·查尼斯

温迪·A. 罗杰斯

"老龄化和技术增强研究和教育中心"

（CREATE）团队

关于作者

Sara J. Czaja博士是威尔·康奈尔医学院老年医学和姑息医学部门的老龄化和行为研究中心主任。她还是迈阿密大学米勒医学院（UMMSM）的精神病学和行为科学荣誉教授，曾是UMMSM老龄化中心的主任。Sara在1980年于纽约州立大学水牛城分校获得了工业工程博士学位，专攻人因工程。她是CREATE的主任。她的研究兴趣包括：老龄化与认知能力、老龄化与医疗保健获取和服务交付、家庭照顾、老龄化与技术、培训和功能评估。她获得了来自美国国立卫生研究院、老年人管理局和国家科学基金会的持续资助来支持她的研究。她是美国心理学会（APA）、人因工程学会（HFES）和美国老年学会（GSA）的会士，还曾担任APA第20分部（成人发展和老龄化）的主席。她还是国家研究委员会/国家科学院人类系统整合委员会的成员，曾担任美国医学研究所（IOM）认知老化公共卫生维度委员会和IOM老年人家庭照顾委员会的成员。Sara还获得了2015年GSA应用老龄学M. Powell Lawton杰出贡献奖、2013年计算机协会（ACM）社会影响奖、HFES的Jack A. Kraft创新奖和APA跨学科团队奖，以及APA第21分部的Franklin V. Taylor奖。

Walter R. Boot是佛罗里达州立大学心理学副教授，也是该大学注意力和训练实验室的主任。他于2007年在伊利诺伊大学厄巴纳-香槟分校获得视觉认知和人类表现方面的博士学位。Walter是跨学科研究中心的六位主要研究员之一，该中心致力于确保老年人能够享受到技术带来的好处。该中心已经获得了国家老龄化研究所的长期资助，并获得了多个奖项。他的研究兴趣包括人类如何执行和学习掌握复杂任务（尤其是与安全关键后果有关的任务）、年龄如何影响对这些任务执行至关重要的知觉和认知能力，以及技术干预如何提高老年人的健康和认知功能。他在涉及数字游戏的技术干预主题上发表了大量论文。Walter是美国心理学会（APA）和美国老年学会的会士，并于2014年获得了APA第20分部（成人发展和老龄化）的Springer早期职业成就奖，以及2017年获得了APA第21分部（应用实验和工程心理学）的Earl A. Alluisi早期职业成就奖。

Neil Charness是佛罗里达州立大学心理学William G. Chase教授、成功长寿研究所所长和大学交通中心（面向老年人的可访问性和安全性，ASAP）副主任。他于1969年在麦吉尔大学获得文学学士学位，于1971年和1974年在卡耐基梅隆大学获得心理学硕士和博士学位。在来到佛罗里达州立大学之前，他曾在加拿大的威尔弗里德·劳瑞尔大学和滑铁卢大学担任教职。Neil目前的研究重点是人类因素方法的适老化技术使用、促进认知改善的干预措施以及老年司机和行人的安全。他是美国心理学会（APA）、心理科学协会和美国老年学会的会士。他与CREATE同事一起获得了人因工程学会（2013年）的Jack A. Kraft创新奖、APA第21分部（应用实验和工程心理学）的Franklin V. Taylor杰出贡献奖（2016年）、APA第20分部（成人发展和老龄化）的M. Powell Lawton应用老龄学杰出贡献奖（2016年）、APA与CREATE同事一起获得的跨学科团队研究奖（2016年）、被国际老年技术学会授予大师荣誉称号（2018年）以及获得APA老龄化委员会颁发的促进心理学和老龄化奖（2018年）等荣誉。

Wendy A. Rogers博士是伊利诺伊大学厄巴纳-香槟分校应用健康科学Shahid和Ann Carlson Khan教授。她主要供职于体育运动学和社区健康系，同时还在教育心理学系担任职务，并是Beckman研究所和伊利诺伊信息学研究所的联合教师。她获得了麻省大学达特茅斯分校的学士学位，以及佐治亚理工学院的硕士（1989年）和博士学位（1991年）。她是获得认证的人因工程专业人士（BCPE证书编号1539）。她的研究兴趣包括适老化设计、技术接受、人机交互、老年人居家养老、人与机器人交互、残障老龄、认知老化以及技能习得和培训。她是健康技术研究生和继续教育项目主任、CHART（卫生、老龄、研究和技术合作）项目主任，以及人因工程和老龄实验室主任（www.hfaging.org）。她的研究得到了国家卫生研究院（老年研究所）及卫生和人类服务部（残障、独立生活和康复研究所）的资助。她是美国心理学会（APA）、美国老年学会（GSA）和人因工程学会（HFES）的会员。她因导师工作（HFES女性导师年度奖、菲茨教育奖、APA第20分部导师奖）、研究（APA跨学科团队和HFES Kraft创新奖，与CREATE团队一起获得；APA第21分部Taylor奖）和外展活动（HFES汉森外展奖）而获得奖项。

目 录

第一部分
老龄化与技术的基础知识 // 001

第1章 导言和概念框架 ··· 002
1.1 基本原理 ··· 002
1.2 人口统计 ··· 004
1.3 正在改变的老龄化面貌 ····································· 005
    1.3.1 种族/民族的多样性 ·································· 005
    1.3.2 教育和健康状况 ···································· 005
    1.3.3 生活安排和家庭结构 ································ 007
1.4 我们如何定义"老年人" ····································· 007
1.5 适老化设计：为什么这个主题仍然很重要 ···················· 008
1.6 本书安排 ··· 009
1.7 推荐读物 ··· 011

第2章 老年人的特点 ··· 012
2.1 心理变量 ··· 012
2.2 感觉与知觉 ··· 013
    2.2.1 视觉 ·· 014
    2.2.2 听觉 ·· 015
    2.2.3 触觉与动觉 ·· 016
    2.2.4 味觉与嗅觉 ·· 016
2.3 认知 ··· 017

2.3.1　处理速度 ·· 018
　　2.3.2　注意力 ·· 018
　　2.3.3　工作记忆 ·· 019
　　2.3.4　语义记忆 ·· 020
　　2.3.5　前瞻性记忆 ·· 020
　　2.3.6　程序性记忆 ·· 021
　　2.3.7　空间认知 ·· 021
　　2.3.8　语言理解 ·· 022
　　2.3.9　执行能力 ·· 022
2.4　人体测量运动控制 ·· 023
　　2.4.1　人体测量学 ·· 023
　　2.4.2　运动控制 ·· 023
　　2.4.3　强度 ·· 024
2.5　总结 ·· 024
2.6　推荐读物和链接 ·· 025
　　2.6.1　读物 ·· 025
　　2.6.2　链接 ·· 026

第3章　个体差异 ·· 027

3.1　打破谬论：老年人并不都是一样的 ······························ 027
3.2　个体差异的来源 ·· 029
　　3.2.1　年龄 ·· 029
　　3.2.2　性别 ·· 030
　　3.2.3　文化和种族 ·· 030
　　3.2.4　社会经济地位 ·· 031
　　3.2.5　工作与就业 ·· 032
　　3.2.6　读写能力 ·· 032
　　3.2.7　健康状况 ·· 034
　　3.2.8　功能状态 ·· 036
　　3.2.9　家庭结构 ·· 036
　　3.2.10　性取向和性别认同 ··································· 037
3.3　因残疾而老化的群体 ·· 037
3.4　为什么容纳个体差异对设计很重要 ······························ 038
3.5　推荐读物 ·· 038

第4章 现有技术和新兴技术 ······ 039
4.1 作为技术消费者的老年人 ······ 040
4.1.1 技术使用模式 ······ 040
4.1.2 对技术的态度 ······ 041
4.1.3 技术使用与采用的理论模型 ······ 042
4.1.4 驱动力 ······ 043
4.1.5 技术世代 ······ 044
4.2 差异性 ······ 044
4.3 现有技术和新兴技术的发展趋势 ······ 045
4.3.1 新兴技术："渐进式创新"与"完全创新" ······ 047
4.3.2 持续变化的影响 ······ 049
4.4 总结 ······ 049
4.5 推荐读物 ······ 049

第二部分
设计的基础知识 // 051

第5章 设计的基本原则 ······ 052
5.1 设计理念 ······ 052
5.1.1 以用户为中心的设计 ······ 052
5.1.2 无障碍、包容和通用设计 ······ 053
5.1.3 模块化/个性化定制 ······ 054
5.2 定义用户和需求 ······ 054
5.3 开发 ······ 057
5.3.1 概念生成 ······ 057
5.3.2 原型设计 ······ 058
5.3.3 标准与启发式 ······ 059
5.3.4 迭代设计 ······ 060
5.4 方法和工具 ······ 060
5.4.1 访谈 ······ 061
5.4.2 观察 ······ 062

      5.4.3 任务分析 ·· 062
      5.4.4 启发式分析 ······································ 063
      5.4.5 认知走查 ·· 063
      5.4.6 用户研究 ·· 064
5.5 实施与传播 ·· 066
      5.5.1 初始尝试 ·· 066
      5.5.2 长期使用 ·· 067
5.6 设计过程导则 ·· 068
5.7 推荐读物和链接 ·· 068
      5.7.1 读物 ·· 068
      5.7.2 链接 ·· 069

第6章 将老年人纳入设计研究当中 ································ 070

6.1 在对老年人进行研究时要考虑的问题 ·························· 071
6.2 抽样问题 ·· 072
      6.2.1 代表性样本 ······································ 072
      6.2.2 样本大小 ·· 073
      6.2.3 纳入/排除标准 ··································· 073
6.3 参与者的招募与留存 ·· 075
      6.3.1 招募 ·· 075
      6.3.2 留存 ·· 077
6.4 制定研究协议时要考虑的问题 ································ 078
      6.4.1 研究内容 ·· 078
      6.4.2 持续时间和频次 ·································· 078
      6.4.3 交付方式与研究环境 ······························ 079
      6.4.4 预测试和规范化 ·································· 080
      6.4.5 员工问题 ·· 080
      6.4.6 受试者保护 ······································ 081
6.5 测试 ·· 081
6.6 将老年人纳入设计研究的指导方案 ···························· 083
6.7 推荐读物和链接 ·· 084
      6.7.1 读物 ·· 084
      6.7.2 链接 ·· 084

第7章 界面设计与用户体验 085

7.1 对界面设计的思考 086
- 7.1.1 导航界面的设计 086
- 7.1.2 组织路径的深度与广度 088
- 7.1.3 步骤数量最小化 088
- 7.1.4 一致性和兼容性 090
- 7.1.5 错误避免和恢复 091

7.2 美学和用户体验 093

7.3 接口要素：需要考虑的问题 093
- 7.3.1 选择输入元素 094
- 7.3.2 选择输出元素 095
- 7.3.3 选择控制元素 097

7.4 指南 098

7.5 推荐读物 099

第8章 教学设计 100

8.1 教学需求 100
- 8.1.1 对老年人学习兴趣和能力的刻板印象 101
- 8.1.2 系统化教学方法 102

8.2 教学设计的原则 104

8.3 教学设计的考量因素 106
- 8.3.1 认知因素 106
- 8.3.2 学习任务 107
- 8.3.3 进度问题 108
- 8.3.4 组织教学材料的方法 108
- 8.3.5 时间间隔 109
- 8.3.6 自适应训练 110
- 8.3.7 反馈 110

8.4 教学评估 111

8.5 通用指南和建议 112

8.6 推荐读物和链接 113
- 8.6.1 读物 113
- 8.6.2 链接 114

第三部分
应用领域 // 115

第9章 交通 ⋯⋯⋯⋯⋯⋯⋯⋯⋯⋯⋯⋯⋯⋯⋯⋯⋯⋯⋯⋯⋯⋯ 116
9.1 驾驶 ⋯⋯⋯⋯⋯⋯⋯⋯⋯⋯⋯⋯⋯⋯⋯⋯⋯⋯⋯⋯⋯⋯⋯ 117
9.1.1 关于老年司机的统计数据 ⋯⋯⋯⋯⋯⋯⋯⋯⋯⋯⋯ 117
9.1.2 老年司机面临的挑战 ⋯⋯⋯⋯⋯⋯⋯⋯⋯⋯⋯⋯⋯ 119
9.1.3 解决方案 ⋯⋯⋯⋯⋯⋯⋯⋯⋯⋯⋯⋯⋯⋯⋯⋯⋯⋯ 120
9.2 个人出行 ⋯⋯⋯⋯⋯⋯⋯⋯⋯⋯⋯⋯⋯⋯⋯⋯⋯⋯⋯⋯⋯ 125
9.2.1 数据统计 ⋯⋯⋯⋯⋯⋯⋯⋯⋯⋯⋯⋯⋯⋯⋯⋯⋯⋯ 125
9.2.2 面临的挑战 ⋯⋯⋯⋯⋯⋯⋯⋯⋯⋯⋯⋯⋯⋯⋯⋯⋯ 126
9.2.3 问题解决方案 ⋯⋯⋯⋯⋯⋯⋯⋯⋯⋯⋯⋯⋯⋯⋯⋯ 126
9.3 应对公共交通环境 ⋯⋯⋯⋯⋯⋯⋯⋯⋯⋯⋯⋯⋯⋯⋯⋯⋯ 127
9.3.1 面临的挑战 ⋯⋯⋯⋯⋯⋯⋯⋯⋯⋯⋯⋯⋯⋯⋯⋯⋯ 128
9.3.2 解决办法 ⋯⋯⋯⋯⋯⋯⋯⋯⋯⋯⋯⋯⋯⋯⋯⋯⋯⋯ 128
9.4 结论 ⋯⋯⋯⋯⋯⋯⋯⋯⋯⋯⋯⋯⋯⋯⋯⋯⋯⋯⋯⋯⋯⋯⋯ 130
9.5 推荐读物 ⋯⋯⋯⋯⋯⋯⋯⋯⋯⋯⋯⋯⋯⋯⋯⋯⋯⋯⋯⋯⋯ 130

第10章 医疗技术 ⋯⋯⋯⋯⋯⋯⋯⋯⋯⋯⋯⋯⋯⋯⋯⋯⋯⋯⋯ 131
10.1 医疗保健领域的独特挑战 ⋯⋯⋯⋯⋯⋯⋯⋯⋯⋯⋯⋯⋯ 133
10.1.1 压力 ⋯⋯⋯⋯⋯⋯⋯⋯⋯⋯⋯⋯⋯⋯⋯⋯⋯⋯⋯ 133
10.1.2 即时学习 ⋯⋯⋯⋯⋯⋯⋯⋯⋯⋯⋯⋯⋯⋯⋯⋯⋯ 134
10.1.3 技术支持要求 ⋯⋯⋯⋯⋯⋯⋯⋯⋯⋯⋯⋯⋯⋯⋯ 134
10.1.4 护理协调 ⋯⋯⋯⋯⋯⋯⋯⋯⋯⋯⋯⋯⋯⋯⋯⋯⋯ 134
10.1.5 隐私问题 ⋯⋯⋯⋯⋯⋯⋯⋯⋯⋯⋯⋯⋯⋯⋯⋯⋯ 135
10.1.6 多利益相关者 ⋯⋯⋯⋯⋯⋯⋯⋯⋯⋯⋯⋯⋯⋯⋯ 135
10.1.7 保健技术 ⋯⋯⋯⋯⋯⋯⋯⋯⋯⋯⋯⋯⋯⋯⋯⋯⋯ 135
10.2 医疗设备 ⋯⋯⋯⋯⋯⋯⋯⋯⋯⋯⋯⋯⋯⋯⋯⋯⋯⋯⋯⋯ 136
10.2.1 挑战：获取途径、态度与可用性 ⋯⋯⋯⋯⋯⋯⋯ 136
10.2.2 潜在的设计方案 ⋯⋯⋯⋯⋯⋯⋯⋯⋯⋯⋯⋯⋯⋯ 138
10.2.3 产品维护 ⋯⋯⋯⋯⋯⋯⋯⋯⋯⋯⋯⋯⋯⋯⋯⋯⋯ 139
10.2.4 隐患意识和警告 ⋯⋯⋯⋯⋯⋯⋯⋯⋯⋯⋯⋯⋯⋯ 140

10.3 健康应用程序、网站和可穿戴设备 …… 141
　　10.3.1 医疗保健应用程序、网站和可穿戴设备面临的挑战 …… 142
　　10.3.2 医疗保健应用程序、网站及可穿戴设备的解决方案 …… 143
10.4 患者门户网站 …… 144
　　10.4.1 患者门户网站面临的挑战 …… 144
　　10.4.2 患者门户网站的解决方案 …… 145
10.5 远程医疗系统 …… 146
　　10.5.1 远程医疗系统面临的挑战 …… 147
　　10.5.2 远程医疗系统的解决方案 …… 148
10.6 结论 …… 148
10.7 推荐读物 …… 149

第11章 生存环境 …… 150

11.1 居家养老 …… 150
11.2 生活安排 …… 151
　　11.2.1 独立生活 …… 151
　　11.2.2 辅助生活机构 …… 152
　　11.2.3 专业护理机构 …… 153
　　11.2.4 组合 …… 154
11.3 居家养老的挑战 …… 154
　　11.3.1 照顾自己 …… 154
　　11.3.2 照顾他人 …… 155
　　11.3.3 照顾家庭 …… 155
11.4 居家养老挑战的解决方案 …… 156
　　11.4.1 个人解决方案 …… 157
　　11.4.2 环境设计解决方案 …… 158
　　11.4.3 技术设计解决方案 …… 158
11.5 总结 …… 159
11.6 推荐读物和链接 …… 160
　　11.6.1 读物 …… 160
　　11.6.2 链接 …… 160

第12章 工作和志愿活动 …… 161

12.1 劳动者和工作的变化：概述 …… 161
12.2 老年劳动者的人口统计学特征 …… 163

12.3　对老年劳动者的偏见和态度 ·········· 163
12.4　工作环境的发展趋势 ·········· 165
　　12.4.1　强调知识型工作 ·········· 165
　　12.4.2　团队合作 ·········· 166
　　12.4.3　组织结构的变化 ·········· 166
　　12.4.4　远程办公 ·········· 166
　　12.4.5　重视对员工的培训 ·········· 167
　　12.4.6　工作生活平衡和照顾责任的变化 ·········· 167
12.5　老年人的工作挑战 ·········· 168
12.6　人本身 ·········· 169
12.7　工具和环境 ·········· 170
12.8　工作和任务的重新设计 ·········· 171
12.9　小结 ·········· 172
12.10　推荐读物 ·········· 172

第13章　沟通和社会参与 ·········· 174
13.1　社会参与和沟通挑战 ·········· 174
　　13.1.1　老年人的社会参与挑战 ·········· 174
　　13.1.2　老年人的沟通挑战 ·········· 176
13.2　社区解决方案 ·········· 178
　　13.2.1　年龄友好型城市和社区 ·········· 178
　　13.2.2　年龄友好型学习机会 ·········· 179
13.3　技术解决方案 ·········· 180
　　13.3.1　技术帮助社交和沟通的潜力 ·········· 180
　　13.3.2　辅助技术 ·········· 182
13.4　培训解决方案 ·········· 183
　　13.4.1　老年人 ·········· 183
　　13.4.2　与老年人沟通的人 ·········· 184
13.5　总结 ·········· 184
13.6　推荐读物和链接 ·········· 185
　　13.6.1　读物 ·········· 185
　　13.6.2　链接 ·········· 185

第14章　休闲活动 ·········· 186
14.1　老年人如何娱乐和放松 ·········· 186

- 14.2 媒体娱乐 187
  - 14.2.1 家庭影院和电视 188
  - 14.2.2 视频游戏 190
  - 14.2.3 书籍 193
- 14.3 运动、锻炼和户外活动 196
  - 14.3.1 体育锻炼和户外活动的价值 196
  - 14.3.2 提高参与度的设计 196
- 14.4 社区参与和其他爱好 197
- 14.5 结论 198
- 14.6 推荐读物 198

第四部分
结论 // 199

第15章 面向未来的设计挑战 200
- 15.1 科技发展的趋势 200
  - 15.1.1 产品小型化 201
  - 15.1.2 产品间通信 202
  - 15.1.3 机器人 203
  - 15.1.4 半自动和自动化交通 203
  - 15.1.5 安全与隐私 204
- 15.2 人的发展趋势 204
  - 15.2.1 能力的世代差异 204
  - 15.2.2 更多的百岁老人 205
  - 15.2.3 家庭结构 205
  - 15.2.4 多样性 206
- 15.3 环境和生活方式的发展趋势 206
  - 15.3.1 住宅 207
  - 15.3.2 工作和商业建筑 208
- 15.4 用户需求和愿望的作用 208
- 15.5 总结：优秀设计的持久性 209

参考文献 210

第一部分

老龄化与技术的基础知识

第1章
导言和概念框架

> 优秀的设计是人类生活与其环境之间的多层次关系。
>
> ——深泽直人（日本工业设计师）

设计是为产品、任务、环境或系统的构建制订计划。它还代表了创建产品、环境、任务或系统的过程。设计是多维的，需要考量经济、功能、美学、社会和政策等因素，权衡取舍以实现设计的最优化。设计的过程也是多维的，包括思考和解决问题、研究、测试和评估，也包括设计的迭代。本书对适老化设计进行了深入研究。第5章详述了以用户为中心的设计方法，设计时应深入了解用户对于产品的需求、偏好，充分考虑老年人的使用能力，避免设计过于复杂化，使生产的产品便于老年人上手操作，为老年人提供良好的使用环境，助力老年人的日常生活，丰富老年群体的晚年生活。本章将会解释为什么适老化设计是一个越来越重要的话题，提供一部分老年人的基本人口统计信息，形成一个指导本书组织和内容的概念框架。

1.1 基本原理

与前两版一样，为适老化设计提供设计原则仍是该版本的目标。本书深入分析了以老年人为代表的人因学因素。其内容主要面向致力于为老年人开发产品、系统和环境的专业人士，也面向广大读者。本书基于科学知识的应用价值层面提供设计原则和方法的概述，强调与年龄相关的感知能力、认知水平、活动强度和运动控制水平问题。作为参考资料，本书旨在为多种多样的设计问题提供一定的指导以及建议。目前，已有很多相关的研究型文献资料出版，但仍然缺乏充分考量用户对于科学知识的了解程度，并能够为广大读者所用的文献资料。本书试图使用一种更通俗易懂的方式为产品设计师、医疗保健从业人员、管理人员和其他从科学知识中寻求解决方案的用户提供帮助，来填补这一空白。需要注意的是，本书中的建议是基于当前的知识认知情况而提出的。

出版这本书的第三版，主要是因为衰老科学是动态的，不断发展的。为了确保本书的内容是最新的，研究人员将该书以前版本中包含的资料进行了更新和扩展，改进了推荐阅读的建议，并提供了相关信息的链接参考；该版本还增加了一些方法，纳入了对老年人生活很重要的其他应用领域知识，如社会参与/社区参与、休闲活动、志愿者活动和教学设计；本书更新了以前版本中包含的如交通、健康、生活环境和工作活动等应用领域中的素材，以此来强调这些领域中的设计热点；尽可能地提供了老龄化与技术提升研究和教育中心（Center for Research and Education on Aging and Technology Enhancement，下文中简称CREATE）中的例子；在研究中，研究人员在产品、应用程序和项目的设计、评估和实施过程中与形形色色的老年人样本进行了广泛的互动。

由于当前的老年人群体比前几代人更健康，并且更加频繁地参与生产和活动，研究人员决定扩大对适老化设计应用领域的探索与研究。例如，许多老年人都在从事新的学习，追求第二事业或创业机会。老年人的劳动力参与率正在上升，甚至在75岁以上的老年人中也是如此。社会和生产性参与对老年人的身体、认知和情感健康非常重要，因此，在设计领域，越来越多的从业者为促进老年人在社会中的持续参与出谋划策，做出努力。希望在本书的帮助下，能确保这些策略可以充分切合老年人的使用能力，满足老年人的需求、偏好。

由各种软件、硬件和网络组成的技术系统越来越多地被用于促进交流、社交、学习和休闲活动，例如激增的各种形式的社交媒体和在线学习项目。鉴于技术在日常生活中无处不在的应用以及技术对独立生活的重要性，对技术系统的强调贯穿于整本书之中。考虑到技术平台和技术应用已经并将继续发生巨大的变化，第4章对现有的和正在崭露头角的技术进行了深入探讨。技术平台和技术应用的变化包括产品的运行方式、外观、行为以及给使用者的反馈。技术的变化加上技术使用者能力的变化有时会导致人们与产品的交互不尽如人意。我们组织了众多焦点小组，开展了多项调查研究，发现老年人在日常生活中使用的技术范围非常广泛。不幸的是，在使用科技产品时遇到的挫折程度也相当明显。在设计的过程中多加注意，并努力消除这种挫折感是本书的中心主题。

本书的重点并不局限于技术层面，因为人们在日常生活中接触到的事物远远超出技术系统的范围。例如，你可以考虑一下工作场所的布局或办公室行动步行空间的设计。我们将技术视为一个动态的、多成分系统的一部分，这个系统还涉及人、其所处环境以及开展的各种各样的活动。例如，在特定环境中，具有独特特征的个人使用平板电脑执行特定任务，如发送电子邮件。为了达到最佳使用效果，设计平板电脑必须考虑用户的特征（如年龄）、任务（如发电子邮件）和环境（如家）。

1.2 人口统计

本节通过研究全球人口统计数据来说明问题。虽然本书中的许多例子基于在美国收集的数据，但其讨论的设计原则和方法在很大程度上可以适用于其他国家。当然，我们清楚地明白设计需要考虑地区和文化/种族的差异。如图1.1所示，随着人们寿命的延长和出生率的下降，世界人口正在迅速老龄化。老年人数量增加是一个全球现象，预计在2017年至2050年期间，世界上几乎每个国家的老年人口都将大幅增加。人口老龄化的速度因国家而异，未来几十年在欠发达国家，老年人口的增长率会更快。

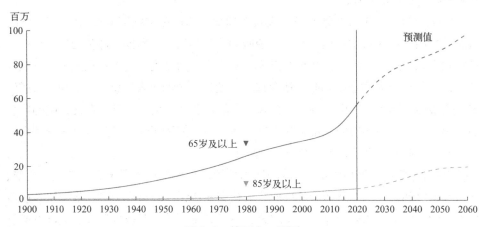

图1.1　美国人口预测

（资料来源：2016年美国老年人福祉关键指标，联邦老龄化相关统计论坛，华盛顿特区，美国政府印刷局，2016年8月）

在2012年，65岁及以上的人口约为5.62亿，占全球人口的8%；2015年，这个数字达到了6.17亿；2050年，老年人口将达到约16亿，占全球人口的16%。重要的是，到2050年，被称为高龄老年人的85岁及以上的人口预计将增长351%，百岁老人的数量预计将增长十倍（联合国，2016年）。然而，不同国家老龄化的程度有所不同，并且在未来几十年中，不发达国家的老年人口增长速度将更快。美国的人口老龄化趋势与全球趋势相似。统计数据预估，到2030年，65岁及以上的人口将占美国总人口的20%以上，而85岁及以上的人口将增长到近900万（图1.1）。到2030年老年女性数量将超过老年男性。百岁老人的数量也将继续增长。人口老龄化以及人类寿命的延长给设计界带来了一系列独特的挑战。随着年龄的增长，人们的感知、认知、行动能力和运动控制能力都会发生变化。增龄也伴随着知识和经验的增长。我们将在本书的后续章节中讨论这些与设计相关的变化。

1.3 正在改变的老龄化面貌

当代的老年人与前几代老年人不同。人们活得更久，进入老年后仍活力充沛。此外，在他们发现自己需要"生活辅助"安排之前，待在家里的时间也更长。与以前的老年人世代相比，当代老年人需求更加多样化，受教育程度更高，工作时间更长。本节详细描述了与设计密切相关的老年人的人口统计学特征。第3章将更详细地对这些问题进行探讨。正如联合国在一份报告中指出的那样："人口老龄化给个人、家庭、社会和全世界带来了社会、经济和文化挑战。如何应对挑战以及把握人口老龄化带来的机遇将决定人类的未来"（Babatunde Osotiehin, 2012年）。

1.3.1 种族/民族的多样性

美国老年人口的构成在种族和民族方面正在变得更加多样化。到2060年，美国黑人的数量将增加近一倍，西班牙裔老年人的数量将增加五倍以上，而白人老年人的数量增加不会超过一倍。亚洲和土著的老年人口以及其他多个种族的老年人口也将增长。总体而言，到2050年，来自少数群体的老年人将占美国老年人口的40%左右。

老年人群体中种族和民族的多样性将对设计产生影响。其中一个明显的影响就是语言差异。许多老年人的母语不是英语。在设计标识、标签、说明和培训材料时，需要考虑用户英语的熟练程度。在教育程度、健康状况、家庭收入、家庭结构和生活安排等方面也存在种族和民族差异。在研究方案的设计过程中也需要考虑到种族和民族之间的差异。研究人员在研究过程中必须对民族/文化群体之间的差异保持敏感，并在招募和评估过程中采用符合特定文化特点的方法和具有文化敏感性的工具。

1.3.2 教育和健康状况

在过去十年中，老年人的平均受教育水平有了显著提高。今天，大多数老年人至少持有高中文凭，近三分之一的老年人取得大学或更高的学位。教育会对健康和经济地位产生影响。但是，如上所述，各种族和族裔群体之间仍然存在教育差异，属于少数群体的老年人往往受教育水平较低。大量数据表明，较高的受教育水平与较好的健康状况和较高的收入水平是相关的。此外，目前在老年人中，受教育水平和收入较高的人接受科技和使用互联网的比例也更高。研究人员和从业人员在设计产品和设备时必须对这些差异保持敏感，并制定策略以帮助确保所有老年人中的各类群体都能使用这些产品和设备。

本章重点讲述一些与年龄相关的健康变化。第2章将详细讨论标准的年龄相关能力的变化。虽然许多老年人认为他们的健康状况良好或极好，但大多数老年人至少患有一种慢性疾病，如关节炎或心脏病，许多老年人患有多种慢性疾病。需要注意的是老年人群体肥胖的发病率也在增加。很大比例的老年人有某种类型的残疾，比如听力障碍、视力障碍、认知障碍或行动受限（图1.2）。许多老年人难以独立进行日常生活活动（ADLs，例如洗澡、穿衣、进食），或出现工具性日常生活能力不足（工具性日常生活能力的缩写是IADLs；例如，理财，药物管理，购物）。患阿尔茨海默病等认知功能障碍的可能性也会随着年龄的增长而增加。老年人也倾向于比年轻人使用更多的医疗服务。需要特别注意的是，患有慢性疾病或残疾并不妨碍"成功老龄化"。通过设计辅助产品、接受干预训练或改变不适合行为（例如，用在公园里散步代替跑步）可以缓和、弥补许多健康问题或残疾状况。

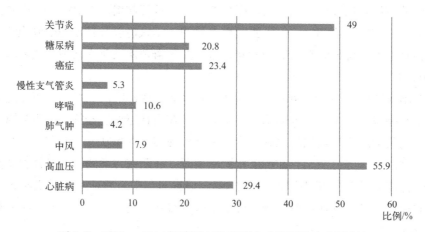

图1.2　2013～2014年美国65岁及以上人群慢性疾病百分比

（数据来源：https://agingstats.gov/docs/LatestReport/Older-Americans-2016-Indicators-of-WellBeing.pdf）

设计界需要从两个角度来看待与年龄相关的健康变化。首先，要意识到这些变化并在设计过程中加以考虑。例如，要注意设备和产品的字体大小，环境噪声水平，设备和产品的运动控制要求，以及与产品和程序相关的认知复杂性。从事适老化设计和可用性研究的研究人员也需要意识到这些变化。其次，要清楚认识到这是一种机遇，这是一个通过设计来寻找适应这些变化的新途径。

1.3.3 生活安排和家庭结构

与老了之后住养老院或养老机构的看法相反，大多数老年人都住在社区里。事实上，只有很小比例的老年人住在养老院或护理熟练的机构里。虽然这一数字随着年龄的增长而增加，但即使在高龄老年人中，这一比例也仍然相当低。许多老年人——尤其是老年群体中的女性——独自生活。今天，老年人和他们的家庭有更多的住房选择。例如，更多的社区正在建立，它们通常会提供多种住房类型与各种各样的项目和服务以满足老年人的需要。多代同堂的家庭也变得越来越普遍。为了适合老年人居住，对居住环境的设计就必须考虑安全、所需服务可获得性、参与机会、技术应用和生活质量等多个方面。第11章将讨论这些以及其他关于生活环境的设计诉求。

此外，家庭结构也在发生变化。今天的家庭可能在地理位置上是分散的。同时，许多人选择保持单身或处于"非传统"的恋爱关系中。许多成年人也选择不生孩子。这些趋势与老龄化交织在一起，对向老年人提供的照顾和支持以及促进老年人社会参与产生了巨大影响。第13章将重点讨论老年人社会化和社会参与的重要性，并提供一些如何使用技术来促进社会参与和交流的例子。

1.4 我们如何定义"老年人"

由于老年人的特征在不断变化，给"老年人"的含义下定义是一件复杂的事。如果要对一个人什么时候是"老年人"这个问题"给出一个数字"，我们很可能会说老年人是那些65岁及以上的个体。然而，对于年龄进行分类并不容易。"年轻"和"年老"之间没有明确的界限；因此，年龄不能简单地被名义上的变量所代表。不同的数据库之间存在差异，本书中的一些图表将年龄为50岁以上或65岁及以上的个体定义为老年人。

日历年龄只能作为相应行为变化的标志。想要科学地理解行为，应对其进行细致的分析，并记录行为的变化。当前衰老研究的主要目标便是识别衰老过程中发生的具体变化。例如，人类语音正常范围的检测阈值在60岁以后会经历更快的下降。在视觉方面，到65岁时，眼睛的适应能力会受到严重限制，很难跟踪不同距离的物体，许多人到40岁时，在阅读的时候就会看不清小的印刷字。

衰老发生在许多层面上，可以大致分为生物、心理、认知和社会这四个维度。通过观察可发现，无论如何定义老年人，他们都不是一个同质化的群体。无论个体处于成年后的哪个阶段，个体差异都是普遍存在的。在对与年龄相关的变化有更全面的了解之前，研究人员和行业从业人员通常都将日历年龄作为参考指标。本书将"老年人"分为了三类。第一类是"较年轻的老年人"，年龄从65岁到74岁不等。第二类为"中高龄老年人"，包括那些75到84岁的人。第三类是"最年长的老年人"，即那些85岁及以上的人。然而，定义"老年人"的困难之处在于每个人情况的不同，应具体情况具体分析。有的活动对某些老年人来说强度适中，对另外一些老年人来说则强度太大，并不合适。

本书研究"老年人"群体而非个人。尽管老年人具有个体差异，但他们在生物、心理、认知和社会维度方面有很多共同之处。在设计的过程中，应该重点关注老年人群体那些能够让我们优化设计的相似之处。当然，对老年人个体差异的分析也是必不可少的，这样才能精准细分设计的受众群体。

1.5 适老化设计：为什么这个主题仍然很重要

我们经常会被问到一个问题："为什么适老化设计很重要？"一个显而易见的答案是老年人口在总人口中所占的比例不断上升，他们仍然活力充沛，积极地参与各种各样的活动。因此，为老年人设计就变得十分重要。年龄不一定限制人们使用的产品数量或人们执行的活动。然而，就像第2章中论述的那样，与年龄相关的能力、需求和偏好的变化深刻地影响着设计的过程。在设计中，缺乏对这些变化的考虑就会导致老年人及其家庭的独立性和生活质量下降，不仅浪费金钱，还会给社会带来负担。

虽然所有年龄段的成年人都使用各种各样的产品，但这些产品并不一定易于使用。日常生活中使用的许多产品被认为是"用户友好型"，在设计者看来，许多日常产品的产品说明和使用信息很容易被理解并被记住，许多产品对大部分人来说都很熟悉，因此这些产品使用起来很简单。这种认知会导致对产品可用性的测试结果变得不准确。现如今，产品或设备通常没有说明，因为设计师认为这些产品的使用是直观的。许多技术应用程序或普通设备的指令很少甚至没有指令，它们仅仅将用户引导到互联网上查找说明或寻求技术人员的帮助。系统是动态且不断变化的，不能因为人们熟悉产品的一个版本，就假设他们能够在没有说明的情况下立即使用新版本。

研究表明，尽管与年轻人相比，老年人确实会受到更多的特殊的可用性限制，但这些可用性问题通常也存在于其他年龄组中。当老年人体验到的可用性得到改善时，年轻人体验到的可用性也会得到改善。人因学研究证明，提高可用性将提高给定产品的市场渗透率。提升产品的可用性不仅能提高人们的生活质量，还能挽救生命。因为增龄可能会增加可用性问题，或者至少会加剧问题的后果。例如，对年轻人来说，跌倒可能只会受些皮外伤，但对于老年人来说，就可能危及生命。因此，老年人友好型的设计就是通用设计。

1.6 本书安排

本书的目标集中在改进设计方面，特别是深入探究老年人使用的产品、接受的服务和所处的环境。本书的目标受众是设计工作者，读者的设计工作可能与网页制作、工作环境、生活环境、培训计划、医疗保健技术等相关。相信本书的内容也会有助于环境设计师来完善照明、导航标牌等与生活息息相关的设计。

本书致力于将科学知识转化为实践能力。由于一些领域的科学知识的发展要比其他领域做得更好，书中某些章节的设计指导比其他章节要更明确和详细。此外，设计时要考虑有特定要求的任务和环境。例如，在为老花眼设计产品时，建议在产品的标签上使用12磅❶的字体。但是设计网页时，使用12磅的字体可能会减慢阅读速度，并增加鼠标滚动的频率，所以应该使用10磅的字体。此外，如果需要从较远处阅读文本资料，建议使用大于12磅的字体。

本书提供的设计指南仅仅是优秀设计的起点，在最终的用户测试之前，设计指南并不能被视为充分的条件。设计师仍需要进行最终的用户测试来确保设计的可用性和有效性。例如，人体测量数据有助于确定适当的货架高度，但依旧需要针对不同的情况进行"拟合试验"，以确保货架的高度与使用者的身高等人因学因素相匹配。

第5章和第6章对适老化设计作品进行了详细的分析，记录了其可用性测试中所发现的设计缺陷。这些章节有助于读者初步了解设计相关的工具和技术，这些设计相关的工具和技术对于分析用户的潜在需求和相应的系统功能非常重要。此外，还可以使用检测工具来确定用户需求和相应功能是否能匹配相关的系统、环境或培训。设计师在尝试为老年人设计之前应该熟悉这些设计相关的工具和技术。

---

❶ 1磅≈0.35毫米。

本书的内容汇集了所有研究人员的知识、研究和实践。书中提供的信息主要针对设计领域最普遍的问题，并不能解决设计中遇到的所有问题。

很难用一本书将人类因素和老龄化现象分析透彻，本书提供设计相关的重要的可用性内容，试图为老年人设计提供一定的参考意见。本书分为四个主要部分：老龄化与技术的基础知识（第1～4章）、设计的基础知识（第5～8章）、应用领域（第9～14章）和结论（第15章）。这本书的行文是根据一个概念框架进行的（图1.3）。该框架基于一个系统模型，说明了老年人在社会和物理环境中的互动，他们在做的事情或参与的活动，以及在活动中所使用的技术/产品。该框架突出了系统组件之间的相互依赖性，在设计过程中表现在需要重视考量多种因素的相互作用。例如，用于监测老年人安全和功能状态的传感系统的设计必须考虑多个用户群体——老年人、家庭照顾者、医疗保健提供者和系统的安装人员。不同的用户群体有其独特的特征、偏好和需求，其所处的生活环境也不尽相同，在设计传感系统时不能缺少对于特定环境特征的考量。本书试图解决框架内所有组件的交互问题，确保系统组件之间相匹配。

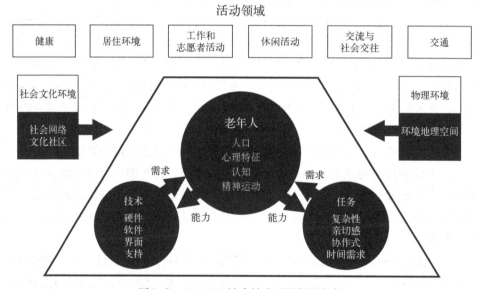

图1.3　CREATE社会技术系统概念框架

在老龄化与技术的基础知识部分，第1章论述了本书的研究背景和目的，并强调了与设计相关的人口统计信息。在第1章内容的基础上，第2章提供了更多关于老年人特征的细节，简要回顾了老年人的心理、认知和身体特征，这些特征是在设计的过程中需要考虑的因素。第3章着重介绍老年人群的异质性，并讨论了其异质性的由来。第4章回顾了现有技术和新兴技术的发展趋势。

在设计的基础知识部分中，第5章介绍了人因学设计的基本原理，并讨论了不同的设计理念；还提供了对数据收集和研究方法的概述。第6章分析了老年人所参与的用户测试，论述了与老年人相关的研究内容。第7章涉及系统接口设计的相关内容，包括输入和输出设备以及显示器设计等方面；为人机交互（如个人电脑、互联网）提供建议，期望能够促进用户与自动柜员机、智能设备和移动设备等系统交互的发展。

应用领域部分（第9章至第14章）论述了设计指南是如何适用于独立性强的活动和日常生活之中的；该版本扩大了第二版所涵盖的领域，包括了如社会参与、社区参与和休闲活动等新的主题。

第15章是本书的结论部分，这一章对所有章的主题作了简要的总结，指出在做适老化设计时必须考虑的关键问题。本书试图大胆预测未来，并对其发展趋势多加关注。人类生活的世界正在迅速变化，应尽可能地为未来会发生的变化做好准备。

1.7 推荐读物

[1] Czaja, S. J., Sharit, J., Charness, N., Fisk, A. D., & Rogers, W.A. (2001). The Center for Research and Education on Aging and Technology Enhancement (CREATE):A program to enhance technology for older adults. Gerontechnology, 1(1),50-59. doi:10.4017/ gt.2001.01.01.005.00.

[2] Fisk, A. D. (1999). Human factors and the older adult. Ergonomics in Design, 7(1),8-13. doi:10.1177/106480469900700103.

[3] Fisk, A. D., & Rogers, W. A. (1997). Handbook of hummun factors and the older adult.Orlando, FL: Academic Press.

第 2 章
老年人的特点

> 年龄不重要，重要的是优雅地变老。
> ——居尔·勒纳尔（法国作家和戏剧家）

CREATE 提出的社会技术系统框架（图 1.3）列出了设计过程中应考虑的与老年人相关的因素：人口统计、心理变量、知觉、认知和意识活动。人口统计特征（如年龄、性别、种族、教育程度）的相关内容在第 1 章中有所涉及。"心理变量"与个性、信仰、观点、态度、兴趣和情绪相关，它与个人的感觉、知觉、认知、处理信息的能力，以及作出的反应同等重要，上述因素与设计最为相关，本章对其进行了概述。但这一概述并不是面面俱到的，读者可以从本章末尾的推荐阅读资料中获得更多有价值的信息。

本书关注的重点是伴随着增龄而发生的常规性老化现象。大多数个体会在患病或发生事故之后经历这些变化。例如，患有痴呆症或外伤性脑损伤的个人会具有大多数人不会有的独特特征。此外，每个人经历的老化过程不尽相同，老化程度和疾病严重程度各不一样，例如，一些老年人并不会出现实质性的视力或听力老化。如第 3 章所述，认知能力也存在着广泛的个体差异。但是，总体而言，老年人随着年龄增长而发生的变化具有典型性，了解这些特征可以为设计过程提供信息。

2.1 心理变量

"心理变量"指影响消费者购买决定的心理因素——它经常用来分析市场营销环境中的消费者。与人口统计要素相对比，这一概念有助于全面地了解个体。心理变量不一定随年龄的增长而变化，尽管个体变量与技术接受度有关（例如对经验的开放程度），但总体而言，随着年龄的增长，个性特征相对稳定。因此，设计师应该考虑到消费者的个性差异，为不同的消费者群体提供个性化的产品及服务。不同年龄组之间的个性特征并不会有太大的差异。第 4 章将更深入地讨论技术接受度相关的内容。

心理变量中的其他变量的确显示出了与年龄相关的差异性，这些差异可能会影响消费者与技术的交互或是对新兴技术的接纳度。例如，就控制定向而言，具有内部控制特征的人认为自己的能力和努力可以影响日常生活的结果，而具有外部控制特征的人认为事情的发展受外部力量所控制，自己无力改变。总的来说，控制定向并没有明显的年龄相关差异。然而，在身体健康方面，老年人的外部控制特征更明显，他们不太愿意尝试先进的技术设备或新的医疗方法，因为他们认为健康不受自己的控制。设计师可以通过明确产品或设备的潜在用途，提供个人行为影响健康结果的具体案例来改变老年人的消极想法。

自我效能方面，同样存在与年龄相关的差异性，在设计时应考虑到这一方面。自我效能指人们对自身能否利用所拥有的技能去完成某项工作行为的自信程度，相关研究认为它会影响人们的行为和毅力。老年人总体的自我效能水平较低，尤其是与记忆力和使用技术相关的自我效能。

自信的对立面是焦虑。研究发现，老年人在使用电子设备时的焦虑程度较高，对电子设备焦虑中存在的个体差异进行分析可以预测其使用的情况。设计师应为老年人提供清晰易懂的使用说明，并在设计时遵循本书中概述的适老化设计原则，以便缓解老年人的焦虑。

总而言之，如图1.3所示，心理变量与人类和技术的互动相关。尽管个体之间存在差异，但不同年龄组之间并不一定存在差异。设计应具有可用性、有用性，并提供详细的使用说明，以便实现真正意义上的人类和技术的互动。

2.2 感觉与知觉

感觉是通过激活受体细胞（例如视网膜细胞）来感知如颜色等刺激物的过程。知觉是更复杂的感觉（即对感觉产生的信息的解释）。看到红色可能是感觉，但看到并认出苹果就是知觉。听到高音是感觉，但认识到这是警报则是知觉。

本书在研究年龄对各种活动相关能力的影响时，重点关注感知的过程，对于视觉、听觉、触觉、味觉和嗅觉等相关内容只作了简单的分析。视觉和听觉能力极其重要，它们深刻影响着用户对产品设计的使用能力，此外，年龄相关的缺陷在视觉和听觉方面表现得尤为明显（见图2.1）。

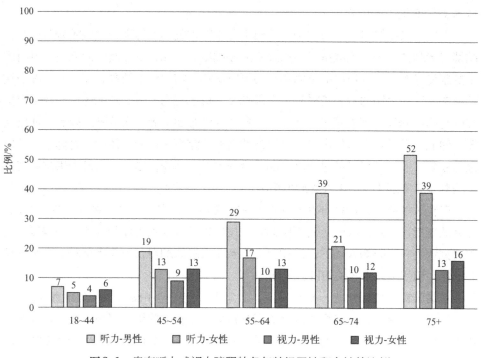

图2.1 患有听力或视力障碍的各年龄组男性和女性的比例
（数据来源：http://www.cdc.gov/nchs/hus/contents2013.htm#049）

2.2.1 视觉

各个年龄段的人都会受到视觉障碍的困扰。然而，像许多其他慢性病一样，视力障碍的患病率随着年龄的增长而增加。视觉障碍以及失明与年龄密切相关。如果我们活得足够长，几乎所有人都会有视觉问题。

视力是谈论视觉时最常用的衡量标准。它相当于效率指数的汇总，测试了在20英尺❶远区分测试对象的能力。视力为20/20的人和距离此处但是眼睛完全健康的人一样可以看清视力图；分母越大（例如20/20对20/50）表示视力越差。例如，视力等级为20/70意味着对于视力受损的人在20英尺才能看清的事物，正常视力的人在70英寸❷都能辨别出来。就眼睛的变化而言，大多数人在45至49岁时（甚至更早）视力出现明显下降。因此，在45岁以上的人群中，七成的人认为自己需要

---

❶ 1英尺=0.3048米。

❷ 1英寸=0.0254米。

戴眼镜，而在45岁以下的人群中有三成的人认为自己需要戴眼镜。在65岁及以上的成年人中，80%以上的人都能成功地将视力矫正到20/40，这对于正常活动来说已经足够了。然而，即使成功矫正了视力，双焦镜或渐进式镜片并不完全能满足生活中的所有需求。

老花眼是一种无法改变眼睛焦距的眼部障碍，它通常在中年时期开始出现，大多数40岁以上的人都会患有老花眼。此外，步入老年后，眼睛适应黑暗的能力也会下降，往往会对夜间阅读和驾驶造成不便。尽管如此，精心控制照明可以最大限度地减少可能干扰人们日常生活的问题。

视力的变化还会增加眩光，减少视野宽度，降低信息处理速度。与年轻人相比，老年人适应光照变化的能力（例如，从黑暗环境到明亮环境，反之亦然）下降，观察事物的视野宽度范围也会有所缩小。例如，与年龄相关的视野变化会导致功能视野的缩小（即单次可以处理的物理区域缩小）。研究表明，随着年龄的增长，视觉信息的处理速度明显减慢。因此，视觉感知中的灵活性也会随着年龄的增长而逐渐下降。

2.2.2 听觉

听觉能力可能会影响个人与系统成功互动的能力，决定了系统是否能在不同的环境中安全有效地运作。根据估计，大约有10%的中年人患有听力损失，这严重妨碍了他们的社交活动。到了65岁左右，这个比例已经跃升到男性总数的一半以上，女性总数的30%。由于越来越多的女性在年轻时从事不利于听力的工作和休闲活动，男性和女性的听力能力差异可能会发生变化。

正常情况下，年轻人可以听到频率高达每秒15000次振动的纯音。在65岁或70岁以后，每秒4000次以上的振动的声音可能就听不到了。相反，低频音（低于1000次）不会受到增龄的明显影响。这种与年龄有关的听力变化被称为"老年性耳聋"，它的具体原因尚有争议，但其发病率已得到证实。

音量，即以分贝为单位的响度，是一种更常见的听力测量方式。人类可以听到平均为8分贝的低语声，也可以听到超过130分贝的声音，尽管后者会带来疼痛和恶心。正常对话的音量约为60分贝。当一个人在声音超过70分贝才能听清时，说明他可能患有严重的听力障碍。

与年龄有关的高频声音听觉能力的下降可追溯到受体毛细胞、神经元的退化，以及内耳或内耳膜的血管变化。不同部位的衰退影响听到不同类型声音的能力。总的来说，目前的研究证明：年龄与所有类型的听力损失都密切相关。听力的变化会影响老年人获取音调和其他声音以及理解语言的能力。产品和环境领域的设计师需要充分认识到这一点。

2.2.3 触觉与动觉

触觉学是与设计相关的一个新兴领域，它与触摸感觉有关。随着个体年龄的增长，触觉控制的变异性增加，温度感知和振动感知的阈值提升。随着触摸屏和其他类型的触觉显示器的日益普及，设计师尤其需要重点关注与年龄相关的触觉变化。

动觉是对自己身体运动的感知。就动觉敏感性而言，很少有年轻人在直立或部分俯卧的坐姿上有什么困难。在不平坦的地形上攀爬时，要求他们将脚定位在与自己膝盖的相对位置，他们也几乎不会出错。通常情况下，他们能够在站起来的时候进行适当的姿势调整，不加考虑就能调整轻微的错位。与之相反，一些老年人并不能无意识地控制身体位置或动作：运动感觉的丧失使他们容易姿势不稳，导致意外跌倒。对于我们每个人来说，运动、触摸和位置的感觉在一定程度上取决于位于肌肉、关节和皮肤上的感受器。动觉方面的障碍，有些可以追溯到感觉障碍，有些可以追溯到大脑整合能力的失调。受体的功能紊乱，以及视觉线索与受体信息的整合导致了老年人的头晕、眩晕的症状。

就设计而言，设计师应认识到，与年轻人相比，老年人的运动、触觉和位置感更容易出现变化。此外，更高的阈值可能会降低老年人对触觉信号的敏感度。

2.2.4 味觉与嗅觉

味觉和嗅觉方面出现的与年龄相关的衰退，可能会使老年人无法区分各种食物或气味。研究表明，在60岁之前，感知甜、酸、苦、咸这四种基本味道的能力不会发生太大变化。60岁以后，感知基本味道的能力会逐渐减弱，导致检测特定味道的阈值变得更高。在多种影响味觉的因素中，嗅觉的变化最为显著，它往往会致使老年人无法区分各种味道。任何患过感冒的人都知道，当你鼻子不通气、嗅觉受损时，食物会变得没有味道。

嗅觉功能老化的相关研究表明，嗅觉功能下降在老年人中很常见，据估计，65～80岁的老年人中有50%的人嗅觉功能受损，而80岁以上的老年人则有75%以上的比例出现嗅觉受损（Doty和Kamath，2014年）。因此，如果嗅觉在某个系统中发挥关键作用（例如，作为警告的时候），确定个体嗅觉的检测阈值就很重要，因为老年人闻到食物被烧焦或环境中有刺激性气味的速度可能会慢一些。

2.3 认知

个体在行动时，身体会经历一系列复杂的过程，感觉和知觉是其中最先经历的环节。没有一个感知方式能提供完整、直接地获得外界的认识；但是，认知的过程可以将感知产生的信息进行相应的理解和解释。"认知"指的是大脑接收来自眼睛、耳朵或其他感官输入信息的所有过程，该过程包括大脑对各种感官输入信息的转换、缩减、完善、储存、恢复和使用。

通过分析执行一项活动时的认知处理状况，可以充分了解产品的交互情况。本研究在人类信息处理的框架中讨论认知成分。与年龄有关的认知变化是在适老化设计过程中要考虑的重要因素。正如对感觉和知觉变化的回顾一样，本节强调了设计师应该考虑的认知相关内容。本章的末尾提供了推荐阅读资料。表2.1提供了本节所讨论的科学概念的词汇表。第7章，尤其是表7.1说明了这些因素是如何影响人的表现的。

表2.1 认知概念的定义

处理速度	处理速度指信息处理的速度，它包括识别字母和数字、阅读、解释、理解讲话和比较空间格局的时候的速度。处理速度是认知功能的基石
注意力	注意力在认知活动中起主导作用，它决定了我们关注到的事件。注意力是有限的，它对环境中的刺激有选择性地起作用。处于多个对话中的人只能关注一个特定的对话。注意力捕捉是对重要线索的反应（例如，如果有人叫我们的名字）。注意力可以在不同的信息源之间分散，也可以在不同的任务之间切换
工作记忆	工作记忆即对刚刚感知到的和正在思考的信息的主动记忆。它可能来源于新的信息，也可能来源于回忆中的旧信息，正常情况下，工作记忆在同一时间内只能活跃几个信息位（想象一下记住三个名字和记住十个名字）。除非不断对信息进行重复加工，否则储存在工作记忆中的信息忘记得非常快
语义记忆	对已获得知识的长期记忆；包括词汇、历史事实、文化规范、语言规则、艺术和音乐信息等内容
前瞻性记忆	前瞻性记忆是对将来某一时刻要做的事的记忆。基于时间的前瞻性记忆指的是记住在某一特定时间（例如下午2点）或一段特定时间后（例如两个小时后）要做的事情。基于事件的前瞻性记忆是指在一定条件下要完成的某件事情（例如，当蜂鸣器响起时关掉烤箱）
程序性记忆	程序性记忆与日常生活中的活动密切相关。从不加思考的行动（例如换挡或驾驶汽车）到熟能生巧的常规活动（例如按照菜谱做菜），程序性记忆因自动化程度的不同而有所不同
空间认知	空间认知即操纵图像或图案的心智能力。它包括了表示、转换信息（例如在脑海中旋转图像）或准确地表示各组件之间的空间关系的能力
语言理解	语言理解指理解书面或口头文字信息的能力，它包括理解单个单词、句子和段落的能力，以及对文本或话语中隐含的信息进行逻辑推理的能力
执行能力	执行能力指的是维持和变更目标、制订行动计划、解决问题和抑制自动反应相关的认知能力

2.3.1 处理速度

众所周知，信息处理速度会随着年龄的增长而放缓。尽管放缓的机制及其性质一直存在争议，但总的来说，处理速度减慢是一个公认的现象。据估计，一个老年人（例如65岁及以上）完成一项基于从感知到决策，再到心理运动表现的复杂任务时，其所需的时间大约是年轻人（例如20岁）的1.5～2倍。

信息处理速度的减慢不仅仅涉及已经习得的活动，也涉及新任务的学习。Verhaeghen（2013年）就年龄与各种心理过程及能力之间的关系对学习效率的影响进行分析，提供了相关的元分析数据：处理速度，效应值$r=-0.53$；工作记忆，效应值$r=-0.42$；情景记忆表现，效应值$r=-0.38$。它们的影响程度不同，对如年龄、性别、种族或者社会经济地位等具有个体差异性的因素影响最大。对于学习新的文字处理软件这样复杂的任务来说，老年人跟着教程学习的时间大约是年轻人的两倍，而中年人的时间通常介于两者之间，至少对于新手来说是这样。

尽管如此，经验作为一种获得知识的功能，是这些关系的重要中介。例如，年轻人和有文字处理经验的中年人学习不熟悉的文字处理程序时的速度相似，表明了经验在新的学习中强大的作用，这种作用对于老年人的学习和再培训具有重要意义（参见第8章）。经验有时可以弥补增龄导致学习速度的减慢，例如通过熟练使用更多的文本来保持较快的打字速度。然而，当一个人的年纪比较大时，即使他是其专业领域内的专家，在做出决策时也会表现得比较迟钝。

处理速度是认知功能的基石。通常情况下，老年人对信息的处理速度会随着年龄的增长而减慢。这些信息包括识别字母和数字的速度；阅读；模式识别和解释；理解演讲；比较空间模式等。设计师应关注到老年人信息处理速度的下降，并采取一定的措施。

2.3.2 注意力

"注意力"指人们处理信息的有限能力。通过选择性注意力，我们可以更深入地处理信息，在不同的信息源之间分配注意力，或是在不同的任务之间来回切换。

注意力与产品的交互通常会涉及视觉搜索。检测、分类警告信息、在自动取款机上找到要按的按钮等行为都是在搜索检测任务。选择性注意力对于搜寻物体来说至关重要。随着对注意力需求的增加，与年龄相关的问题也会逐渐表现出来。

动态视觉注意力是认知的另一个方面，它与产品或环境的成功互动有关。动态视觉注意力是我们观察环境的方式，包括将注意力从一个位置转移到另一个位置上。然而，人的注意力是有限的，对注意力的调整也是有限的。即使在理想的、受控的实验室环境下，将注意力从一个感兴趣的项目转移到另一个项目也需要几乎一秒钟的时间。而一般来说，老年人需要更多的时间来将注意力从一个地方转移到另一个地方。

注意力会被环境中的高度显著事件所捕获，在这一过程中人并不会被其他刺激物所吸引。老年人往往更容易受到诸如闪光、高强度灯光等突出事件的影响，也更容易受到具有威胁性的刺激影响。因此，面向老年人的设计，产品的操作应快捷、简易，删除会分散注意力的无关信息（例如网页上闪烁的内容），只保留关键的信息线索内容。

在许多情况下，老年人必须协调多项任务，这需要在多个信息源之间分散注意力或在任务之间切换注意力。任务控制包括速度要求和多任务处理。研究结果表明，人的反应速度会随着年龄的增长变慢。此外，随着任务复杂度的增加，反应所需要的时间也会更长。虽然这一结论可能并非完全正确，但老年人在处理更复杂的任务时确实会比一般人的速度要慢，尤其是那些需要几秒钟或几分钟才能完成的任务。

实际上，几乎所有复杂的任务都可以在逻辑上分解为子任务。个体是否在心理上将任务分解为子任务可能取决于不同子任务是否按照顺序执行。在许多任务中，不同的子任务是密不可分的。当年轻人和老年人被要求同时完成多项任务（例如驾驶的同时寻找路标）时，与年轻人相比，老年人通常表现要差一些。在双重任务条件下，老年人的表现不如年轻人，年龄差异的大小随着任务难度的增加而增加。因此，在为老年人设计产品时，应避免需要同时完成多项任务的情况。

2.3.3 工作记忆

人们普遍认为，随着年龄的增长，记忆力会越来越差。然而，记忆能力是否会随着年龄的增长而衰退以及衰退到何种程度，取决于特定活动中所涉及的记忆类型。与年龄相关的工作记忆衰退已得到了充分证明。"工作记忆"指人们在"处理信息"或使用信息之前暂时保持信息活跃的能力。使用电话拨打客服服务时需要工作记忆，因为使用该系统的用户需要记住打电话的目标，倾听每个选项，将选项与目标相匹配，并做出选择。尽可能地考虑人类工作记忆的限制是设计界应关注的重点。

工作记忆会以不同程度影响日常任务的执行。通过对工作记忆的情境内以及情境外评估，发现许多方面（例如语言理解、推理、问题解决）存在的年龄相关的差异与工作记忆差异存在相关性。情景内评估指从任务表现推断工作记忆容量。例如，一个人反复提问同一个问题，可能表明他有工作记忆缺陷。情景外评估指对人们完成特定任务（例如跨任务、跟踪任务）的表现进行测量。无论采用何种测量方法，都会发现老年人的工作记忆呈下降趋势，而工作记忆对人的行为活动的影响正是本书中反复重申的重点。

工作记忆与任务（例如语音理解、任务协调）的表现情况紧密相关。实际上，有时可以通过实践练习（例如记忆搜索任务的持续练习）、策略培训（例如出于规划目的使用外部记忆辅助工具）、提供环境支持来降低工作记忆对于一些日常活动的限制。环境支持（将所需的知识在外部环境中呈现，而不是要求个体从自己的记忆中检索）是在许多情况下缩小年龄相关的差异的一种方法。在搜索信息时，将注意力引导到特定位置的线索上是环境支持的一种形式。

2.3.4 语义记忆

除此之外，还有一种记忆方式，它通常会被人们称为"长期记忆"。长期记忆是一种更持久的知识储存方式（包括学会的动作和技能行为），语义记忆属于长期记忆中的一类。即使人们的年龄逐渐增长，其语义记忆的衰减幅度相对而言也比较小。"语义记忆"指人的一生中学习积累到的所有事实信息，是对词义、历史事实、艺术、音乐以及常规知识的记忆，也就是人一生中获得的所有信息的记忆。老年人获取储存信息的速度相较于年轻人而言可能会慢一些，有时还会出现回忆不起来的情况（例如：舌尖现象）。然而，即便如此，储存在语义记忆里的信息通常也不会完全丢失。因此，利用语义记忆进行设计非常重要。群体性常识就是一种群体共享的语义记忆形式（例如在北美中"up"表示的是灯具开关中"开启"的意思，而在欧洲则是"关闭"的意思）。如果设计师顺从这种群体性常识，可以让人们的行动变得更加便利，反之，与人们常识相违背有可能会导致灾难性的后果。

2.3.5 前瞻性记忆

在长期记忆中除了包含语义记忆以外，还有另外一种形式，那就是前瞻性记忆。前瞻性记忆是对将来要做的事的记忆。建立在未来要做的某件事情之前的记忆为基于时间的前瞻性记忆（例如记得在四个小时之内吃药）；而依赖于某一事件发生后再采取行动的，则被称为基于事件的前瞻性记忆（例如在吃完饭后或者闹钟铃声响起后要服药）。相比基于事件的前瞻性记忆，基于时间的前瞻性记忆更容易随着年龄增长而变差。站在设计的角度来看，设计师应该尽量减少需要用到基于时间的前瞻性记忆，同时巧妙地把基于事件的前瞻性记忆与有提示性的事件相结合。无论对于哪个年龄段的成年人而言，在他们进行活动时提供相应提示都可以更好地帮助他们利用前瞻性记忆。

2.3.6 程序性记忆

程序性记忆是一种关于如何执行活动流程的记忆，它也属于长期记忆中的一种。程序性记忆在自动化程度上会有所不同，有不假思索就可以执行的程序性记忆（例如骑自行车需要保持平衡），也有熟能生巧的日常性程序性记忆（例如做长除法或遵循菜谱去做饭）。老年人会因为衰老而在某些领域上很难形成新的自动化的程序性记忆，不过研究表明，在他们衰老前记住的那些自动化的程序性记忆并不会被轻易忘记。有些行动所用的程序性记忆与惯性记忆无关，它们是在意识的驱使下去完成的（例如使用运算法则去解决问题），这种程序性记忆并不会受到年龄的影响。

就设计而言，在不同的系统和任务中保持行为（例如启动计算机浏览器）的一致对于程序性记忆非常重要。此外，设计师在编写产品的使用说明时，检查使用说明的内容是否与具体的操作流程保持一致非常关键，若两者相一致就可以成功投入使用。老年人相比较年轻人而言，抑制之前已经掌握好的程序性记忆非常困难。因此，设计师在设计时，要尽可能避免违背人们惯性记忆的情况，如果实在是办不到的话，那就需要给人们留出一定的学习空间，让老年人忘记掉以前的习惯，去学习并适应新的程序性记忆。最后，需要注意的是，当个体面临多重的任务或者处于压力之下时，他可能会被旧的习惯所牵引，这也是为什么要阻止设计师设计出与人们程序性记忆相违背的设计的另外一个原因。

2.3.7 空间认知

有些任务会要求执行者利用外部信息来开发和推理视觉图像，因为这些外部信息并不能直接在脑海中形成完整的视觉图像，举一个例子：执行者需要将二维地图上获取到的方向和信息转换为三维空间中行走的图像。视觉图像的维护和操作都会涉及空间认知。例如，在构形学习任务中，人们需要将空间和时间信息组合成一个完整的场景，以便能够对其进行不同视角的比较。在该类任务中，年轻人一般会比老年人表现优异,尤其是在不熟悉的位置进行测试时。

因此,在需要人们去记忆物体位置和发展序列或者路线的任务中,要关注年龄的差异。此外,在空间信息的分割、整合和转换方面也存在年龄的差异,空间能力的下降体现了在执行计算机相关任务时的熟练程度。

2.3.8 语言理解

语言理解是基于对情景的语言描述。例如,人们在阅读一个故事的时候,会对故事中的事件形成一种自己的语言理解。逐字阅读的研究表明,年轻人和老年人在阅读理解的过程中可能会呈现出不同的语言理解。研究显示,老年人存储的信息单元会更小,需要他们更加频繁地去整合自己的"数据信息"。理解自然语言以及处理和制作句法复杂的语言等语言任务中存在年龄差异,其根源是工作记忆的局限性。

对于老年人来说,需要进行推理的语言理解非常困难,也就是说,如果语言中的思想联系不明确的话,老年人就必须进行推理,然而,这种推理对工作记忆有一定依赖性,这也是老年人在语言理解方面存在更多困难的原因。但是,如果老年人能够去依赖他们的语义记忆库,那么其语言理解力也会因此得到改善。所以,从设计的角度来看,设计师应该使用老年人熟悉的术语和标签,并明确概念之间的联系,从而去改善这一现象。

2.3.9 执行能力

"执行控制"一词包括多种认知能力,例如维护和更新认知及行为目标有关的能力,行动的规划与排序,解决问题以及抑制自动反应等。这些能力会随着年龄的增长而显著下降,而负责这些功能的大脑区域也会出现比较明显的萎缩。

年龄相关的执行控制能力下降表明:老年人在多重任务环境和协调多个子任务的复杂任务上可能会表现得比较糟糕。然而,尽管年龄会影响到任务协调的能力与多重任务的处理能力,但是通过一些特定的训练是可以减轻这种影响的(详见第8章)。一般来说,设计师应通过明显的感官线索来提供环境支持,以提示老年人何时需要注意某个特定任务或者子任务,最大程度地减少他们对执行控制能力的依赖。在双重任务或多重任务的环境中,应该维持任务及其响应间的一致映射,以便降低任务切换的认知难度。

2.4 人体测量运动控制

2.4.1 人体测量学

人体测量学研究人体生理指标（例如身高、体重），观察随着时间的推移这些指标的变化。在设计老年人使用的产品中，人体测量学是设计师应重点考虑的因素。例如，老年人的工作空间需求与年轻人可能有所不同。一般来说，老年人与年轻人相比，其身材会更矮小，老年男性体重会更轻，老年女性体重会更重。

然而，设计师在参考这些人体测量数据和年龄数据之前，要意识到这一领域研究的局限性（Kroemer，2005年），其中一个限制就是老年人口的变异性（如第3章所述）。一些老年人的人体测量数据变化不大，但是另外一些老年人会表现出明显的数据变化。此外，横向设计通常被用于描述这种随着年龄增长而发生的人体测量数据变化，它将老年人分到一个较大的年龄范围里（有时跨越几十年），并将他们与其他每5岁一个年龄组的年轻群体进行比较。Kroemer认为，纵向设计更适合确定与年龄相关的变化，但是目前相关的数据还比较少。

2.4.2 运动控制

"运动控制"是身体反应的总称，比如转动旋钮、按控制杆或用不同的手指选择按键等类似的动作。它指在感知或认知的基础上进行肌肉协调的动作控制，既包括驾驶汽车等广义的动作，也包括移动并双击鼠标等更精确的动作。

大量文献表明，随着年龄的增长，人们的运动控制能力会变得越来越差，这种现象在第7章中非茨定律的数据里也有所示。通常，老年人需要花更多的时间才能做出和年轻人类似的动作。但即便如此，他们的动作也做不到那么精确。对老年人来说，类似的困难在日常生活中十分普遍，从简单地移动鼠标到在电脑上准确定位光标，再到驾驶汽车等一系列动作。这种与老化带来的差异性可能正是老年人活动中的主要障碍，设计师必须考虑到这一点。

为什么老年人会在运动控制方面速度更慢且更容易出错呢？实验研究证实，由于年龄变大从而表现力下降的原因有以下几种：（a）知觉反馈能力较差，（b）运动通路中的"噪声"增加，（c）处理任务的策略差异。老年人的平均速度比年轻人慢1.5～2倍，在估计运动时间（以及一般新增任务的表现）时可参考这一经验法则。

运动控制的相关信息与设计息息相关。例如，老年人的移动控制能力会比较迟钝和缓慢，设计师需要巧妙地让计算机鼠标界面变得更加便捷，比如改变软件增益、加速配置文件和将鼠标移动转换为光标移动。目前所有的计算机系统都允许用户调整增益比来定制光标定位性能。这是一种高成本效益的方式，尽管还是有一些年龄较大的用户需要在指导下才能学会改变增益设定，但至少弥补了部分与年龄有关的运动控制差异。

2.4.3 强度

人们的肌肉力量会在60岁左右开始下降。肌肉力量的下降使握力、耐力等发生变化，从而更容易引发关节炎等疾病，这种现象可能会降低老年人的总体力量以及控制精准运动的水平。肌肉质量的损失会导致力量的衰减，适当的运动和训练计划可以在一定程度上减轻力量与肌肉的损失。

与速度变化的过程相似，力量的变化使老年人无法轻松使用较为复杂的产品功能。对于那些涉及老年用户的系统与产品，设计师必须考虑降低力量操作难度，多运用推、拉、举、扭和压等简单动作。老年人经常吃药，出于对老年人力量的考虑，一些药瓶现在被设计成可以被固定住，瓶盖轻轻一拧就可以打开，其他产品在设计时也必须要考虑到老年人力量减少的情况。如果不能降低产品的受力要求，商家则应提供方便老年人使用的辅助器具。

2.5 总结

研究产品、设备、指令与工作相关任务的互动时，应当要对影响这种互动的运动控制、知觉、认知和心理社会等因素的数据有一定的认知。其中，视觉和听觉能力往往是一个关键因素。理解运动能力和认知对于促进以人为本的设计而言至关重要。事实上，与产品相关的系列问题，大多与信息相关（例如，处理感知线索，理解感知信息，并对其作出适当的反应）。

设计师应运用人的能力相关的科学知识，利用优势进行设计的同时规避局限性。人会在成长的过程中逐渐拥有越来越多的能力，如保持良好的语言表达能力、增加经验和拥有广泛的知识基础。然而，随着年龄的增长，感知、认知和动作控制等能力的局限性也在不断提升。设计师应该意识到这些局限性并为此作出相应的改变。本书为此提供了一个与老年人特征相关的设计方案总结。

本章简单总结了在适老化设计时，应考虑的心理、知觉、认知和运动控制等因素。人的能力并不会都随着年龄的增长而下降，也不是所有的老年人都会因衰老而能力下降（见第3章）。通常来说，应该是部分能力会因为年龄的影响而下降，还有部分能力是不会下降的。认知老化相关的数学模型可以预测年龄相关的知觉和认知的变化以及由此导致的系统交互的性能差异。设计师应利用这一模型来辅助相关的设计，去弥补年龄影响下的能力下降。

  本章回顾了任务表现的重要过程、整体表现和学习缺陷的心理因素，并为设计系统提供了处理方案，以克服阻碍最佳任务表现的信息处理问题，这些问题可能是一般性的，也有可能是老年人特有的。此外，本书概述了有底层逻辑的任务分配的基础。任务分配确定了学习所需的心理因素，并提供了一个可能的弥补年龄依赖性的方法。从本质上讲，它构成了教学设计的原则性方法论的基础。第5章论述了任务分析的过程，并使用该分析来开发培训材料（第8章）。

  通过回顾年龄对认知的影响，本书得出了基本的设计原则。这些设计原则将在接下来的章节中反复强调。例如，在设计时应考虑到工作记忆和注意力，避免设计的复杂化。设计还应充分利用用户过往的经验。一般来说，人们会根据过去的经验迅速地认知预期会发生的事情并且作出相应反应，而对那些意料之外的事情的反应通常要慢得多。设计师的职责之一就是去理解、预测和利用用户的预期。除此之外，设计师还应认识到，当人们使用新产品或处于新环境时，会将新事物与已知的事物联系起来，使任务更加可控。如果设计师没有充分利用相关的语义记忆，就会经常出问题。

2.6 推荐读物和链接

2.6.1 读物

[1] Bengtson,V. L.,& Settersten, R.(2016).Handbook of theories of aging (3rded.).New York: Springer.

[2] Czaja,S.J.,Charness,N.,Fisk,A.D.,Hertzog,C.,Nair,S.N.,Rogers,W.A.,&Sharit,J.(2006). Factors predicting the use of technology: Findings from the Center for Research and Education on Aging and Technology Enhancement (CREATE).Psychology and Aging, 21(2),333-352. doi:10.103770882-7974.21.2.333.

[3] Jastrzembski,T. S. & Charness,N. (2007). The model human processor and the older adult: Parameter estimation and validation within a mobilephone task. Journal of Experimental Psychology: Applied，13(4),224-248.,doi:10.1037 /1076-898x.13.4.224.

[4] Mitzner, T. L., Smarr, C.-A.,Rogers, W.A.,& Fisk,A. D. (2015). Considering older adults' perceptual capabilities in the design process. In R. R. Hoffman, P. A.Hancock, M.W.Scerbo, R. Parasuraman,& J.L.Szalma(Eds.), The Cambridgehandbook of applied perception research (vol. I, pp. 105i-1079). Cambridge:Cambridge University Press.

[5] Schaie, K. W.,& Willis, S. L. (2016). Handbook of the Psychology of Aging (8th ed.).London: Elsevier.

[6] Verhaeghen, P. (2013). The elements of cognitive aging: Meta-analyses of age-related differences in processing speed and their consequences. New York: Oxford UniversityPress.

2.6.2 链接

国际标准组织：https://www.iso.org/standards.html.

第3章
个体差异

分享我们的相似之处，赞美我们的不同之处。
——M. 斯科特·派克（M. Scott Peck，美国心理学家、作家）

衰老的过程是多方面的，通常涉及身体、心理、社会、环境和经济变化。如果从广泛的角度考虑衰老，它通常与社会角色的转变有关，比如成为退休人员或照顾老年伴侣，或者是生活安排的变化，例如搬到更小、更容易管理的房子中。此外，衰老还与慢性疾病和功能障碍的发展有所联系。然而，21世纪的老龄化与之前相比截然不同，"谁是老年人"和"老了意味着什么"的定义也在不断变化。许多老年人仍然在劳动力市场接受新的职业挑战，或参与新的学习活动或拥有新的爱好。老年人是社会中的活跃分子。此外，老年人群不是一个单一的群体；它们在许多重要的方面有所不同。因此"一刀切"的设计策略无法满足所有老年人的需求、偏好和能力。本章回顾了老年人个体差异的来源，并讨论了设计的潜在含义。

3.1 打破谬论：老年人并不都是一样的

一个关于老化的普遍误解是，所有的老年人都是一样的。此外，大多数老化相关的观点都相当负面：老年人生病、不能学习、行动迟缓、对新事物不感兴趣、惧怕高科技，并且他们中的大多数人都生活在某种养老机构中。老年人都相似显然是一个错误的观念；相反，老年人口在许多方面都极其多样化，而且越来越多样化。衰老是一个从出生开始持续不断的过程，包括成长、稳定和衰退。一个人变老的方式受到多种因素的影响，包括遗传倾向、环境背景、社会人口因素、行为因素、态度和生活经验。实际上，老化是这些因素的综合体，因此，老年人比其他年龄组的人更加多样化也就不足为奇了。

当然，随着年龄的增长，视力、听力和处理速度等方面会出现许多规范性下降。在做适老化设计时，了解这些变化非常重要。如第2章所述，感觉和知觉过程的年龄相关变化对于显示器、文本、标识等设计具有重要影响。同样重要的是，要意识到老年人在许多方面都有差异,在为老年人设计时必须考虑这些差异。正如第5章和第6章所强调的,要适应这些个体多样化的差异,需要理解差异的来源,采用以用户为中心的设计方法,包括招募具有代表性的老年人样本。

在讨论老年人群的差异来源之前,本书简要概述了不同类型的差异。一般来说,对衰老和性能的研究区分了差异的来源:个体间(个体之间)差异和个体内(个体内部)差异的差异。个体间的差异是在组间比较中观察到的,例如在给定测量点上比较不同的年龄组之间的差异。有时,研究中发现的年龄组之间的差异并不完全与衰老过程有关,而是反映了队列或代际差异。例如,对年轻人和老年人在使用智能手机应用程序方面进行比较,我们可能会发现组别之间存在差异,年轻人在使用应用程序方面表现得更熟练。不同组别之间的差异可能源于使用智能手机的经验差异,而不是年龄固有的差异。代际差异的例子随处可见,比如阅读电子书和在线新闻,而不是阅读纸质书或印刷报纸,发微信或发短信给某人而不是打电话给他们。这些例子虽然反映了老年人在执行特定任务方式上的差异,但并不意味着老年人无法执行如阅读和理解新闻等一般任务。相反,这些差异反映的是个人偏好,以及可能存在的经验。随着技术的不断发展,这些例子可能会在未来十年发生变化。

个体间的差异也发生在同一个年龄组内。正如在前一章讨论老化过程时提到的,同一年龄组的老年人之间存在着巨大的差异。例如,如果测试一组65岁成年人的反应时间或工作记忆,就会发现这些人认知能力的差异性。图3.1展示了不同年龄组之间和同一年龄组内的人们在流体智力方面的差异。流体智力反映了处理速度或工作记忆等认知能力。

在图3.1中,流体认知能力总体上随着年龄的增长而下降。然而,在同一年龄组之间也存在差异,一些老年人的表现与年轻人相同或更好。在互联网搜索任务测试中,年轻人通常表现得更好,尤其是在复杂的任务上。然而,一些老年人的表现优于年轻人,这意味着年龄并不是预测个人表现的最佳指标。

老年人的教育和健康状况、识字率、文化/种族、技能与生活经验各不相同,这些差异造成了一个年龄组内的个体间差异。在为老年人设计时,需要意识到个体间的差异性。因此,在设计过程中必须考虑到老年人的多样性,要尽可能招募不同的样本类型,以确保研究结果的准确性和普适性(第5章和第6章)。

个体内差异指个人的差异。这种差异通常在纵向研究中进行检验,测量同一组人在多个测量时间点的变化,这种研究通常跨越数年。例如,同一组人的认知能力等变量可能每5年或10年测量一次。老年人的个体内部差异可能由多种因素引起,如由衰老而导致的视力或处理速度的变化,疾病(如老年痴呆症),以及学习和经验(世界知识或语言技能)。

第3章 个体差异

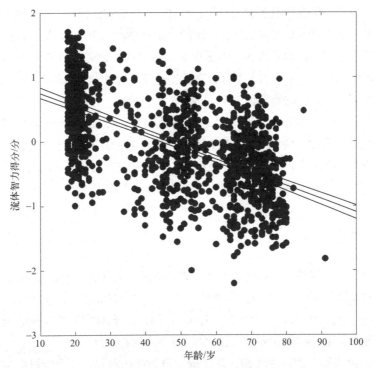

图3.1 跨断面和同龄组内流体智力差异

(资料来源：CREATE)

个体内部差异也可能是短期的，个体的表现在一天内或者某个测量时刻会因疲劳、急性疾病、分心、药物或注意力涣散等因素波动。比如，像职业高尔夫球手这种专业人士，在比赛开始时打得很好，但之后注意力分散或变得疲惫，会把很多球打到水里或沙坑里，而不是球道或果岭上。多种因素可以导致这种个体内部的变异。因此，测量应该在多个场合进行，还应该考虑到压力、疲劳、疾病或药物等可能影响表现的因素。

3.2 个体差异的来源

3.2.1 年龄

如本章开头所述，产生个体差异的原因有很多。本节将重点介绍与设计有特殊关联的内容。显然，考虑到预期寿命的变化和85岁以上（通常被称为高龄老人）人口的迅速增加，年龄差异变得越来越重要。高龄老人的数量正以前所未有的速度增长，并将在未来几十年占据人口的更高比例。年龄在65～80岁的年轻老年人和85岁及以上的高龄老年人之间存在明显区别。60多岁或70多岁的人通常与80多岁的人差异巨大。80～90岁的人和90岁以上的人也有着显著的差异。年龄较大的人更有可能患有关节炎、视力障碍和听力障碍等各种疾病。随着年龄的增长，认知能力下降和记忆障碍也更为常见。现在相对较年轻的老年人以后更有可能行动受限，独居，或需要照顾。这些变化对社会、医疗和经济体系有重大影响。正如第9章所讨论的，交通系统的设计需要考虑满足这部分老年人的需求，让他们有机会参与社会和社区活动。设计对家庭照料者的支持也至关重要，因为家庭照料者是老年人的重要支持来源。

3.2.2 性别

性别是另一个重要的设计考虑因素。数据显示，老年女性的数量超过老年男性，尤其是在中高龄阶段。在65岁及以上的人口中，男女比例为127：100；在85岁以上的人口中，这个比例增加到192：100。然而，由于男性预期寿命的延长，预计在未来几十年，老年男性和老年女性之间的差距将有所缩小。

显然，男性和女性在生理和人体测量学方面存在差异，在设计过程中需要加以考虑。例如，年长的女性往往比年长的男性身材更矮小，体力更弱。骨关节炎等慢性疾病在老年女性中比老年男性更常见。男女之间的需求、偏好、生活经验和态度各不相同。由于男女在预期寿命和婚姻状况上的差异（女性更有可能成为寡妇），老年女性比老年男性更有可能独自生活，也更有可能参与护理工作。

老年妇女的劳动参与率正在迅速增长，预计还将持续增加。这种增长对工作和职场设计产生了影响。许多女性在工作的同时还要承担照顾家庭的责任，因此需要设计师提供一些解决方案来帮助她们平衡工作和照料家庭的职责。美国退休人员协会（AARP）有一项针对全美1000多名家庭照料人员的调查，重点研究了照料和技术之间的关系。许多照料人员表示，他们希望能够使用某种技术系统来监测他们所照顾的人的状况，确保他们是安全的（AARP, 2016）。

3.2.3 文化和种族

文化和种族是个体差异的另一个来源。正如第1章中提到的，老年人口在种族和文化背景上越来越多样化。在美国，未来几年，西班牙裔将是增长最快的群体，其次是非西班牙裔黑人。亚裔老年人和北美土著人口也有望增加。总体而言，在美国，少数种族和少数民族的老年人数量已经从2005年的670万（占老年人人口的18%）增加到2015年的1060万（占老年人人口的22%），预计到2030年将增加到2110万（占老年人人口的28%）。

美国老年人口日益增加的文化和种族多样性对设计产生了影响。来自不同民族的人生活经历不同，信仰、态度以及语言也存在差异。现在的少数族裔老年人，尤其是那些来自亚洲或西班牙的老年人，主要语言不一定是英语。因此，在设计说明、文本标识、问卷、培训材料和展示时需要特别注意，以确保不同背景的人都能理解。如今的许多系统，例如自动柜员机（ATM）或售票机，都允许人们选择他们的语言偏好。

少数族裔的老年人较少拥有电脑和移动设备或能在家里接入互联网。这一趋势未来可能会发生变化，因为目前的数据显示，少数族裔年轻人使用科技的速度与白人年轻人相同。不同文化和民族背景的人对老龄化、社会和家庭义务有不同的期望。因此，在对老年人进行用户测试时，需要认识到潜在的差异来源。

3.2.4 社会经济地位

社会经济地位（SES）通常包括收入、教育成就和财务状况，对生活质量和幸福有广泛的影响。SES是身体和心理健康的可靠预测指标，与社会地位和机会获得有关，例如，加入俱乐部、活动计划、旅行或从事其他休闲活动的能力。

老年人的社会经济地位差异很大。许多老年人处于社会经济地位较低的阶层，这使他们在获得所需的服务和支持方面处于不利地位。在美国，大约9%（约400万）的老年人生活在贫困线以下。一般来说，少数族裔老年人的贫困率高于非少数族裔老年人。老年妇女和独居妇女也更容易贫穷。

从设计的角度来看，认识到社会经济地位对于住房选择、获得技术和其他产品与服务的影响非常重要。我们不能假设所有的老年人都能轻易地使用移动技术或宽带服务。社会经济地位低的老年人更有可能经历社会隔离和孤独的问题，是身体、认知和情感健康的重要预测因素（第13章）。

教育方面得到了积极的改善：今天的老年人比前几代人有更高的教育成就，而且这一趋势将随着"婴儿潮一代"的衰老而持续下去。在2008年，65岁及以上的人中有21%拥有学士学位；到2016年，这一数字增加到28%。在老年人中，种族是受教育程度的预测因素，因为少数族裔老年人比白人更不可能拥有高等学位。受教育程度也关系到一个人的福祉和健康，以及接受新的学习的机会。在未来的几十年里，拥有高等学位的老年人的数量将会增加，这种增加对培训市场的发展具有重要意义，因为这些老年人可能会继续参与学习活动。

3.2.5 工作与就业

在工作和就业方面，许多中老年人由于担心退休收入、医疗福利或希望保持生产力和社会参与，选择延迟退休或重返工作岗位。目前的劳动力预测显示，到2025年，55岁及以上的劳动者数量将达到3300万，65岁及以上的劳动者数量也将增加。正如前面提到的，许多老年妇女现在也在劳动力市场上，这代表着与前几代人不同的人口结构转变。

退休模式的趋势也在发生变化。除了留在目前的岗位上和尝试全职回到类似以前的工作之外，老年人也越来越多地尝试更多的选择，如合同工作、开始第二（或第三）职业生涯的机会，或开创新业务。这些趋势对工作场所和工作岗位的设计，以及培训和教学计划的设计都有着深远的影响（第8章）。我们需要意识到与年龄有关的认知、身体和感官能力的变化，以确保工作场所和工作岗位能够满足老年人的需求和能力。

由于工作环境的不断变化，技能过时和参加培训已成为所有年龄层的劳动者都会面临的重要问题，尤其是老年工人。因此，培训和教学计划的设计变得至关重要。本书将在第12章详细论述与衰老和工作相关的问题。

3.2.6 读写能力

读写能力是独立生活的基础，因为我们会从文字（口头和书面）和数字中获得大量信息。文化水平低会影响一个人的就业、教育和社交机会，以及完成日常生活、参与医疗活动和协调建筑环境的能力。在设计时，设计师需要考虑到个体间不同的读写能力。

读写能力通常被定义为使用或理解印刷和书面信息的能力。在评估读写能力时，通常使用的标准测量工具是广泛应用的第四版广泛能力测试（WRAT 4），但是哪种测量方法最好仍存在争议。考虑到人口种族的多样性，需要注意衡量标准是否存在文化差异。例如，有时会区分文字素养和文档素养。文字素养通常指从文本、报纸、包装说明或网页内容中获取和理解信息所需的知识和技能。文档素养指使用文件中所包含信息所需的知识和技能，例如工作申请表、福利表格、交通时刻表或地图等。从设计的角度来看，二者的不同对于了解读写能力的广泛范围，了解哪些读写能力需要进行评估和纠正十分重要。例如，一个人可能能够阅读基本的文字，却难以理解时刻表以选择合适的巴士。

美国全国成人读写能力调查（National Adult Literacy Survey）的数据显示，在美国60岁及以上的成年人中，读写能力较低的人过半，而且其文档素养不如文字素养。这一发现表明，许多老年人难以理解公共汽车或火车时刻表，在填写申请和表格方面也存在困难。通过使用简单的语言文字，即人们初次听到或阅读时就能理解的语言，使文本接近8年级的水平，可以一定程度上缓解这些问题。同时使用附加的图片提示也会有帮助，尤其对于第一语言非英语的人来说。此外，还需要开展培训和教育计划来促进读写能力的提升。

健康素养指的是个人获取、处理和理解健康信息的能力。它包括搜寻健康信息和健康服务、与医疗工作者沟通、处理健康信息以及了解相关后果。健康素养不仅仅包括阅读和理解能力，还包括倾听、分析和决策技能。例如，它包括理解药物信息、医疗宣传册和医疗同意书的能力；了解医疗保健系统；理解来自医疗保健专业人士的医嘱。最近，人们开始认识到文化在健康知识普及方面的重要作用。此外，种族和文化影响着卫生与健康体系的公信力以及沟通方式。在设计健康资料如健康宣传册、网页或研究招募材料时，需要对以上因素加以考虑。

健康素养对老年人至关重要，因为相较于年轻人，他们通常有更多的健康问题，需要的卫生服务也更多。目前美国的健康管理系统是强调合作模式的医疗护理，个人在管理自己的健康过程中需要发挥更加积极的作用，这就要求在卫生保健领域更多地使用医疗技术，如电子医疗记录等（见第10章），也使得储备充分全面的健康素养知识变得尤为重要。健康素养水平低与医疗保健成本高、住院率高和卫生服务使用频率低等不良健康行为有关。目前有多种方法可用于评估健康素养，如成人功能健康素养测试（TOFHLA）、成人健康素养快速评估（REALM）、健康素养短期评估（SAHL）或最新生命体征（NVS）。然而，哪种衡量标准最权威仍存在争议。鉴于健康素养的重要性，一些测量工具，如SAHL，还提供了西班牙语等其他语言选择。

不幸的是，老年人，特别是社会经济地位较低和少数族裔的老年人，普遍缺乏卫生知识。在美国，大约60%的老年人健康素养仅仅处于基本水平甚至更为匮乏。健康素养的普及和提升任务十分艰巨，因为它背后是一个庞大的系统问题，涉及现有医疗保健系统中固有的政策和协议、医护人员、健康信息资料和老年消费者。研究发现，老年人愿意使用电子医疗网站技术，但往往难以解读信息，因为这些信息太过复杂。

用通俗易懂的语言设计健康相关的材料（例如小册子、健康网站、患者门户网站），或提供网站辅助工具（例如下拉菜单、气泡）来解释技术术语，可以改善健康素养低的问题，也有助于制定医护人员与患者沟通的策略方案，以及针对健康知识水平低的老年人的教育干预措施。

计算能力是读写能力的另一个方面，指的是使用数字、理解数学概念，并将其应用于各种情境中解决问题的能力。计算能力是日常生活的重要组成部分，对财务和健康管理等活动有着深刻的影响。在基本层面上，它与一个人的找零能力以及预估某项商品或服务成本的能力相关。更高级的计算能力包括解读图表和图形，理解药物说明书或食品标签上的营养信息，计算事件发生的概率，如服药或接受医疗服务所带来的风险等。我们进行了一项研究，以检查中老年人使用电子病历相关联的网站门户来执行基本健康任务的能力，这些任务包括查找医疗结果和病史信息等。计算能力是任务表现的一个显著预测因素，许多参与者难以理解测试结果（如血压、胆固醇）和描绘健康趋势数据图表的含义。此外，参与者普遍高估了自己的计算能力。

与健康素养类似，老年人的计算能力往往较低，特别是社会经济地位较低的老年人。这个问题也可以通过设计策略来缓解，比如突出显示超出范围的值，或者使用简单的图标或文本来辅助理解数字概念。当然，对其加以培训和教育也是可行的解决方案。在设计教育材料、标签和产品时，应该充分考虑个体之间读写能力、健康素养和计算能力的差异性。

3.2.7　健康状况

一些指标显示，当代老年人比前几代人更健康。由于医学和社会的进步，全球预期寿命将增加近8岁，到2050年达到76.2岁。然而，各国在人口健康方面仍然存在差异，例如，北美国家的人比非洲国家的人预期寿命更长。总体而言，在全球范围内，女性的寿命都比男性长，尽管在高龄人群中这种性别差距会缩小。美国的预期寿命因种族和民族而有差异（非西班牙裔美国白人出生时的预期寿命比黑人长），但在85岁及以上的高龄老年人中，这种差异会减少。

就自评健康而言，许多老年人自评健康状况为"好"到"优"。但是由于种族和民族差异，白人非西班牙裔美国人比美国黑人或西班牙裔美国人更可能认为他们的健康状况为"好"到"优"。心脏病、癌症和中风等疾病的死亡率有所下降，但与此同时，阿尔茨海默病（AD）等慢性疾病的发病率显著上升。除非在不久的将来找到治疗方法，否则随着人口的老龄化，世界范围内患有AD的人数将继续增加。老年人肥胖率的上升也是一个令人担忧的问题。目前，在65岁及以上的人群中，只有12%的人按照标准的运动量进行锻炼。除此之外，患有高血压和糖尿病的老年人比例也有所上升。

慢性疾病的流行率也因性别而有所差异。例如，女性患关节炎和哮喘的概率更高，而男性患癌症和糖尿病的概率更高（见图3.2）。在老年人群中，女性患抑郁症的比例往往更高。慢性疾病的患病率也会因种族而不同。

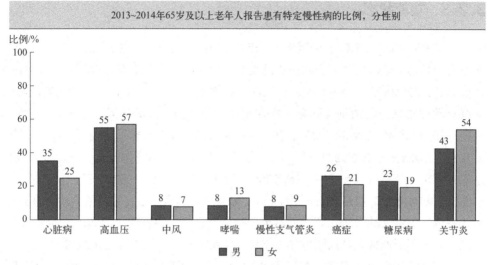

图3.2 与性别相关的慢性健康状况

（资料来源：美国疾病控制和预防中心）

老年黑人和西班牙裔美国人比非西班牙裔美国人更容易患糖尿病和心脏病。此外，约有四分之一的65岁及以上老年人至少有一种残疾，其中活动受限是最常见的类型。随着年龄的增长，老年人残疾的发生率逐渐增加，许多老年人的身体功能会受限（图3.3）。

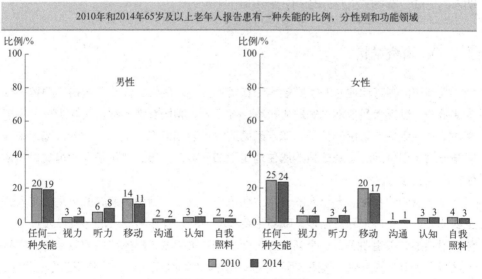

图3.3 老年人和功能障碍

（资料来源：美国疾病控制和预防中心）

3.2.8 功能状态

日常生活活动（ADLs）是指洗澡、吃饭、穿衣、走动、上厕所等与自我基本护理有关的活动。这些活动对于独立生活是必不可少的，许多老年人会在其中一项或多项活动上遇到困难。许多老年人在工具性日常生活活动（IADLs）方面也有困难，这些活动更复杂，包括管理财务、药物和购物等任务。随着年龄的增长以及关节炎或认知障碍等慢性疾病的发展，执行ADLs和IADLs的困难程度也会增加。执行ADLs和IADLs任务的能力取决于知觉、认知和身体能力（例如力量、巧劲）。一般来说，ADLs任务更复杂，轻微的认知能力下降可能会影响活动的执行能力，而身体功能的下降可能会影响ADLs任务的完成。如果认知衰退严重，则可能会对ADLs任务的完成产生更大的影响。环境因素也会影响这些任务的表现。例如，如果水龙头的控制标记不清晰或很难控制操作，或者如果地面很滑，没有足够的支撑来源，那么洗澡或淋浴就会更加困难。本书将会在后续章节中详细论述通过设计和使用辅助工具来改善这些问题的方法。

为了更准确地涵盖当今社会个体在独立生活时的重要活动类型，研究人员提出了"日常生活增强活动（EDLs）"的概念，这些活动需要个体具备终身学习的意愿和接受新挑战的勇气，本质上反映了个体面对新事物时的适应能力和灵活性。在当今技术驱动的世界中，EDLs显得尤为重要。人们需要不断地学习新技术和新方法，因此，除了关注环境辅助工具的发展，还需要关注认知辅助工具，这些工具能够辅助人们记忆、集中注意力、规划任务和做出决策。

3.2.9 家庭结构

美国和世界其他地方的家庭结构正在发生变化。例如，许多人选择不要孩子或少要孩子。世界大多数地区的总生育率已经下降。职场女性的数量正在上升。由于离婚或女性选择单亲抚养孩子，双亲家庭的数量也在下降。越来越多的人选择单身或与非婚伴侣生活。家庭成员的居住地也更加分散，父母、成年子女和祖父母通常住在不同的地方。

家庭结构的变化给老年人的日常生活带来了挑战。目前，家庭成员是老年人最主要的非正式支持来源。但是，随着生育率的下降、女性劳动者的增加以及许多人选择不结婚或不生孩子，一个问题应运而生：未来的老年群体将如何应对家庭照料人员减少所带来的挑战？大多数照料人员都是女性，她们在全职或兼职工作的同时，还要兼顾照顾人的责任。

显然，我们需要一些产品和服务来帮助满足这种需求。另外，一些技术手段也可以发挥重要的作用，它们可以帮助保持家庭联系，辅助工作繁忙或远距离的照料者监控和追踪他们的亲人。目前，美国约有700万护理人员是远程护理人员。研究表明，护理人员非常愿意使用基于技术的程序来辅助他们的照料工作。当然，相关的技术手段必须设计得能够满足护理人员的需求，并且易于使用。复杂的技术只会增加照顾工作的负担，不太可能被采用。

3.2.10 性取向和性别认同

老年人的性取向和性别认同各不相同。女同性恋、男同性恋、双性恋和其他性别认同（LGBT）老年人的数量正在增加，并将在未来几十年持续增加。这些老年人面临着诸如获得医疗保健的机会不同等独特挑战。尽管社会已经有所进步，但一些医疗服务提供者不愿意为LGBT群体提供医疗服务，即使有些医疗服务提供者支持性取向多样性，许多LGBT个体因为害怕受到歧视而不寻求他们需要的医疗服务。与异性恋顺性别的老年人相比，LGBT老年人更容易患有抑郁症、糖尿病和高血压。社会隔离导致的问题在LGBT老年人中很常见。对这一群体来说，照顾他人也是一个挑战，因为年长的LGBT个体更有可能独居且较少有子女，许多成年LGBT依赖于"选择的家庭"来提供和接受所需的护理和支持。LGBT社区的成员在获得所需的照顾支持以及医疗决策方面也经常面临困难。一项大型焦点小组的研究表明，年长的同性恋男性较少有参加社交和休闲活动的机会，照顾LGBT老年人的人则缺乏支持。此外，年长的同性恋和双性恋男性可能携带艾滋病毒或患有艾滋病，需要复杂的药物治疗方案，并应对多种并发症的困扰。

3.3 因残疾而老化的群体

由于医学的进步，早年残疾人的预期寿命比以往任何时候都要长。例如，脊髓损伤、多发性硬化症或发育障碍患者的寿命越来越长，他们被称为"伴随残疾老化群体"，与那些晚年患上视力、听力或认知障碍等残疾的人形成了对比。本身存在残疾和因年龄原因出现残疾的个体之间的需求有所不同。许多有残疾的老年人需要特殊的医疗保健，同时还可能存在其他继发性健康问题，如感染或慢性疼痛。此外，这些疾病的持续时间和症状可能随着时间的推移而发生变化。本身存在残疾的人可能比没有残疾的人更早衰老或出现与年龄相关的功能衰退。研究人员发现，患有精神分裂症等持续性精神疾病的成年人比健康的老年人更早出现与年龄相关的认知能力下降。

患有这些疾病的老年人可能需要专门的护理、医疗保健技术的支持或适宜的生活环境。此外，由于支持残疾人的项目通常是为年轻人制定的，许多患有疾病的老年人面临着交通和社会参与的挑战，因此，对这一群体提供支持十分重要。总的来说，身患残疾的老年人的生活经历是特殊的，应将这些人纳入研究和设计活动中，将他们视为产品、环境和程序设计中的利益相关者，这将有助于确保产品和设备对这一不断增长的群体来说是可用和有用的。

3.4 为什么容纳个体差异对设计很重要

正如本章所阐述的，老年人并不能一概而论，他们在年龄、性别、种族和民族、社会经济地位、读写能力、健康状况和功能状况等重要方面都有所不同。他们的居住地、性取向和家庭结构也各不相同。许多老年人从事全职或兼职工作，或通过休闲或志愿活动等其他途径积极参与社会活动。老年人口的异质性正在增加，并将继续随着社会的变化而不断发展。

显然，本章呈现的信息强调了"一刀切"的设计方法并不合适。一般来说，老年人在许多方面存在共同点，设计师需要了解这些共性。然而，要确定设计究竟适用于哪一群体，还必须注意到个体差异的影响。例如，如果设计要适用于95%的用户，那么用户群体是谁呢？95%的群体会受到性别、年龄或种族和民族等维度的影响而存在差异。最佳的设计方法是了解用户，认识他们的异同，并让他们参与到设计过程中。此外，考虑任务和背景环境也非常重要。这种方法将有助于确保产品、设备、环境和培训计划满足广泛的老年用户的偏好、需求和能力需要。

3.5 推荐读物

[1] Administration for Community Living. (2017). A profile of older Americans: 2016. Washington, DC: U.S. Government Printing Office, Department of Health and Human Services.

[2] Mitzner, T. L., Sanford, J. A., & Rogers, W. A. (in press). Closing the capacity-ability gap: Using technology to support aging with disability. Innovation in Aging.

第4章
现有技术和新兴技术

> 在过去三十年间,技术的进步已经远远超过了之前两千年的总和。而这种指数级的发展是永无止息的。
>
> ——尼尔斯·玻尔(丹麦物理学家)

本章探讨关于技术及其使用以及影响技术使用的因素,特别强调老年人使用技术的情况。在开始之前,明确所谓"技术"的含义非常重要。"技术"一词有多种不同的定义,本章采用韦氏词典的全面定义作为开篇:

① a. 技术指的是特定领域中知识的实际应用,例如:工程技术、医学技术;

b. 技术指通过对知识的实际应用所获得的某种能力,例如:汽车节油技术;

② 技术指用来完成任务的特定技术过程、方法或知识的使用方式,例如:用来存储信息的新技术;

③ 技术指某一特定领域的专业方面,例如:教育技术。

换言之,技术指应用知识来完成任务、输出结果、确定方法以及理解和解决问题的框架。尽管许多形式的技术都是复杂的、电子化的,并且依赖于微处理器来快速处理大量的信息,但这个定义提醒我们这不一定是必然的。辅助老年人行动的手杖是技术;帮助各个年龄段的司机在能见度低的情况下看清车道的路面反光标记是技术;老园丁闲暇时干农活使用的铲子也是技术。因此,在所有技术的设计过程中都需要考虑到老年人的需求和偏好,而不仅仅是电子设备和软件应用程序。

然而在许多场合下,"技术"这一术语已经成为信息通信技术(ICT)的同义词。信息通信技术是一个广义的术语,通常指那些需要微处理器芯片来处理、显示和传输信息的系统或设备。这些技术形式包括台式电脑、智能手机、智能手表和平板电脑等设备。信息通信技术还指卫星、服务器、互联网协议、广播、电视和各种软件平台及应用程序(例如迅佳普、脸书、推特)。自20世纪70年代初第一批商用微处理器问世以来,信息通信技术在许多国家迅速普及。事实上,信息通信技术已经成为生活中无处不在的一部分，而那些不使用这些技术的人们在处理重要的日常任务时就可能处于明显的劣势。这种差异凸显了理解和解决许多老年人在运用新技术方面的表现要远远落后于年轻人这一"数字鸿沟"问题的重要性。

4.1 作为技术消费者的老年人

正如第1章所讲，由于发达国家和发展中国家的人口老龄化，未来几十年老年人群体在科技消费者中所占的比重将越来越大。设计师应该考虑到这一点，并考虑到老年人可能从哪些技术（例如，用于弥补与年龄有关的能力退化的技术）中获得最大化收益。为老年人设计产品需要了解老年人使用技术的倾向、对技术的态度、使用技术方面的障碍和促进使用的因素，以及他们使用技术的动机。

4.1.1 技术使用模式

老年人在采用信息通信技术和其他技术方面时往往相对滞后，图4.1为来自皮尤

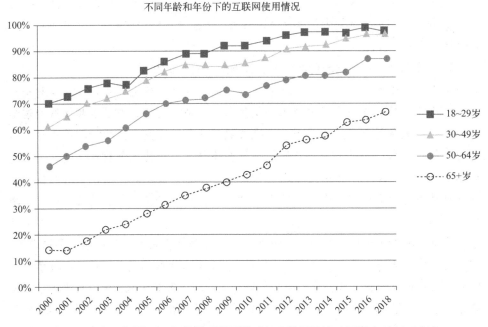

图4.1　2000年至2018年使用互联网的成年人的百分比（原著中无2017年）

（资料来源：http://www.pewinternet.org/fact-sheet/internet-broadband/）

互联网和美国生活项目的数据，反映了美国的互联网使用率随年龄变化的情况。尽管与几十年前相比，老年人目前更有可能使用互联网，但与年龄较小的群体相比，其使用率仍然低得多。2018年，50～64岁的群体中有87%使用互联网，而65岁及以上的群体中只有66%使用互联网，相比之下，18～29岁的成年人普遍使用互联网。智能手机的拥有情况也呈现类似的趋势。2018年，在美国18～29岁人群中拥有智能手机的占94%，这一比例在50～64岁人群中是73%，而65岁及以上的老年人中只有46%拥有智能手机。老年人在家里拥有宽带服务、虚拟数字助手（例如亚马逊Echo音箱），玩数字游戏或使用社交媒体的可能性也相对较低。

许多其他国家也存在相同的趋势。例如，2018年，在英国65～74岁的人群中有24%从未使用过互联网，75岁或以上的成年人中有59%从未使用过互联网。同年，在16～34岁的群体中，只有约1%的人从未使用过互联网。

与年轻人相比，英国的老年人对互联网的使用极其有限，他们仅仅使用互联网来完成一些特定的在线任务和活动。2016年，在日本，24%的老年人不使用互联网，而在20～29岁的成年人中，这一比例不到1%。年龄在20～29岁的日本成年人大多使用社交网络服务，而年龄在60～69岁之间的群体中，这一比例不到四分之一。在世界范围内，老年人对很多技术的使用频率低于年轻人。本书将在后续章节中详细叙述特定技术的使用情况。

4.1.2 对技术的态度

为什么老年人使用技术产品的比例会低于年轻人？一部分原因在于老年人对使用技术产品感到更加不适和焦虑。在美国进行的代表性调查发现，老年人对使用电子设备、智能手机和电脑的信心较低，而且他们认为自己无法学习新技术。老年人不使用互联网的原因有很多，包括缺乏兴趣和技能，认为互联网使用起来太难或让人沮丧，认为自己年纪较大难以学习使用互联网等。从广泛的分类来看，两个态度因素可以解释许多老年人不去使用技术产品的原因，即认为技术产品缺乏实用性，并对其可用性表示担忧。这些影响采用和使用技术的态度将在下一节技术模型中详细讨论。

虽然老年人更不愿意选择新的技术形式，但这并不意味着他们普遍厌恶或不喜欢技术。研究发现，当被问及技术问题时，老年人的积极态度多于消极态度。积极的态度包括相信技术会让他们的生活更容易，以及相信技术有助于辅助他们干自己喜欢的事情。再次回到美国皮尤研究中心的数据，大部分老年人（58%）认为技术对社会的影响大多是积极的，一小部分老年人（4%）认为技术对社会的影响大多是负面的。老年人和大部分人一样，对技术有复杂的感受，而这有赖于各种因素。经过多年的培训和对科技使用情况的调查研究发现，只要提供培训，老年人就愿意学习和使用更多的新技术（从应用程序到计算机系统和机器人）。

4.1.3 技术使用与采用的理论模型

技术使用与采用的理论模型大有用处。这些模型有助于整理和组织大量的数据和研究成果，提炼出一系列更容易应用和理解的基本原则。这些模型有两种用途。首先，技术使用与采用的理论模型可以进行预测，例如预测某项技术是否会被采用，一些特定人群是否会采用并从这项技术中受益，或者现有技术设备的某些方面是否会影响正常使用。其次，通过识别技术使用和采纳的促进因素和阻碍因素，这些模型可以指导设备和干预措施的设计，以支持技术的使用。了解和克服使用上的障碍非常重要；在大多数情况下，技术解决方案只有在个人选择采用并参与其中的情况下才有可能解决重要问题。

其中两种最流行的模型最初是为了更好地理解商业领域的技术使用而开发的，但后来被改编并应用于更广泛的技术使用范围，特别是老年人技术的使用和采用。这些模型是技术接受模型（TAM）与整合技术接受和使用理论（UTAUT）模型。尽管跨模型的术语有所不同，在这些模型中，有两个因素占主导地位：感知易用性（也称为"努力期望"，是指个人使用技术时所需投入的努力和认知负荷）和感知有用性（也称为"绩效期望"，是指个人对于使用技术后能够实现的绩效期望）。简单地说，如果一项技术对完成一项任务很有用，而且容易使用，那么它就更有可能被接受和采用。这些模型还强调了社会影响和促进条件在鼓励采用技术方面的作用。社会影响指个体认为社会对他们使用技术的期望程度，而促进条件则是个体认为能获得充分支持来使用技术的程度。模型容许年龄和性别在内的个体差异，以调节诸如绩效期望和使用技术的意愿等因素之间的关系。

在商业领域之外，这些模型的变体已经被用于预测消费者使用技术的行为。为了做到这一点，认识到使用技术的愉悦感（享乐动机）、技术的价格（特别是价格相对于可感知的利益）和个人过往使用技术的历史（经验和习惯）的影响至关重要。与老年人的技术设备设计息息相关的是老年人技术接受模型（STAM；改编自 TAM），它是专门解释老年人的技术使用（Chen和Chan，2014年）。这种模型侧重于老年科技，可用于帮助老年人保持健康、增强幸福感和提高生活质量的技术。STAM认为，对有用性、易用性的认知和使用态度都会影响技术使用行为，然而这些因素与年龄相关，包括身体机能和认知功能、健康状况、技术焦虑和自我效能感（指一个人在特定情景中从事某种行为并取得预期结果的能力，很大程度上指个体自己对自我有关能力的感觉）。例如，将STAM应用于中国香港1000多名老年人的样本后，研究人员发现技术的自我效能感对于感知易用性有积极的影响，技术焦虑则对感知易用性有消极的影响。年龄越大，感知易用性越低，使用行为也越少。

我们的技术使用模型是基于从美国1200多名19～91岁的社区成年人中收集的经验数据（Czaja等人，2006年）。CREATE模型不仅能预测是否使用了技术，还能预测技术使用的广度（例如，一个人使用一项技术所完成的任务数量）。所有参与者都完成了一系列广泛的调查和测试，这些调查和测试收集了人口统计信息，询问了他们的技术使用历史，评估了他们对技术的态度，并测量了他们的认知能力。正如预期的那样，老年人比年轻人更少使用技术，技术使用的广度也更窄。在数据模型中，技术使用率受到多种因素影响，教育程度、认知能力和技术自我效能感等因素对技术使用率有着积极的影响，而年龄和技术焦虑则对技术使用率有着消极的影响。

CREATE模型以及其他关于技术使用和采用的理论模型提供了一个很好的框架，有助于预测技术使用情况、设计设备并干预措施以促进有益技术的使用。当支持不足时，技术的使用情况很可能会受到不利影响（因为支持感知属于"促进条件"）。因此，应确保技术支持方便可用，并让用户知晓其可用。糟糕的设计会对感知易用性产生负面影响，从而阻碍科技产品的使用意愿。遵循本书中的原则来为老年人进行设计，可以增加老年人对产品易用性的感知，从而促使老年人更加愿意使用科技产品。

人口统计学和认知变量影响技术的采用。然而，改变这些变量非常困难。但态度是可塑的，技术使用和采用的理论模型强调个人态度可以通过接受培训和干预而有针对性地转变，有助于所有年龄段的人使用那些有益的技术。技术培训应着眼于减少技术焦虑，让个人熟悉设备，并向用户说明出错是正常现象，是学习过程的一部分，并不会破坏技术以减轻技术焦虑。培训还应强调技术的好处，以提高人们对产品有用性的感知。最后，可以通过提供相关的培训和实践机会来增强用户在技术方面的自我效能感，使用户切实感受到并有机会展现对技术的掌握。

4.1.4　驱动力

老年人使用技术的动力是什么？如前文所述，技术有利于更好地完成重要任务，是老年人使用技术的主要动因。一方面，随着年龄的增长，老年人的能力会逐渐下降,时间也会变得更为有限,这导致老年人在如何投入时间和资源这件事上会更加谨慎。因此,采用技术的潜在好处对老年人而言十分重要。另一方面,依据社会情绪选择理论,随着个体年龄的增长,他们会将社会关系和互动置于获得新经验、新信息和新技能的机会之上(Charles和Carstensen,2010年)。在某种程度上,这一发现似乎与一些老年人使用信息通信技术时的情况相一致,特别是那些高龄的"老寿星"(Sims、Reed和Carr,2017年)。然而,避免过度概括也很重要。在我们自己的研究中,发现老年人使用信息和通信技术有多种目的,包括办理银行业务、购物、休闲和搜索健康信息等。

4.1.5 技术世代

当考虑技术的使用和采用以及它们与年龄的关系时,要记住,年龄本身往往与所处世代有密切关系。在许多国家,今天的儿童很早就经常接触技术,甚至在他们会说话之前就可能开始使用信息通信技术。而较早出生的世代,直到晚年才有同样的机会。这些世代间的差异影响了人们的技术知识和对技术的态度。为了描述这种差异,在21世纪初,马克·普伦斯基创造了"数字移民"和"数字土著"的概念。换句话说,有些人一直就生活在数字世界中,而另一些人则从现实世界"移民"到数字世界。在美国,这种差异对应于在1980年左右出生的人和之后出生的人。

也有人设想了其他不同的技术世代,包括机械世代(1938年以前出生)、家庭革命世代(1939～1948年出生)、技术传播世代(1949～1963年出生)、计算机世代(1964～1980年出生)和互联网世代(生于1980年以后)。最近出生的孩子可能会被认为是移动世代的开端。就代际而言,早年使用技术的经验以及在工作期间获得的技术经验,塑造了对技术的态度以及日后在生活中对技术的采用和使用。因此在为老年人设计技术产品和技术培训时,应考虑到他们以往技术经验的背景。

4.2 差异性

就像老年人在身体、知觉和认知能力、健康状况、居住安排和地域以及种族和民族方面存在差异一样(第3章),老年人在技术使用方面也有所不同。虽然老年人由于技术经验和拥有的技术产品通常比年轻人少而受到关注，但一些老年人对技术非常精通，能够使用各式各样的技术，甚至还是新技术的早期使用者。在设计培训课程时，应该对这种差异性多加考虑，如果认为所有的老年人都需要从基本的电脑鼠标开始训练，那就大错特错了。对于一个技术熟练的老年人来说，接受这样的训练反而会令他们沮丧。同样地，一个计算机经验非常有限的老年人去参加学习使用电子邮件的课程，他则很可能会从计算机基础知识的入门课中受益。我们已经开发了一些工具来更好地测量和理解这种差异性（例如，Boot等人，2015年；Roque和Boot，2018年）。尽管老年人在技术经验方面存在差异，但我们还是可以预测到一些老年人在技术的使用和采用方面的共同特点。

我们的研究表明，即使是在老年人群体中，使用电脑和移动设备的熟练程度也会随着年龄的增长而下降。这些数据与美国全国性的统计数据相一致。2018年，65～74岁的老年人中有78%使用互联网，而75岁及以上的只有48%。后者使用社交媒体的仅为18%的，而前者的这一比例为49%。

在智能手机拥有率和家庭宽带接入方面也观察到了类似的模式。随着年龄的增长，残疾的可能性也在增加。调查发现，有残疾的老年人不太可能使用或拥有包括台式电脑、智能手机或平板电脑，而且拥有家庭宽带的可能性也明显更小。

各种社会和经济因素也对数字鸿沟的形成推波助澜。可以合理地假设，许多社会经济地位较低的老年人拥有的技术经验和获得技术的机会更少，或者在工作场所使用技术的频率较低。一般来说，受教育程度较低、收入较低的个人使用和拥有技术产品较少。地理位置方面，在许多国家，农村地区获得技术和技术基础设施的机会低于城市地区。在了解和预测老年人对技术的使用、精通、拥有和获取的情况时，必须考虑到他们所处的社会文化和现实物理环境（见第1章的图1.3）。

4.3 现有技术和新兴技术的发展趋势

我们生活在一个技术创新加速发展的时代。这在微处理器的功率和复杂性中可见一斑（见图4.2）。摩尔定律认为微处理器上的晶体管数量每两年翻一番，进而导致计算能力大约每18个月增加一倍。自1965年英特尔的联合创始人戈登·摩尔首次做出预测以来，这一预测一直被认为是非常准确的，这有助于解释如今的智能手机为什么能拥有与20世纪90年代的超级计算机相同的计算能力。技术创新往往会为其他创新打开大门，促进技术的快速发展，这种趋势可能在未来还会继续（见第15

章）。创新也使得计算能力在价格上变得触手可及，让更多消费者可以负担得起先进的技术。

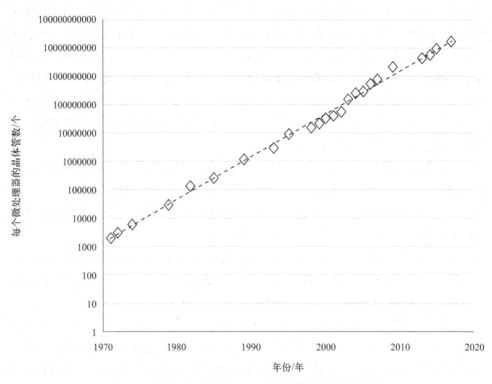

图4.2　随着时间的推移，每个微处理器的晶体管数量

（资料来源：https://ourworldindata.org/grapher/transistors-per-microprocessor/）

　　由于技术的迅速发展和新技术的不断涌现，理解老年人与技术的互动并为其设计合适的产品已成为一个极具挑战性的课题。图4.3描述了一项技术从出现到在美国应用的比例达到50%所花费的时间。

　　从图4.3中可以看出一种普遍的规律，即最近开发的技术扩散得更快，那些不会或选择不使用这些技术的人可能很快就会被拒之门外。

　　我们非常了解老年人与台式电脑和平板电脑、智能手机、汽车及医疗设备等现有技术的互动方式。此外，还应重点关注老年人与新兴技术的互动和使用态度，因为这些技术可能很快就会主导技术领域。在许多情况下，我们的研究目的是理解技术使用、接受和采用的一般原则，而不是理解老年人与特定系统或设备的互动，因此，研究得出的设计指南具有实用性，在本书中得以广泛运用。然而，对于新兴技术，特别是非常新的新兴技术，可能会出现新的和意想不到的挑战。

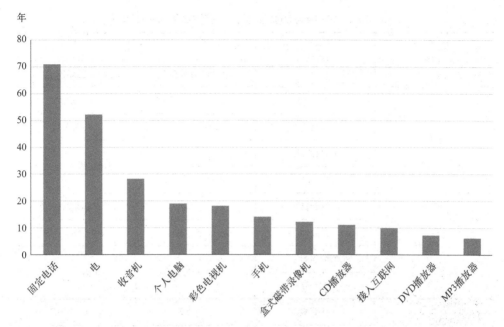

图4.3 不同的技术产品进入50%的美国家庭中花费的时间
（资料来源：消费电子协会，国家电缆和电信协会，美国人口普查局）

4.3.1 新兴技术："渐进式创新"与"完全创新"

新兴技术的定义存在一个从"渐进式创新"到"完全创新"的连续性范围。例如，笔记本电脑、平板电脑与更传统的台式电脑执行相同的任务，方式也基本相同。除了笔记本电脑和平板电脑具有便携性，以及它们的使用可能涉及输入方式的改变（例如，通过触摸屏界面）之外，其基础技术是相似的。我们可以合理地假设，这些设备之间的可用性问题应该也类似。然而，自动驾驶汽车的出现代表着驾驶任务执行方式的根本改变，引入了以前不存在的人为因素和设计挑战（例如，过度依赖自动功能会使司机面临与以往相比不同类型的碰撞风险）。同样，随着机器人技术的进步，新的问题也会出现，机器人不仅能打扫地板，还能做复杂的家务，并将其功能扩展到社交功能。表4.1列举了不同领域的现有技术和新兴技术的例子。跨行业的重要新兴技术包括虚拟现实和增强现实系统、自主完成任务的系统、人工智能和机器人。如第14章所述，增强现实和虚拟现实系统需要特殊的设计考虑，因为老年人会尤其容易因为使用这些技术而感到不适。

表4.1 本书中涉及的跨行业的现有技术和新兴技术

领域	现有技术	新兴技术	
		渐进式创新技术	完全创新技术
健康	血糖仪	健康指导应用程序	人工器官
	血压监测仪	电子病历	仿生植入物
	健身跟踪器	电子药盒	医用纳米机器人
	体重秤	远程医疗设备	
生活环境	洗碗机	数字家庭助理	物联网
	微波炉	智能家居设备	家庭传感器系统
	恒温器	吸尘机器人	机器人助手
	安全系统		
工作和志愿者活动	计算机	3D打印	人工智能决策辅助系统
	电子邮件	基于云的存储和协作工具	增强现实
	平板电脑	虚拟会议工具	脑机接口
	智能手机		无人机
			动力外骨骼
休闲活动	电视机	体感游戏	陪伴型机器人
	电子书阅读器	智能电视	增强现实
	MP3播放器	在线学习	虚拟现实
	游戏机		无人机
沟通和参与社会活动	即时信息	视频聊天软件	远程监控机器人
	社交媒体	虚拟会议空间	社交机器人
	智能手机		
运输	汽车	高级驾驶辅助系统	自动驾驶汽车
	GPS导航系统	自动化护照控制系统	智能互联车辆和社区
	售票机	拼车应用程序	
	交通信号灯		

4.3.2 持续变化的影响

不断变化的技术需要我们持续关注如何为老年人设计，以更好地适应他们的需求。随着老年人对新兴技术的接触，老年人开始权衡相关的利益和成本，他们需要考虑是否接受这些新兴技术，以及这些技术是否能够带来真正的收益。新兴技术界面的设计师需要考虑老年人的知觉、认知和身体能力这些与年龄相关的指标变化，这些界面可能是不同于以往的。第15章论述了适老化设计的重要性，设计应随着技术的变化以及老年人对技术的熟练掌握程度而不断调整。

4.4 总结

- 尽管老年人可以通过使用和采用技术获益，但在一些国家，许多老年人使用技术的频率较低。一般来说，老年人不太可能有使用或拥有各种信息通信设备的经验。
- 即使在老年人中，技术经验、熟练程度和拥有程度也有很大差异。一些老年人非常精通技术，而一些人却从未使用过电脑。较低的社会经济地位、较重的残疾、高龄和生活在农村地区都与老年人的科技使用呈负相关关系。
- 技术的使用和采用在很大程度上取决于两个因素：感知有用性和感知易用性，即老年人认为技术有用的程度，以及老年人认为技术易于使用的程度。此外，技术舒适度和认知能力也是技术使用态度的预测因子。
- 技术正在迅速发展和普及。科技设计应充分考虑老年人的需求。因此自动化、机器人和虚拟现实等新兴技术可能需要新的设计考量。

4.5 推荐读物

[1] Czaja, S. J., Charness, N., Fisk, A. D., Hertzog, C., Nair, S. N., Rogers, W. A., & Sharit, J.(2006). Factors predicting the use of technology: Findings from the Center for Research and Education on Aging and Technology Enhancement (CREATE). Psychology and Aging, 21(2), 333-352. doi:10.1037/0882-7974.21.2.333.

[2] Mitzner, T. L., Boron, J. B., Fausset, C. B., Adams, A. E., Charness, N., Czaja, S. J., ... & Sharit, J. (2010). Older adults talk technology: Technology usage and attitudes. Computers in Human

Behavior, 26(6), 1710-1721. doi:10.1016/j.chb.2010.06.020.
[3] Olson, K. E., O'Brien, M. A., Rogers, W. A., & Charness, N. (2011). Diffusion of technology: Frequency of use for younger and older adults. Ageing International, 36(1), 123-145. doi:10.1007/s12126-010-9077-9.
[4] Pew Research Center: Internet & Technology (n.d.). Retrieved from http://www.pewinternet.org.
[5] Richardson, J. (2018). I am connected: New approaches to supporting people in later life online. Retrieved from https://www.goodthingsfoundation.org/sites/default/files/research-publications/cfab_report_v4.pdf.

第二部分

设计的基础知识

第 5 章
设计的基本原则

> 到任何值得去的地方都没有捷径。
>
> ——匿名

设计最基本的原则是"了解你的用户"。但这到底是什么意思，又该如何了解用户呢？简而言之，要实现这一目标，就需要了解目标用户的需求、偏好、能力、动机和限制因素，同时提前或者经常性地让他们参与到设计过程之中。

如果能够遵循已有的一些设计原则、方法和工具，就会产出有用和可用的设计。本章的目标是提供一个概述，指导设计师选择最能支撑他们自己设计过程的方法。本章首先介绍通用设计理念，然后概述设计研发活动，最后介绍在整个过程中使用的方法和工具。并非每个项目都需要用到所有的方法和工具，也并不是所有的方法和工具都适用于每个项目。本章充分考虑老年人的需求，介绍相关的设计方法，以便设计师根据自己的需要进行选择。

5.1 设计理念

设计理念基于设计中的假设、目标和想法。"形式服从功能"，是由美国建筑师路易斯·沙利文所提出。弗兰克·劳埃德·赖特从根本上改变了这一理念，他认为"形式和功能是一体的"。一个人的设计理念支撑着他的设计方法。考虑到这一点，本书的基本设计理念是"与老年用户合作，一起为他们而设计"。

5.1.1 以用户为中心的设计

以用户为中心的设计概念不是一个新的想法，它代表了一个广泛的哲学范畴，是以人为本方法的核心。设计是一个过程（图5.1）。它始于了解用户及其需求，后引发了一系列对于使用者的需求的探索和开发。这些原型需要与用户进行测试，最终才能应用。

图 5.1 设计思维 101

（资料来源：https://www.nngroup.com/articles/design-thinking/）

从图 5.1 中可以清楚地看到，用户被纳入设计流程的多个步骤中。图中可能不太清楚的是，设计是一个迭代的过程，在用户测试之后，原型将被更新、完善，然后重新测试，直到最终设计方案得以实施。

5.1.2 无障碍、包容和通用设计

以用户为中心的设计，进一步延伸就是无障碍的、包容的或通用的设计，所以设计的产品和环境要足够灵活，既可以让健全人使用，也可以让那些因残疾（如盲人、聋哑人，或有认知障碍的人）或环境限制（如手暂时被占用，因环境条件而不能听或看，或者受到困扰的人们）的人使用。根据定义，良好的通用设计有利于每个人。图 5.2 展示了通用设计的核心原则。这些原则是理想的目标，可以用来评估现有的设计，也可以用来指导新设计的开发。

5.1.3 模块化/个性化定制

现在有一种趋势是让用户通过模块化或个性化定制系统来选择他们自己需要的设计调性。在某种程度上，这是一个不错的想法，因为人们可能会对他们可以自己控制的并且可以满足自己需求的设计产生一种占有感和欣赏感。然而，重要的是：（a）人们并不总是知道什么样的设计是最有效率、最清晰或最容易记忆的；（b）要求使用者自行选择可能会增加他们的工作量，这对老年人来说可能更是问题；（c）用户可能难以充分了解如何去定制设计。对于最后一点来说，举个例子，许多电脑系统都具有可访问性调整选项，虽然这对老年人来说非常有帮助，但大多数老年人并不知道它们的存在或不知道该如何找到或使用它们。

5.2 定义用户和需求

并不是每个产品/设备/系统都适合所有人使用。在设计过程的开始阶段，第一步需要考虑的是目标用户是谁。这有助于将注意力集中在特定的问题上，例如：

通用设计：所有人都能使用的产品和环境的设计，最大程度上的无须适应的设计或者无须专门的设计。这是一个由建筑师、产品设计师、工程师和环境设计研究人员组成的工作组，他们合作建立了通用设计原则，用来指导包括环境、产品和通信在内的广泛的设计学科。这七个原则可以用于评估现有的设计，指导设计过程，并引导设计师和消费者了解更多关于可用的产品和环境的特征。

---

1. 公平使用
该设计对于不同使用人群都有市场。
2. 使用的灵活性
该设计对于个人喜好和能力有广泛的包容范围。
3. 简单直观地使用
无论用户的经历、知识、语言技能或当前水平如何，设计的使用方法都是容易理解的。
4. 可感知的信息
该设计有效地向用户传递必要的信息，而不考虑环境条件或用户的感官能力。
5. 容忍错误
该设计最大限度地减少了意外发生或意外行为的危害和不良后果。
6. 更低身体成本付出
该设计可以高效、舒适地使用，并将身体疲劳降到最低。
7. 尺寸和空间方法和使用
适当的尺寸和空间提供了产品可接近、可达到、可操作和可使用的最优范围，无论用户的身体大小、姿势，或行动如何。

图5.2　通用设计原则

（资料来源：通用设计中心，1997年，通用设计原则2.0版本，罗利，北卡罗莱纳州立大学）

良好的营养对老年人很重要，但他们可能没有烹饪经验，可能不喜欢做饭，或可能对自己随着年龄增长或处理慢性病问题而不断变化的营养需求了解不够，因此需要通过设计来满足老年人相关的需求。

设定用户画像和用户角色，对于细化设计问题十分重要。角色（有时称为用户画像）用以描述一个原型用户，它让用户变得具体，让设计师想象自己是在为特定的人设计。通常，人物角色包括人的名字和照片，以及个人和个人目标的一些定义特征（参见图5.3中的例子）。虽然角色是虚构的，但其细节是基于研究和观察而得出的。应该开发多个角色来代表可能的用户范围（例如，一个低技术能力的老年人和一个高技术能力的老年人）。角色的细节应该随着需求的发展而进一步完善（例如，通过如竞品分析、专家访谈等方法）。注意不要创造讽刺漫画或保持过时的刻板印象（例如，老年人不喜欢新技术）。

下一步是创建使用场景，在这一步中应考虑到使用的具体细节和潜在情境。使用场景提供了有关参与者和他们必须采取的行动的信息，它可以辅助设定适当的用户测试情景。例如，可以把使用场景设计成一份详细的流程图，详细描述用户需要完成的必要步骤和子步骤，以便更好地展示用户在实际使用过程中的操作和使用情境。

尽可能明确设计目标。通过文献综述、竞品分析、访谈、问卷调查和观察（详见下文）收集信息，并对整体情况综合考虑后，不断评估并完善需求。此外，必须考虑使用产品的物理和社会环境以及潜在的限制因素，如使用成本或信息获取方式（例如，需要一台平板电脑或智能手机）。

完整的设计研究可以为用户需求评估提供所需要的信息。有两个主要的研究途径——文献研究和市场研究。

文献研究应关注以下几个主要问题。这个领域中的用户需求是如何被研究、确定或如何被调查的？用户的需求是明确的还是需要更多的研究来完全理解这些问题？例如，范围性综述研究（scoping review study，Levac等人，2010年）可用于深入研究家庭技术使用的基本情况（例如，最高需求、如何最大程度地降低成本、预测干预需求的数据、所需的监测手段）。范围性综述研究是一种公认的评估健康研究证据的方法，其框架分为以下六个步骤：（1）确定研究问题。"成功使用家庭健康监测和管理技术的要求是什么？"（2）确定相关研究。考虑到技术的快速变化，应该重点关注近十年的研究。（3）选择相关研究。确定需要包含和需要排除的指标。（4）将数据制成图表。使用描述性分析方法从每项研究中提取关键主题。（5）整理、总结、报告结果。进一步明确主题结构。（6）与他人商讨。通过访谈等方式从利益相关者那里获得意见和建议。这种类型的综述性结果详细评估了以证据信息为基础的家庭保健技术。证据信息可能包括成功和失败情况（如果有报告的话）；实施的促进因素和障碍；措施与特定慢性病之间的联系；针对老年人（尤其针对非主流群体）、家庭照顾者和临床医生的问题。

(1) 购买生活用品
a. 列出一个清单，包含所需物品和费用
b. 去商店购物或网上购物
c. 考虑成本
(2) 准备这顿饭
a. 准备所需的食材和炊具
b. 参考菜谱
c. 执行做饭程序（切菜、估算重量、煎炒等）
d. 计时并确认煮熟程度
(3) 跟踪每餐和每一天的营养价值
a. 确保满足营养需求
b. 控制热量摄入以达到目标

问题陈述、角色和典型用户的体验流程有助于识别用户及其需求的重要细节。

卡罗尔，一个面临健康挑战的寡妇

卡罗尔今年79岁。她独自一人住在一套有三间卧室的房子里。她的背部有问题，需要借助助行器走动。她还患有2型糖尿病。她的医生建议她减肥。她的丈夫最近去世了，他曾经负责所有的日常用品采购和准备他们的饭菜。她雇不起人为她做这些工作。

目标
吃美味、营养的食物
控制血糖
减掉10～15磅❶

图5.3 角色示例

---

❶ 1磅=0.4536千克。

第二个研究过程应该是对市场上其他产品进行竞品分析。假设目标是开发一种支持药物依从性的工具。由于这一问题在老年人中很普遍，市场上可能已经有很多类似的技术支持产品，这些相关的产品都声称能够提高用药依从性。他们是有效的吗？如果没有，为什么？哪些方面做得好？它们是否存在可用性方面的挑战，尤其是对老年人？缺少什么？为什么需要一项新技术？

本章后面描述的方法（任务分析、启发式分析、认知演练）可以用来识别当前产品的局限性。这些信息将纳入总体需求评估。

5.3 开发

图5.1展示了开发过程的"构思"和"探索"两个阶段。制订解决方案前，首先需要充分了解用户需求。从概念产生到原型开发和测试，再到结合标准和指南，整个过程是迭代的。早期的概念可能导致原型最终因为各种原因而无法有效运行；例如，它们不满足功能需求，对用户来说使用太困难，在技术上不可行，或太昂贵。随着新概念的产生、原型化和测试，这些想法的某些方面可能会保留下来。

5.3.1 概念生成

创意构思指创造新点子的过程。设计师经常开会构思创意，在会上他们集思广益，并根据需求评估过程的一些细节进行头脑风暴，产生各种点子。IDEO提供了一种在线设计工具包，其中包含有价值的想法和工具：http://wwwdesignkitorg/methods。在此将重点介绍如何让老年人参与到概念生成阶段。

参与式和协同设计指的是让目标用户参与到头脑风暴的过程中。这个过程可能具有一定挑战，因为人们经常受限于有限的经验，可能很难想出一个新的方法来做事情。因此，对于那些长期从事某些活动的老年人来说，构思创意可能很困难。然而，研究发现只要给予老年人适当的指导和支持，他们就愿意参与到共同设计的活动中。例如，我们让老年人参与到设计会议中，开发一个移动健身应用程序。他们能够产生很多想法，很大程度上是因为他们在设计会议之前已经使用了一个移动健身应用程序八周。他们知道自己对现有应用的喜好，清楚应用程序的使用功能是否满足他们的需求，能够为专门针对老年人的新型移动健身应用程序提供建议（图5.4）。

参与共同设计活动的老年人：

在体验了几个月健身应用程序后,他们被要求对自己喜欢或不喜欢的功能提出想法,并为开发一款适用于老年人的全新健身应用程序提供一定的参考意见。

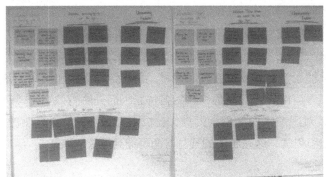

参与协同设计活动的老年人:在体验了几个月健身应用程序后,他们被要求对自己喜欢或不喜欢的功能提出想法,并为开发一款适用于老年人的全新健身应用程序提供一定的参考意见。

图5.4　Harrington(2017年)的协同设计示例

5.3.2　原型设计

为了避免浪费时间或金钱,在开发功能齐全的产品之前,可以开发初始产品原型以获得早期用户反馈。故事板是一种按事件顺序勾画出产品粗略想法的工具。例如,故事板可以展示一个新应用程序的设计来说明不同的屏幕可能会是什么样子。故事板一个重要的作用是显示总体布局和动作顺序——从这里开始,你就可以到达那里了。我们将PowerPoint作为故事板,向用户展示组件的外观,并模拟在系统中的运行,以便他们可以看到不同组件之间的关联和导航方式。

在产品最终确定之前通过原型向用户模拟并展示其工作原理的目的,是向潜在用户展示系统或产品,即便还没有展示出全部的功能。这就好像设计师是绿野仙踪中的巫师,控制着幕后的事情,让用户觉得,系统似乎已经可用了。模拟也可以使用虚拟现实、视频或人体模型来完成。这样做是为了给用户提供尽可能真实的体验,以便能够更好地改进设计概念。

5.3.3 标准与启发式

人类因素和人类工效学（以下简称HF/E）领域重点关注优化系统中的人的表现，通过设计相关系统来从感知、认知和物理角度适应人的能力，降低对其能力的限制，从而减少错误。自20世纪初以来，HF/E一直备受关注，因此，形成了丰富的知识、原则、标准和指南可以为新产品、设备和系统的设计过程提供信息。

在一般层面上，美国国家标准协会（ANSI）和国际标准化组织（ISO）提供了丰富的信息，这些信息由各自领域的专家开发并获得了认可。ISO网站明确阐述了标准的价值。

国际标准使一切运转起来。他们为产品、服务和系统提供世界一流的规范，保证了质量、安全和效率，还有助于推动国际贸易的发展。

ISO发布了21991项国际标准和相关文件，几乎涵盖从技术到食品安全、农业和医疗保健等的所有行业。

ISO国际标准无处不在，它影响着每一个人。

此外，还有一些针对特定领域的标准，它们由不同的组织或机构制定，例如，医疗器械领域的标准是由医疗发展协会制定，网络无障碍标准由网页无障碍倡议组织制定，等等。相关领域的标准极具参考价值，无论你的产品属于哪一类，总有一些通用的标准可以为你提供初步的设计指导。

除了各种领域的标准，还有一些通用的启发式方法可以指导设计过程。表5.1提供了10个最初在计算机系统领域提出的可用性启发式方法，但它们对多种产品都具有更广泛的适用性。启发式方法，有助于指导设计过程，它从一开始就考虑可用性问题，对于移动设备等特定设计领域，也有更具体的启发式方法（例如，Gómez等人，2014年）。

表5.1 10个用户界面设计的可用性启发式原则

（作者为Jakob Nielsen，1995年1月1日）

启发式	描述
1.系统状态的可见性	系统应该在合理的时间内，通过适当的反馈，始终让用户了解正在发生的事情
2.系统与现实世界的匹配	系统应该说用户熟悉的语言，使用用户熟悉的单词、短语和概念，而不是面向系统的术语。遵循现实世界的惯例，使信息以自然和合乎逻辑的顺序出现
3.用户控制与自由	用户会经常错误地选择系统功能，于是一个清晰标记的"紧急出口"十分重要，以便在不进行冗长对话的情况下，结束不想要的状态。此外，还应有快捷功能支持撤销和重做
4.一致性和标准	用户不必疑惑不同的词语、情境或动作是否意味着相同的信息。遵守平台约定

续表

启发式	描述
5.错误的预防	为避免提供错误消息，应该仔细地设计，从一开始就避免问题的发生。要么消除容易出错的条件，要么检查这些条件，并在用户提交操作之前向他们提供确认选项
6.识别而不是回忆	通过使对象、操作和选项可见，最大限度地减少用户的记忆负荷。用户不必从对话的一部分记住另一部分的信息。在任何时候，系统的使用说明都应该是可见的或容易检索的
7.使用的灵活性和效率	新手用户看不见的加速器——通常可以加快专家级用户的交互，这样的系统就可同时满足没有经验和有经验的用户的使用需求。允许用户定制频繁地操作
8.美学和极简设计	对话不应该包含不相关或很少需要的信息。对话中每一个额外的信息单元都会与相关的信息单元竞争，应该降低它们的相对可见性
9.帮助用户识别、诊断错误并从错误中恢复	错误消息应该用通俗易懂的语言表达（而不是代码），准确地指出问题，并建设性地提出解决方案
10.帮助和说明书	即使系统最好能不需要说明书就能使用，但提供帮助引导和说明书必不可少。此类信息应该易于搜索，专注于用户的任务，列出要执行的具体步骤，并且不能太复杂

注：经许可使用，https://www.nngroup.com/articles/ten-usabllity-heuristics/

5.3.4 迭代设计

尽管标准和启发式设计原则可以为设计解决方案提供依据和参考，但设计是一个完整的过程。该过程的最基本特征是它是迭代的。设计的原始概念和原型只是第一步。随着概念的细化和原型的测试，产品理念将不断发展和改进。设计师应推动作为目标用户的老年人积极参与开发的所有阶段，因为他们对产品的反应和互动将决定设计的下一次迭代。此外，设计迭代不应该止步于开发出完整功能的原型；相反，应该进行现场测试和长期使用追踪，根据实际的日常使用情况进一步完善设计。

5.4 方法和工具

有一些既定的方法和工具可以支持设计过程。本节简要总结了这些内容，但是提供了推荐的阅读材料以便读者了解更多的具体细节。一个比较有用的资源网站是usability.gov，提供了免费的方法、模板、文档和指南，有助于设计工作的进行。

5.4.1 访谈

访谈可以提供定性数据，了解人们的观点、思维过程、困惑和想法。它可以在设计开发过程的早期进行，以确定需求；也可以在原型测试过程中进行，以评估用户态度或困惑点；或者在产品已经使用一段时间之后进行，以确定不断变化的用途和可能的意外后果。采访可以针对个人或团体进行。它们可以包含非结构式的一般性问题，也可以以结构式的方式和特定的顺序向每个人提出详细的问题。数据分析可以采用不同的方法，例如对数据进行广泛的主题识别，或者可以开发一个深入的编码方案，以识别不同目标用户群体的评论频率是否存在差异（例如，高技术经验vs.低技术经验；男性vs.女性）。

为了说明访谈的重要性，本节重点介绍专家访谈。想象一下，您正在设计一种技术，以支持老年人在家中的医疗保健需求。您可以从各种不同的专家访谈开始，了解用户对这种情况的需求。

a. 为了尽可能涵盖各种居家并管理慢性疾病的老年人，访谈对象需要涉及各个年龄、种族、受教育程度和患有各种慢性疾病的老年人。访谈内容可能集中在人口统计信息和医疗史方面；健康管理策略（即当前用于监测和管理慢性病以及维持健康的方法）；目前使用、认识、接受和关注的家庭健康技术的情况；健康管理所面临的挑战和阻碍障碍；以及改进建议。

b. 家庭照顾者，即不与患有至少一种慢性疾病老年人同住的成年子女。其目标是找出来那些希望通过使用监测技术为老年人提供支持的人。访谈内容可能包含与上述相同的问题，但是是从家庭照顾者的目标角度进行描述。

c. 具有不同年龄、种族和经验的初级保健医生、老年医学专家、急诊科医生、家庭保健提供者、物理治疗师和职业治疗师等医护人员。访谈内容可以侧重于面向老年患者的临床经验；目前对家庭保健技术的使用、认识、接受和关注，包括现有的家庭远程保健技术；关于可能发生高医疗事故或低价值护理的地方，护理过渡期，多种药物协调，医疗记录，老年人居家可能的潜在风险等方面；与他们的临床专业知识相关的关键患者的数据，这些数据将帮助他们管理自己的护理工作，知道何时进行干预，或监测新的治疗计划；他们希望数据出现在哪里，以确定如何最好地与他们的临床工作流程整合。

由于问题的个体化差异和从每个人那里获得详细信息的程度不同，一对一的面谈可能比小组面谈更适当和有效。被访者可以为访谈提供背景和信息，访谈者也有机会追问问题。定性数据就老年人的家庭保健需求，提供了丰富的情景化信息。老年人和家庭护理人员等专家可以帮助确定目前家庭医疗保健的障碍和可干预点，之后可以制订技术解决方案,针对性地解决相关问题。临床医生提供了特定慢性疾病患者群体需求的详细信息,以及监测和计划治疗所需信息的性质。所有三个专家访谈小组都表达了自己对于技术成功与否的态度和问题的看法以及利益相关者之间的数据集成以及通信需求方面的信息,有助于家庭医疗技术方案的开发和实施。

5.4.2 观察

用户观察可以采取不同的形式。设计师可以在受控制的任务场景中观察参与者的可用性研究任务。观察结果可以用于早期原型开发或新产品模拟,它们还可以帮助理解现有产品的局限性。例如,让老年人在健康应用上执行任务,并记录他们的互动,以便让研究人员分析视频,并对困惑点、错误类别和完成任务的时间长度进行分类。研究人员也用这种方法观察了与健身游戏互动的老年人,并以此为基础制定了一份快速入门指南,使他们的互动更容易。

实地观察是另一种类型的观察方法,通常用于发现用户在实际情况下与产品或系统交互时遇到的问题。例如,假设有人想要了解一家航空公司发放登机牌的自助服务亭是否对老年乘客不友好,在得到航空公司的同意进行研究后,可以观察用户与设备的互动,并记录结果,以此来了解用户可能遇到的问题。

在实地观察期间,观察者应该尽可能不引起用户的注意,以促进用户与产品的真实交互。有时可能需打断用户以阐明某个操作,但这种情况应该慎重选择(您不会希望用户因为您的提示而错过航班)。此外,出于伦理道德原因,需要告知个人研究观察的目的。观察结果可以根据行为检查表、行动时间和错误的性质进行分类。

5.4.3 任务分析

任务分析是一种将用户在与产品或系统交互时执行的任务分解为详细步骤的方法,这些步骤最终可以提供完成任务目标需求的信息。任务分析有不同的方法。分层任务分析(以下简称HTA)是一种应用于产品设计的任务分析方法。在使用HTA时,用户需要考虑执行任务的目标,然后将这些目标按层次分解为实现这些目标的计划和执行这些计划的操作。例如,完成用慢炖锅做蔬菜汤这一任务,可能包括收集食材,测量和准备食材,打开炊具,设置正确的温度和时间等步骤。计划中的每个步骤,应按照它们需要执行的顺序指定所需的操作。

虽然图形流程图格式经常用于描述HTA,但有时使用表格格式更方便快捷,它使设计人员能够注意到与操作步骤相关的额外有用信息。此类信息包括:用户要求的行动或行为类型；与操作相关的潜在错误；从错误中恢复的机会；过度的认知要求；操作强加的认知要求；潜在的伤害或创造危险条件的可能性。

任务分析可以在设计过程的早期阶段进行，以识别信息需求、视觉和听觉需求、认知要求以及物理要求，如可及性、灵活性或力量的要求。这些信息为识别老年用户可能面临的问题提供了一个起点。在产品开发的后期阶段，可以使用任务分析来组织用户与产品之间的交互，询问用户为什么做某个动作或他们是如何完成计划中某个特定步骤。通常，后期的设计阶段能够更深入地了解任务步骤之间的相互关系和实现目标的困难程度。

任务分析也可以应用于教学手册的开发。任务分析提供了所需步骤的详细信息（以及适当的顺序），可用于指导说明书或快速入门指南的开发。

5.4.4 启发式分析

设计的启发式评估使用一个或多个评估者来评估产品的特性、原型或系统，以确定是否满足可用性标准（见表5.1）。启发式评估通常需要多个评估者，他们相互独立地检查产品或系统。评估者可能具有可用性和/或应用程序领域的专业知识。启发式分析可以帮助设计师确定是否违反了启发式原则，如果违反了，是如何违反的，此外，分析还可以辅助提高设计的可用性。例如，研究人员对旨在支持充血性心力衰竭自我管理的应用程序（Morey等人，2017年）进行分析后，发现了很多问题，比如，设计得不一致（按钮大小和名称不统一）；错误预防和恢复困难（更新、编辑或删除以前输入的数据的选项有限）；导航困难（屏幕之间的移动不符合逻辑；图表上缺少滚动条）；美学问题（颜色对比低；视觉上的混乱；按钮小）；帮助和文档问题（帮助指南不容易获取；工具缺乏指令）。这些问题为现有系统的设计改进提供了指导，也为新系统中应该避免的问题提供了参考。

5.4.5 认知走查

认知走查是另一种可用性评估方法，是由经验丰富的评估人员执行的。它从用户的角度出发处理一系列任务，分析用户在每个任务步骤中掌握的信息，可能出现的困惑或错误。当为老年人设计时，评估者应该了解与年龄相关的体质状况、感觉、运动和认知限制（如第2章和第3章所述）。认知走查法的一个特定重点是了解新用户或不经常使用系统的用户的系统可用性。

认知走查可以由独立的评估者进行。然而，研究发现让一些专家进行认知走查并集体头脑风暴用户可能知道什么，哪里可能出现困惑，并在执行任务时注意可用性挑战非常有用。研究人员最近在设计个人日常生活管理和社交管理（PRISM）计算机系统时便使用了这种方法——研究人员逐步浏览并完成使用系统的每个任务序列（例如，发送电子邮件，播放视频），并根据与老年人合作的工作经验和对人因设计原则的了解，确定了设计改进的方案。

5.4.6 用户研究

用户研究可以在设计过程的早期进行（形式评估），通过原型设计或视频/VR/AR/原型模拟等方式，让用户对设计的初稿和想法进行反馈。这种早期反馈对于设计迭代非常重要。如果某个产品的某些方面不适合目标用户群体，不论是因为缺乏对该功能的兴趣还是因为存在无法克服的可用性挑战，那么通过不开发这些方面，可以节省时间和金钱。

随着设计的完善，用户研究将重点评估接近最终实体的产品（总结评估）。测试时，应该要求用户像使用最终产品一样执行任务。这些评估通常会发现系统存在的问题（例如，代码失败，流程错误）以及可用性挑战。

形式评估和总结评估关注的重点都是新设计的可用性。可用性的五个重要属性是：易学性、效率、记忆性、错误和满意度。

① 易学性，指学习使用设备的容易程度。通过测量易学性，可以初步了解学习的初始使用容易程度。一个基本的衡量标准是，不熟悉产品的用户使用该产品达到指定熟练程度所需的时间。可以选择这个指标来反映一个指定任务成功完成的程度，或者一个任务（或一组任务）在指定的时间内完成的程度。

② 效率，意味着产品应该让用户实现他们预期的目标，也就是说，在合理的时间内生产出可接受的产品性能，而不会引起用户的挫败感、疲劳或不满。评估效率，需要先获得具有一定使用经验的代表性用户样本。然后，可以测量他们通常在该设备上完成各种任务所需的时间。

③ 记忆性，与记住如何使用一种设备有关，这意味着在不使用某物一段时间后重新学习的难度应该很低。记忆性测量只能针对那些不打算经常使用设备的用户进行。测量时可以让测试参与者在学习完设备后的某个时间回到测试环境，然后测量完成之前学习的一组任务所需的时间。或者，可以要求测试参与者回忆与设备使用有关的各种步骤，在设备测试会话之后，根据产品的不同，用户可以依靠视觉提示线索来回忆相关的功能或步骤。

④ 错误，可以理解为由于用户执行或忽略的行为，导致用户无法实现期望目

标。描述错误的方法很多。在评估可用性时，需要描述和统计不同类型的错误。用户立即发现并纠正的小错误与严重错误是不同的，严重错误对于用户来说是难以诊断的，甚至可能是灾难性的，因为它们会导致设备停止运行。模式错误是另一种常见的错误类型，指的是用户因为没能意识到产品处于与预期功能不同的模式中而无法完成任务的情况。其他错误类别包括遗漏关键步骤，替换不正确的步骤，以及以不正确的顺序执行任务步骤。区分"失误"（例如，无意中激活控件）和"错误"（例如，有意但不适当的行动）非常重要。

产品的界面有可能会向用户反馈错误的信息，应尽量避免用户与产品交互产生的错误，如果产生错误，用户应能够轻松解决。在进行可用性测试时，可以通过测量用户是否意识到他们犯了错误（通过系统反馈）以及他们是否知道如何从错误中恢复来评估。如果会话中没有发生错误，则可以模拟错误情况。

⑤ 满意度，反映了用户在与产品交互时的愉悦程度。对设备的满意度通常通过简短的问卷来测量，有时则会通过使用后访谈来衡量。一份问卷可能会要求用户在1到5的范围内评价他们对设备的某个陈述的同意程度（1=非常不同意，2=有点不同意，3=既不同意也没有不同意，4=有点同意，5=非常同意）。为了避免人们在此类问卷工具中习惯趋于礼貌地回答的问题（反应偏差），应包含一些"反向极性"问题，即赞成相当于一个负面评价。就评价而言，对产品的不同版本进行比较，或者在同一产品上比较不同的用户群体（如年轻人和老年人）更有意义。这种比较使评价能够在相对而不是绝对的基础上进行解释。在使用后访谈中提出的问题也可以产生评价。使用后访谈可以促进用户与产品交互体验的自发对话，从而提供一些可能被忽略的有潜在价值的信息。

可用性的组成部分应该通过用户研究来评估。还可以使用一些诸如系统可用性量表（SUS；布鲁克，2013年）的标准化度量方法。SUS非常容易管理，它由10个项目组成，回答选项为"非常同意"和"非常不同意"（例如，我认为我会经常使用这个系统；或者，我发现系统过于复杂）。SUS的优点是可以用于评估各种产品和服务，只需对问题稍加修改即可。SUS为产品可用性提供了标准化的评估标准。68分以上的被认为是高于平均水平的。这个阈值可以作为判断是否需要继续设计迭代的基准。

应该记录用户交互的观察结果，以便分析错误和混淆点。口述思考（Think aloud）可以在用户执行任务时使用，也可以通过回顾用户交互的视频记录来回溯。例如，测试参与者可能被要求在与产品交互时口头报告自己的想法，要说出来他们正在做什么，而不是为自己他们的活动找理由。并不是所有的人都喜欢在活动中说出自己的想法，所以在执行熟悉的任务时（如在书本的索引中搜索一个单词等），提供一个口述思考练习很重要。

在某些情况下，特别是对于复杂的任务，可能很难一边完成任务一边口述思考。这个问题可以通过让参与者先执行任务，而不需要口述思考，然后执行一遍任务，边执行任务边口述思考来解决。或者，录下参与者的互动，然后让他们在播放过程中口述思考。

此外，还应包含技术接受的标准措施，以评估用户对新产品的有用性和可用性的看法。Davis（1989年）提出了一个简单的测量方法，包括六个关于感知易用性的问题和六个关于感知有用性的问题（见表5.2）。可以先让参与者完成问卷，然后根据他们的答案进行访谈来了解他们的态度。该信息将指导额外的设计迭代，并为用户初始使用该款产品来提供指导。

表5.2 测量技术接受度：感知有用性和感知易用性项目［改编自Davis（1989年）］

感知有用性	感知易用性
我发现该电脑系统对我的日常生活很有帮助	我认为该系统的使用是清晰易懂的
使用该电脑系统可以改善我的日常生活的效率	我发现这个电脑系统很容易操作
使用该电脑系统可以提高我的工作效率	我发现这个电脑系统反应十分灵活
这个电脑系统让我的生活变得更容易	我可以很容易地熟练使用该电脑系统
使用该电脑系统能够改善我的日常生活	我能轻松地让该电脑系统按照我的意愿运行
在日常生活中，使用这个电脑系统让我更快地去完成我的任务	学习使用该电脑系统十分容易

注：响应选项为李克特类型，其中1=极不可能，4=两者都不，7=极可能。Mitzner等人（2016年）使用过该方法。术语"电脑系统"可以替换为评估的产品的名称。

5.5 实施与传播

通常情况下，一旦产品定型并提供给消费者，设计过程似乎就结束了。然而，如果不重视迭代计划和长期使用效果的评估，许多新的设计注定会失败。

5.5.1 初始尝试

设计还包括营销材料的设计，营销材料能提高人们对产品功能的认识，让老年人觉得产品会对他们有所帮助。技术采用是一个过程：态度→意图→行为整合。通过对技术接受的相关文献进行分析，发现感知有用性是使用新技术意图的关键决定因素。如果老年人看不到产品的好处，他们便不太可能尝试使用这项技术。例如，研究发现许多老年人并不认为健身跟踪器是适合老年人使用的，因为所有的产品营销材料的设计都是针对年轻人的。但事实上，在一项研究中，一旦老年人尝试使用这些产品，他们中的许多人就会发现健身跟踪器对自己生活的潜在好处。克服最初的态度障碍极具挑战性，了解老年人的需求并让他们参与设计和传播过程可能会有所帮助。

此外，设计过程必须应用于教学材料和培训支持的开发。老年人不太愿意通过试错来学习新东西。他们更喜欢有人演示，希望信息能够被写下来，在易获得的说明书或演示视频中能够随时查阅，这样他们就可以在学习时参考这些信息。

5.5.2 长期使用

产品可能是为了某个特定的目标而设计的，但用户仍然需要找到一种方法来将它们融入他们的日常活动。例如，如果患者在设备所在的房间内，医疗提醒系统可以正常工作，但如果患者不在设备警报的范围，提醒系统就会失效（这是带有集成警报的药瓶的情况）。只有了解产品在日常环境中的使用情况，才能在设计迭代中找到提高设备实用性的方法（在本例中，可能是向可穿戴设备发送警报）。

在长期使用过程中，可能会产生一些意想不到的后果。例如，在一项为期数周的研究中，发现针对老年人开发的可穿戴设备的表带材料会引起皮肤过敏反应。

了解人们在一段时间后不再使用产品的原因，对设计迭代或未来的产品创意具有启发意义。例如，研究发现，人们停止使用旨在支持体重管理的eHealth应用程序时有不同的原因（Blanson Henkemans等人，2011年）。在一项随机临床试验中，研究人员发现了四类用户：

① 初步参与：符合招募标准的参与者在招募后（即1天后）不再参与试验。
② 早期退出：受试者试用了该应用程序几天，但在提供纵向数据之前就退出了。
③ 后期退出：受试者参加试验时间较长，但在试验结束前退出，未完成全程体验研究。
④ 维护者：受试者参与整个试验并完成全部调查。

通过进一步的分析，发现这些群体中的人有不同的特点和不同的停止使用原因。也许最能说明问题的是两个中间群体。就早期退出者而言，他们尝试试用了该应用程序，但很快放弃了，可能是因为没有看到好处，或者应用程序太难使用。了解这些相关的用户群体将为设计改进提供指导。对于较晚退出的人来说，可能是因为他们已经学会了他们需要学习的东西，不再需要这项服务了；或者发现这项服务很难融入他们的日常生活中。总而言之，了解用户停止使用的不同原因可以为设计研发提供宝贵的意见。

5.6 设计过程导则

有许多资源可用于支持良好的设计（即以用户为中心的）。本章的目标之一是提供设计程序的简介，同时帮助设计师找到额外的信息来支持特定产品、工具、设备、系统或环境的设计。并非所有的开发工作都需要使用所有的方法，本章提供了一些高层次的指导方针。

- 记住设计过程应该是迭代的：开发原型，与目标用户一起测试，然后完善设计。根据需要可以重复这些步骤。
- 在设计过程的早期和整个设计迭代中让老年人用户参与进来。
- 从需求评估开始确定具体的设计目标（您想做什么，为谁做，在什么环境中做）。
- 充分利用网上和教科书中丰富的信息。不要试图重新发明轮子，不要浪费时间和精力去重新创造已经存在的东西或解决已经被解决的问题。
- 了解现有的产品，清楚你的产品如何才能更好。
- 记住，设计是一个过程，需求评估、用户测试、设计迭代和体验测试，没有捷径。
- 了解你的用户（并记住，你是设计师而不是用户）。

5.7 推荐读物和链接

5.7.1 读物

[1] Adams, A. E., Rogers, W. A., & Fisk, A. D. (2012, January). Choosing the right task analysis tool. Ergonomics in Design, 4-10.

[2] Coleman, R., Clarkson, J., Dong, H., & Cassim, J. (2012). Design for inclusivity: A practical guide to accessibility, innovation and user-centred design (Design for Social Responsibility). New York: Grower.

[3] Cotten, S. R., Yost, E., Berkowsky, R. W., Winstead, V., & Anderson, W. A. (2016). Designing technology training for older adults in continuing care retirement communities. Boca Raton, FL: CRC Press.

[4] Czaja, S. J., & Sharit, J. (2012). Designing training and instructional programs for older adults. Boca Raton, FL: CRC Press.

[5] Davis, F. D. (1989). Perceived usefulness, perceived ease of use, and user acceptance of

information technology. MIS Quarterly 13(3), 319–340.
[6] Geisen, E., & Bergstrom, J. R. (2017). Usability testing for survey research. Cambridge, MA: Elsevier.
[7] Gómez, R. Y., Caballero, D. C., & Sevillano, J. L. (2014). Heuristic evaluation on mobile interfaces: A new checklist. The Scientific World Journal, 1-19. doi:10.1155/2014/434326.
[8] Kumar, V. (2013). 101 design methods: A structured approach for driving innovation in your organization. Hoboken, NJ: Wiley.
[9] Lidwell, W., Holden, K., & Butler, J. (2010). Universal principles of design, revised and updated: 125 ways to enhance usability, influence perception, increase appeal, make better design decisions, and teach through design (2nd ed.). Beverly, MA: Rockport Publishers.
[10] Sanford, J. A. (2012). Design for the ages: Universal design as a rehabilitation strategy. New York, NY: Springer.

5.7.2 链接

[1] 美国国家标准协会：https://www.ansi.org/.
[2] 设计套件来自IDEO：http://wwwdesignkitorg/methods.
[3] 国际标准组织：https://www.iso.org.
[4] 尼尔森诺曼集团-设计思维：https://www.nngroup.com/articles/Design Thinking/.
[5] 尼尔森的可用性启发：https://www.nngroup.com/articles/ten-usabilityheuristics/.
[6] 北卡罗莱纳州立大学-通用设计中心：https://projects.ncsu.edu/ncsu/design/cud/.
[7] 系统可用性量表：https://www.usabilitygov/how-to-and-tools/methods/System usabilityscale.html.
[8] 可用性资源：www.usability.gov.
[9] 网站无障碍倡议：https://www.w3.org/WAI/.

第6章
将老年人纳入设计研究当中

> 人们会忽视忽视用户需求的设计。
> ——弗兰克·奇梅罗（英国工业设计师）

以用户为中心的设计是本书的核心信息之一和CREATE的基本设计原则，需要对用户、任务和环境综合理解，让用户尽早且频繁地参与到设计过程中来（第5章）。正如第1章所论述的那样，在世界大多数国家，老年人在总人口中占比较高，而且占比还在不断增长。与普遍存在的误解不同，他们也是产品、设备和系统的积极使用者。例如，老年人使用电脑、移动设备和互联网的比例在增加。此外，老年人和其他年龄段的人一样，在日常生活中使用各种产品和设备。他们在劳动力市场中占据着越来越大的比例，并积极地参与各种志愿者和休闲活动。此外，老年人也很有可能接触使用医疗技术（第10章）。总的来说，老年群体是一个重要的用户群体，在设计过程中必须考虑他们的需求、偏好、特点和能力。如果忽视老年人的需求，特别是在技术领域，就会加大"（技术）富人和（技术）穷人"之间的差距。

正如概念框架（图1.3）所显示的，用户是系统的一个重要组成部分，必须在用户特征和产品、任务和需求之间建立起一种匹配关系。如果设计忽视了用户特征，出现性能错误与其他后果如疲劳、受伤和用户不满意的可能性就会增加。正如我们和其他许多人所作的研究显示的那样，可用性对于产品、技术的接受和使用非常重要。

了解用户需要观察和客观地评估用户的表现、行为和特征，并收集有关他们的需求和偏好信息。本章讨论了将老年人纳入设计研究的相关问题，如取样、招募、测量和研究协议的设计；对研究进行了广泛的定义，并没有将其限制在严格控制的大规模实验室或现场研究；讨论的问题适用于观察性研究和较小规模的可用性研究。我们的目标是强调影响研究结果可靠性和有效性的因素。本章所讨论的大多数问题都可以应用到不同年龄段的用户研究中。然而，有一些问题是老年人独有的，如参与者的疲劳程度和健康状况对老年人是一个很重要的考量因素，本章将从这些问题入手进行讨论。

6.1 在对老年人进行研究时要考虑的问题

本节强调了研究老年人时需要特别考虑的几个问题。尽管这些问题与其他人群也有关系，但与年龄有关的能力、需求和偏好的变化对老年人来说要更明显。一般来说，老年人对研究过程和研究环境的熟悉程度要比年轻人低。他们也可能对自己成功执行或完成研究任务和活动的能力有一些怀疑或焦虑。因此，应该打造一个轻松舒适的环境，并提供一些额外的时间让老年人慢慢适应这个环境。正如第2章所讨论的，由于视力会随着年龄的增长而变差，还应注意房间的光线是否充足，有没有眩光源。环境应尽可能没有噪声，尽量减少干扰因素。对于焦点小组研究，一般建议小组参与者在年龄、教育和文化背景方面有一定的相似性。例如，在研究讨论会（如焦点小组）中，将年轻人和老年人混合在一起，让参与者对基于计算机的培训软件进行评估，可能会使老年人感到不舒服，因为他们可能对这些类型的程序没有什么使用经验，从而可能会影响他们发表意见和参与小组讨论的积极性。小组测试或分组评估也会有类似的情况。

此外，还需要仔细考虑书面材料、调查表和显示屏幕的设计和格式。第7章为文字大小、字体风格、对比度和颜色选择提供了一定的指导，还为信息听觉表达提供了一定的参考意见，例如，在对老年人进行口头指导时，必须注意语速和语音清晰度。在许多情况下，提供额外信息（例如书面和口头形式的信息）十分重要。

如前所述，老年人群是高度多样化的，在语言技能和文化水平方面也有差异。因此，为了确保研究参与者对研究程序有清楚的了解，应避免使用高度专业的语言，而应使用不同背景的人都能理解的熟悉词汇。研究的技术要求也需要考虑。根据研究的目标，应为参与者（即使是那些高度熟练的人）提供关于基本概念和先决条件知识的预习和培训。例如，在评估跟踪搜索记录的网络工具的可用性时，必须选择那些能够使用鼠标并了解基本窗口操作的人作为参与者。此外，还应向参与者保证，即使犯了错误也不会有什么后果——"即使你输入了错误的密码，你也不会弄坏电脑！"

与年龄有关的认知能力的变化，如处理速度和工作记忆的下降（第2章）也对数据收集活动有影响。除非研究的目标是评估节奏安排，否则快节奏的评估方案一般不适合老年人。必须给老年人留出额外的时间来回答。应尽量减少对工作记忆的不必要的要求，提供如帮助卡或提示线索等辅助工具来辅助老年人记忆。例如，在一项研究中，研究人员为阿尔茨海默病患者的家庭照护人员提供了一项基于互联网的干预方案，研究取消了参与者使用密码登录系统的要求，以减少该方案对参与者的记忆要求。此外，耐力也会随着年龄的增长而下降，因此应尽量减少参与者的负担和疲劳，避免冗长的测试或数据收集过程，并为参与者提供频繁的休息时间。根据经验，老年人通常需要比年轻人多50%的时间来完成一项研究方案。

6.2 抽样问题

6.2.1 代表性样本

对任何研究项目而言，选择适当的样本都很重要。样本中包括的个人数量和特征取决于各种问题，如研究/设计问题、目标用户群、研究的实验设计（如治疗装备或条件的数量）、时间和资源等可行性问题以及目标人群的可用性。例如，从一个大部分居民都是大学学历的社区招募到没有互联网经验的大样本非常困难。招募窗口期的持续时间也需要考虑。例如，在三个月的招募窗口期内，可能很难招募到100人参加一系列的焦点小组活动。

抽样问题应包括有代表性的样本。抽样计划应包括产品/设备的预期用户或有可能从产品/设备的使用中受益的人。在大多数情况下，这个人群包括老年人。正如本书所指出的，老年人口是有内部异质性的，不能假设每个65岁及以上的人都是一样的（第3章）。因此，当把老年人纳入可用性或其他研究中时，需要确保参与者包括与研究或设计问题相关的具有代表性的老年人群体。此外，还需要仔细界定用户群。在某些情况下，用户群体可能比主要目标人群更广泛。就旨在监测老年人的功能状态的家庭传感系统而言，用户群可能包括老年人、照护人员和医疗保健服务提供者。每个用户群体都有不同的需求、偏好和特点。

在基本层面上，研究样本通常需要包括男性和女性，以及不同种族和教育背景的人。鉴于60～70岁的人的特点和能力与80～90岁的人不同，还应该考虑样本的年龄范围。在为年龄范围极为广泛的老年群体设计产品时，要确保设计样本反映广泛的年龄范围。然而，在某些情况下，设计师可能需要限制样本的代表性，例如只包括"高龄老年人"（例如85岁以上）或"年轻老年人"（65～74岁）。鉴于高龄人口的快速增长，样本的年龄范围非常重要，在可能的情况下，样本应包括高龄人群。

在制订抽样计划时，考虑用户的技术能力或先前使用特定产品或设备的经验至关重要。根据研究的目标，您可能希望样本中只包括新手，或者在样本中同时包括高技能用户和新手。例如，在一项旨在提供社区资源信息的网站的可用性评估研究中，应包含不同程度互联网经验的人，还必须考虑到参与者的健康情况和能力特点。

评估替代输入设备时,应该将患有关节炎或其他手或手指缺陷的人纳入用户测试组,因为他们可能与设备产生特殊的交互需求。如第3章所提到的,读写能力和计算能力也是重要的考虑因素。如果研究的重点是设计一个提供健康状况信息的医疗设备,则应让具有不同程度健康知识的人参与其中,以确保设备适用于广泛的用户。生活环境可能也是另一个重要的考虑因素。最后,抽样决策必须考虑研究的背景、性质和目标,同时也要认识到,不能代表广泛的预期或潜在用户群体的样本会导致幸存者偏差,从而限制研究结果的普遍性。

6.2.2 样本大小

样本的大小是另一个重要的抽样问题:研究活动中应该包括多少人才能产生有意义的结果?样本量的大小根据研究设计和活动目标的不同而不同。例如,概念证明、可用性试验或焦点小组研究所需的参与者数量不同于更大规模的有效性试验。疗效试验通常涉及两个或多个组之间的比较。例如,研究人员在一项试验中评估一种基于计算机的系统(个人日常生活管理和社交管理,以下简称PRISM)对减少老年人孤独感的有效性,该实验比较了两组样本的反馈:接收计算机系统的PRISM组和接收纸质装订文件的类似PRISM内容的对照组。

在更大规模的可用性或有效性试验中,统计力非常重要,因为它深刻地影响着研究人员对研究结果的信心。统计力指的是研究能够检测出两组之间差异的程度,它取决于三个因素:为统计显著性建立的标准(alpha水平,通常设置为0.05),群体之间的差异性(效应大小),以及样本量。为了有效地进行统计分析,需要借助一些算法和软件程序来帮助计算统计力和所需的样本量。在研究开始之前,必须计算适当的样本量,以便做好充分的规划。除了统计力外,还要考虑到参与者数量对招募计划、人员配备要求、预算和时间安排的影响。

6.2.3 纳入/排除标准

纳入标准是指在研究中代表某种特征的个体所必须具备的特征(例如,必须在特定的年龄范围内),而排除标准是指将个体排除在参与研究的候选人之外的条件(例如,母语不是英语的人)。在开始任何研究活动之前,必须仔细考虑这些标准,因为它们不仅影响研究结果,而且影响参与者招募等问题。纳入/排除标准应尽可能客观和明确。仔细定义这些标准有助于优化研究结果的有效性,减少潜在的偏差,并加强研究结果的可泛化性的陈述。清楚规范这些标准,并保证它们与研究目标相一致，能够减少伦理担忧。在审查研究资助申请的过程中，纳入和排除标准是一个重要的评估因素。

常见的纳入标准包括年龄、性别、种族/民族、教育和健康状况。在某些情况下可能会包括其他变量，如技能水平、以前的经验或一些社会心理标准（例如，缺乏可感知的社会支持或社会孤立）。常见的排除标准往往与健康状况、功能状况或其他社会人口因素（如生活安排、语言）有关。例如，在一项旨在了解老年人新技术采纳决策影响因素的研究中，纳入标准包括：65岁及以上、英语或西班牙语流利、无认知障碍（通过认知状况电话访谈评估；Brandt, Spencer和Folstein, 1988年）。如果个体先前有使用相关技术的经验，或有严重的视觉或听力障碍，会被排除在外。

在将老年人纳入研究活动时，需要特别考虑一些纳入/排除标准。尽管大多数老年人依旧活跃且身体健康，但随着年龄的增长，尤其是在晚年，患慢性病或某种类型功能障碍的可能性会增加。许多老年人至少患有一种慢性疾病（最常见的是关节炎、糖尿病、高血压、听力和视力障碍以及骨病（见图3.2)，出现认知或记忆障碍的可能性也会随着年龄的增长而增加。根据研究的内容，必须明确说明招募计划的纳入标准，因为某些类型的损伤可能会影响老年人完成研究任务或履行协议的能力。例如，认知障碍可能会妨碍一个人理解知情同意书、任务说明书或调查问卷的能力。听力障碍可能会降低一个人理解听觉指令或与合成语音系统互动的能力。视觉障碍可能会降低一个人阅读书面指示或电脑屏幕上信息的能力。读写水平和语言技能也可能与特定研究相关。考虑到老年人口的种族和文化多样性，参与者的语言偏好是一个关键的考虑因素。此外，老年人很可能正在服用药物——其中一些可能会导致疲劳或干扰记忆或注意力——而排除标准中可能包含这类药物。此外，适当描述纳入/排除标准将减少研究噪声，提高结果的有效性。

总的来说，必须考虑研究目标和被测试产品或系统的目标，并明确定义参与者的纳入/排除标准。同样，还必须确定标准化的方法来评估和筛选参与者是否符合研究标准。在CREATE研究中，研究人员采用两级筛选方案。首先，使用标准文本和评估协议进行电话筛选，以确保潜在参与者符合基本标准（如年龄、语言）。然后在参与者提交知情同意后，在正式开始研究之前，研究人员会亲自评估参与者是否符合视力或读写能力等其他客观测量标准的要求。研究发现使用这种两级协议不仅效率更高，而且节省研究资源。

各种可用的工具可以用在筛选过程中，帮助确保参与者符合研究纳入标准的要求。例如，简易精神状态量表（MMSE；Folstein, Folstein和McHugh, 1975年）是一种常用于评估老年人的认知状态的简易工具，建立了根据年龄和教育程度进行评估的依据。TICS是一种电话筛选认知状态的工具。同样，也有用于评估读写能力、视觉和听觉敏锐度等的标准化测试工具。在某些情况下，可能需要制定一套简短的筛选问题来选择感兴趣的人群。CREATE小组制作了一些筛选工具，可以应用于其他研究（www.create-center.org/resources）。需要注意的是，所有研究人员都应接受筛查工具管理和解释方面的培训，在正式数据收集之前应对筛查问题和筛查方案进行预测试。

6.3 参与者的招募与留存

6.3.1 招募

成功招募参与者对任何一项研究活动来讲都是至关重要的。招募最重要的目标是招募到足够数量的参与者，他们能代表目标人群且符合研究纳入/排除的标准。不幸的是，招募往往在一开始时被忽视，这阻碍了许多研究项目的成功。在进行研究活动时，必须仔细考量项目资源、人员安排、招募策略、备用参与者的机会、目标人群的特征（例如：种族/时间保证）和其他后勤问题（例如：研究地点）。此外，要为招募工作投入足够的资源，因为宣传和人员流动的花销将会很大。

在制定招募策略时，需要解决许多问题。首先，目标人群的可用性和获取方式将会影响招募进程。考虑到研究标准的重要性，需要检查在特定的地理区域内是否有足够的符合条件的人员。如果潜在参与者的人数过低，就可能需要去扩大招收地区或重新制定纳入和排除标准。在PRISM研究中，研究人员发现研究标准给招募足够数量的参与者带来了很大的困难。为了弥补这一不足，研究人员在其他两个地点"超额招募"。从多地招募可以提升样本的多样性。然而，它也可能对研究参与者或研究人员的交通安排带来压力。在大多数情况下，除非研究目的有其他特殊要求，否则，为确保样本具有代表性，来源应宽泛，可以在多个社区中招募。这不一定意味着要跨越遥远的地理距离，包括来自不同地区的人即可，如城市、农村和郊外。举个例子来讲，当评估远程医疗系统的可用性时，应包含住在农村和城市里的人，还应考虑参与者的居住环境。

另一个重要的考虑因素是招募策略。为了保证样本具有代表性，需要采用不同的技术。人们对信息来源的偏好和反映程度各不相同。举例来说，研究发现西班牙参与者们通常对广播广告有积极的反应。面向老年人的招募策略可能需要包括报纸广告、老年活动中心或者教堂活动、广播广告等，或者需要在社区内部平台或其他网站上做宣传。多管齐下的方法通常是最有效的。这对与老年人密切接触的样本建立和维持关系，并让他们参与招募过程来说非常有帮助。社区样本能够提供目标人群的需求和喜好的信息，并且能够为招募策略提供宝贵的指导。询问一些具有代表性的老年人群体什么形式的媒体和宣传服务最能吸引他们也会有所帮助。此外，有老年人在的社区咨询委员会也能提供很多有利的信息。招募方法不仅影响研究参与者的数量还影响参与者的类型。通过追踪参与者了解研究的来源，可以辅助确认哪些方法最为有效。

招募材料的设计也需要多加考虑。所有的招募材料都应清晰地传达研究的目的、潜在利益和需求。招募材料（如图6.1所示）也应根据目标人群进行定制。例如，招募材料可以包含老年人的照片，其内容要考虑老年人的读写能力。在美国，很多时候需要提供英语和西班牙语两种材料。在大多数机构，招募材料需要通过机构审查委员会（IRB）的批准。

图6.1　目标招募材料案例

研究的潜在后勤保障也会对参与者的招募有所影响。应尽力让参与活动尽可能地方便，这对老年人来说尤为重要，因为他们在交通和行动方面可能存在困难。另外，确保参与者清楚地知道研究地点的路线以及研究人员的联系方式也非常重要。通过发送提醒信息，或打电话通知参与者预约的日期、时间点以及新的规划和取消的说明，可以将"爽约"的问题最小化。如果有些数据需要在参与者的家中或生活环境中收集，建立与老年中心和社区中心的联系及在这些设施空间中进行测试非常重要。如果你选择去做"场外"测试，应制作一个包含所有必要的测试材料和所需设备的检查清单，并确保选择的地点具备所需的技术条件（例如：互联网接入）。

总之，从事任何类型的研究时，都应该仔细思考招募流程中的问题，重视系统化的招募和跟踪研究计划，包含对招募范围、目标人口的价值和偏好以及可用资源的一些前期的分析。工作人员必须接受招募策略的培训，并了解研究时间表的重要性，还应接受和目标人群合作的培训。

6.3.2 留存

一些研究活动需要参与者在多个场合参与研究，这可能持续几天、几周或几个月。随着时间的延长还可能会有追踪评估。在这些情况下，必须充分规划和分配资源，让尽可能多的参与者留存在研究中。因为，参与者流失率高会造成很大的损失，并且会严重影响研究的结果。例如，如果具有某些特征（如特定教育水平或年龄）的参与者更容易退出研究，那么高流失率就会导致偏差。

影响参与者留存的常见原因包括参与者生病或死亡、住址或居住地的改变或其他身份地位的改变，例如工作量增加或开始承担照顾责任等。参与者也可能因为研究没有达到他们的预期或是任务太繁重而对项目失去兴趣或变得不满意。老年人的留存率可能较低，尤其是年龄最大的一批人，因为他们更有可能因为健康问题而退出研究。

考虑到在纵向研究或需要重复研究时会出现人员流失，在计算样本量时，考虑参与者的退出情况很重要。通常会计划20%的流失率做备用以确保在研究完成时有足够数量的参与者。举例来讲，如果要确保在研究结束时有100位参与者，那么应招募120位参与者来预防人员流失的问题。

在整个研究过程中，研究人员也会通过打电话、发邮件或信息等方式与参与者保持联系，了解他们的情况。除了监控流失率外，还需要追踪参与者退出的理由。这类信息将有助于发现研究或参与者的纳入标准中可能需要修改的方面。

6.4 制定研究协议时要考虑的问题

在制定研究协议时，必须考虑一系列问题。本书着重强调了其中的一些问题，重点介绍与老年人特别相关的内容，还提供其他有关这些问题的详细信息（参见推荐阅读资料）。本部分主要的难点是如何使研究方案能够充分调动参与者兴趣，得到有效和可靠的结果，并具备资源的可调度性和方案的可实施性。当然，本书讨论的问题的相关性会因研究活动的类型而有所差异。例如，对照组通常不适用于可用性试验，但对大规模疗效试验的设计至关重要。虽然很有诱惑力，但在一项研究中回答与某个特定主题有关的所有问题是不可行的。

一般来说，在开始任何项目时，建议先回顾相关文献。这一步骤将有助于发现研究相关的问题（不需要重新发明轮子，不要作重复劳动），并用方法论来提供指导。例如，回顾以往的研究可能有助于确定重要的纳入／排除标准、措施和评估协议以及潜在的挑战。此外，评估研究目标、时间计划、可用资源和后勤保障也很重要。

6.4.1 研究内容

研究内容反映了研究中要涵盖的材料的性质。例如，在焦点小组或可用性研究中，研究内容是指脚本和问题的性质。在干预研究中，研究内容与干预的重点有关，包括干预中实际涵盖的主题。在PRISM试验中，要决定在系统上包含哪些功能以及每个功能的具体内容。研究内容还包括宣传材料，信息或主题的呈现顺序以及设备要求。在一项针对老年人技术采用的研究中，研究人员必须决定要包含哪些合适的技术，编写每项技术的介绍脚本以及安排技术的呈现顺序。研究采用小组讨论的形式，用PowerPoint展示材料，因此需要制作、排版PowerPoint演示文稿，并为参与者分发配套的讲义材料。在所有情况下，研究材料都应该事先在具有代表性的老年人样本中进行预测试（见6.4.4小节），并由研究团队中的其他成员进行审查。在制作研究材料时，重点考虑读写能力这一因素；正如第2章所述，许多老年人的文化素养较低，他们可能很难理解高技术性语言。

6.4.2 持续时间和频次

另外两个需要考虑的因素是持续时间和频次。持续时间是指研究或干预的时间长度（如6个月、12个月）。频次通常以参会次数、试验次数、接触时间（如分钟）、接触次数、接触频率或某些组合来衡量（如每周12次，每次60分钟）。在基于技术的干预中，频次参数可以反映系统的使用次数。例如，在PRISM试验中，研究人员收集了参与者在12个月的研究期间每天使用整个PRISM系统以及每个单独功能的实时数据。

要仔细考虑持续时间和频次，因为这些参数会对研究结果、研究成本、参与者负担和研究计划的可实施性问题产生重大影响。正如第6.1节所述，在对老年人进行研究时，必须仔细考虑参与者的疲劳问题，应提供频繁的休息时间。有些老年人可能行动不便或出行不便，前往测试地点等后勤问题也需要特别考虑。由于不同参与者的参与频次可能有所不同，追踪信息也尤为重要。

例如，在一项培训研究中，一些参与者可能无法参加所有的培训项目；有些参与者则可能需要补课。这些信息有助于了解参与频次与培训结果之间的关系，帮助修改培训程序或协议，还有助于发现参与者负担的潜在问题。

6.4.3　交付方式与研究环境

如何提交以及在何种环境下交付材料非常重要。在当今的数字世界中，有各种各样的材料提交方式。例如，可以面对面地以个人或小组的形式提供材料，也可以通过电话或邮件，或以技术为媒介的形式（如互联网、平板电脑）提供材料，这些方式各有优缺点，具体取决于研究的目标和类型，材料的性质，以及可用的资源。例如，焦点小组通常在面对面的小组会议中进行，而许多研究现在使用互联网提供如技能培养或培训计划相关的干预措施。使用多种模式组合的情况也不少见。运用技术时，需要仔细考虑老年人的技术经验和技能。应确保人们掌握操作技术所需的技能，如果没有，则需要提供一些基本培训和简单的用户指南。

用于数据收集的环境选择也有很多。研究可以在社区环境中进行，如老年中心、研究实验室、家庭环境、工作场所或临床环境。环境的选择取决于研究的性质、研究问题、参与者的可用性、设备和空间需求以及可用资源等。每一种设置都有其独特的特征需要考虑。CREATE的研究项目涵盖了多种环境。例如，为了方便参与者，可能会在老年中心组织一个焦点小组。对研究参与者来说，在家庭环境中进行干预可能更舒适、更容易，但会给研究人员带来交通问题，并增加试验成本（例如，交通费）。许多老年人可能存在行动不便的问题，可能没有便捷的交通工具，也可能会对去一个陌生的地方有顾虑。

6.4.4 预测试和规范化

预测试的重要性再怎么强调也不为过，它是所有研究项目的重要组成部分。一项试验协议和测量/评估工具的所有方面都应有具有代表性的参与者样本进行预测试。预测试样本的规模不需要很大；然而，重要的是预测试样本能反映出被纳入研究实验中参与者的特征。如果您要对一款适用于男女老少的产品进行可用性研究，那么试验样本应该包括性别和年龄两个层面。根据初始预测试的结果，或者您决定对研究计划或研究策略进行变更，可能需要进行多次预测试。在PRISM试验中，研究人员对PRISM系统、培训文本、评估材料和对照条件的研究内容进行了三次预测试，从中获得了很多信息，并对研究内容和PRISM系统进行了有价值的修改。在本次PRISM试验中，预测试还使用了一种让用户参与PRISM系统设计的形式。

研究内容的规范化是研究成功的重要因素，对研究结果的有效性和可靠性有很大影响。此外，它对研究结果的输出也非常重要。需要规范化的内容很多：一项研究的所有要素，包括研究设计、筛选步骤、参与者同意过程、参与者纳入/排除标准、与研究参与者互动的内容、数据收集和测量工具，以及工作人员培训文本等。在研究的早期阶段就应使用规范化材料。在一项研究中，研究人员通常会为工作人员编写一些涉及研究各个环节的规范化材料，如筛选和评估过程，以及一些针对突发情况的文本，如数据收集过程中计算机死机或参与者情绪不稳定应该如何应对等。除此之外，研究人员通常会制定操作手册（MOP），详细记录所有的研究程序，并附上脚本和测量工具。MOP必须清晰、实用且方便获取。

6.4.5 员工问题

项目所需团队成员的数量和资质取决于项目的规模，还有资源的限制。需要考虑的重要问题包括：工作人员的数量、员工的具体经验（例如，以前与老年人打交道的经验）以及技能/认证/教育要求。拥有一个协调工作人员的人或项目经理非常重要。在作出人员配置决定之前，应对研究要求进行全面的分析。团队成立后，要明确每个团队成员的角色和职责，确定团队所有成员之间的沟通渠道。还应该制定团队会议的协议，建议在可能的情况下进行面对面的会议。会议的频率视研究要求而定。

员工培训至关重要，它对研究的成功有着巨大的影响。研究团队的所有成员都应了解研究的目标和目的，并接受研究内容相关的各方面的培训。应确保团队成员理解遵守研究协议，并就干预的主题领域（例如，家庭感知系统）和与研究参与者互动的策略等内容提供培训。其他重要的培训主题还应包括：员工安全协议、突发事件解决协议、包括保密在内的研究伦理行为和数据处理要求。为了防止遗忘，必须有一个监测和定期的加强训练计划。

最后，研究人员应该接受一些有关老龄化和老年人的基础培训，帮助消除可能影响研究内容执行或评估工具管理的潜在偏见或刻板印象，还可以帮助研究人员与出现运动、灵活性、感觉、知觉和认知退化的老年人个体更好地进行互动。

6.4.6 受试者保护

与任何数据收集或研究活动一样，应该注意保护研究参与人员的权益，包括将研究执行方案提交给相关管理机构进行报备和审查，并要求每位参与者阅读并签署知情同意书。如果出现参与者难以理解文件的情况，应当向参与者口头阐述文件以确保其理解内容。知情同意书的存储也有要求。美国的卫生与人类服务部（DHHS）人类研究保护办公室在其网站上提供了知情同意书和管理机构审批程序的指南（https://www.hhs.gov/ohrp/regulations-and-policy/guidance）。大多数机构也会提供有关这些政策和程序的指导。

6.5 测试

测试是研究活动中一个关键的组成部分，涉及面很广。有很多详细的信息来源可以提供关于测试问题的信息。本章只强调其中的几个问题。测试对象的选择非常重要。选择测试对象取决于研究主题和想要得到的结果。例如，正如第5章中所讨论的，可用性是一个包含多个维度的概念，它涉及易学性、效率、记忆性、错误试错性和满意度等方面。因此，可用性研究通常包括各种测量指标，如完成测试的时间；掌握错误编号和类型的次数；请求帮助的次数；完成测试的百分比；功能使用；评估工作量、压力和疲劳程度；以及可用性和满意度的评级。研究人员将社会支持、孤独感和社会隔离等方面的评估纳入了PRISM试验之中，因为这些内容对试验目的检验和目标的达成都很重要。

测试方法的选择往往具有挑战性，因为测试方法非常多样，包括生物标志物、生理指标（如心电图评分）、性能指标和主观评价。有时也很难确定一个研究问题的最佳测试方法。在研究结果方面，不同的测试方法会产生不同的信息，例如干预措施的有效性；因此，必须谨慎地将测试与感兴趣的研究问题结合起来。在评估可用性时，用户或许能够有效的使用一个设备或产品，但他们可能会觉得它使用起来很麻烦。可用性的评估结果需要经过认真分析，因为可用性会影响用户是否愿意使用该设备或产品。

测试方法服务于不同的目的，可以按几种方式分类。例如，在临床试验中，主要结果指标和次要结果指标之间通常会有区别。主要结果指标是指在测试被观察的诸多指标之中，研究人员认为在提供研究问题信息（例如，干预的有效性）方面最重要的指标。次要结果指标则提供其他相关信息，如参与者对干预措施的评价，大多数研究会包括多种测量方法。

在为特定研究选择测试或数据收集工具时，还应考虑其他几个问题。一般来说，测试方法的选择应基于以下几个方面：1）研究主题、问题和研究假设；2）测量工具的心理测量性质；3）确保测量结果的变化与目标人群和正在评估的产品/设备或干预/项目是相关联的；4）以往文献；5）测试工具的时效性，因为评估技术态度的测量工具可能会失去时效性；6）相关的效应尺度，来帮助计算样本大小以及指导理解特定研究发现的实际意义。由于技术的发展（例如，可穿戴设备）以及个体情况、任务、设备和环境的变化，相关的文献不断更新发展，新的测试方法也在不断开发中。本我们开发了一种衡量计算机技术熟练程度测试工具（计算机熟练程度问卷或CPQ）。然而，考虑到技术的快速变化，目前需要开发一种更有效的技术熟练度测试工具，即移动设备熟练度问卷（MDPQ），以准确评估当今技术设备熟练度。（CPQ和MDPQ都可以在www.create-center.com/resources 上找到）。最后，由于现在许多测试方法都是计算机化的，衡量老年人的计算机熟练程度极其重要。

心理测量学有两个重要的部分，分别是可靠性（测量的稳定性或一致性）和有效性（测量评估将要被测量的内容）。可靠性和有效性有很多种类型，其类型不在本书的讨论范围内。敏感度（一种测试方法，能够检测具有该特征的人身上存在某种特征的程度，如高血压）和特异性（一种测量方法，测量在没有该特征的人身上检测到某一特征缺失的可能性）也是重要的考虑因素。此外，还需要考虑参与者的负担、可行性、成本、可用的数据收集设备和数据分析资源等问题。

除了这些问题之外，确认测试工具已在老年人群中得到规范化也很重要。规范化意味着测试方法已经在有代表性的老年人群体中被标准化（即"典型"用户表现的值是可信的）。文化和背景因素可能会不利于某些群体的表现，使用已经针对特定人群进行规范化的测试工具，有助于确保测试结果不带偏见，不受文化或背景因素的影响。例如，一个包括在手机短信中使用的速记符号的理解测试可能不适合当前的老年人群。规范化测试工具通常可以获取标准化的数据，然而，对于为特定研究开发的独特问卷或调查访谈工具，很难获得理想数据。在这些情况下，采用多样化的老年人样本对这些工具进行预测试尤为重要。在进行一项新的调查或问卷的预测试时，可以测试每一个单独的项目，以确保目标受访者以预期的方式解释问题。最后，由于老年人的内部差异性更大，可能需要大规模抽样才能获得参数和效果的精确估测。

6.6 将老年人纳入设计研究的指导方案

本章重点讨论了让老年人参与设计研究的前期和用户测试活动的重要性，论述了研究过程的方方面面，强调了对老年人需要特别注意的研究方面。研究的成功在很大程度上取决于数据收集活动的性质。换句话说，研究和设计问题的答案，只有在收集了能够支持这些问题的数据时才是"有用的"。不论测试的规模或范围如何，都需要仔细考虑研究的规划和实施，还需要仔细考虑参与这些测试的个人的特征。以下准则总结了本章讨论的问题。

- 老年人在很多方面都存在差异，因此在调查研究中应包括不同的老年人样本。
- 数据收集环境的设计需要仔细考量，要将照明、环境噪声和温度等因素都考虑在内。
- 文本的设计以及与字体大小、对比度和排版有关的问题都应该经过仔细的评估。
- 考虑招募材料、培训材料和问卷调查的文化水平要求，避免使用高难度的专业术语。
- 考虑到老年人在完成研究方案和问卷调查时通常需要更多的时间。
- 鉴于现在许多测试都已计算机化，应考虑到老年人的技术熟练程度。
- 考虑到参与者的身体负担和疲劳程度，应经常性地提供休息时间。
- 数据收集地点及时间安排应尽可能地方便参与者。
- 测试方法和评估工具都应进行预测试，制定适用于老年人群体的规范化标准。
- 研究方案的预测试必不可少。
- 研究人员应该接受研究方案以及如何对老年人进行研究等方面的培训。

6.7 推荐读物和链接

6.7.1 读物

[1] Creswell, J. W. (2018). Research design: Quantitative, qualitative and mixed method approaches. Los Angeles: Sage.

[2] Gitlin, L. & Czaja, S. J. (2015). Behavioral intervention research: Designing, evaluating and implementing. New York: Springer.

[3] Sauro, J. & Lewis, J. (2012). Quantifying the user experience. New York: Elsevier.

6.7.2 链接

www.gpower.hhu.de/en.html-G*Power: Statistical Power Analyses for Windows and Mac. G*Power is a tool to compute statistical power analyses for many different t tests, F tests, x^2 tests, z tests and some exact tests.

第 7 章
界面设计与用户体验

直观的界面很难实现，就像独角兽一样稀有。
——尼尔·查尼斯（佛罗里达州立大学心理学教授）

UI（User Interface，以下简称UI）是"用户界面"的英文简称，它是用户与设备之间的一个交互通道。当用户想要使用设备来实现他们的目标时，他们通过在用户界面与系统进行交流。当今世界，电子设备无处不在，人们在一天中会接触、使用许多不同的用户界面：智能手机的提醒，设定微波炉程序，更换电视频道，从自动取款机取钱，给汽车加油，浏览网站等。

UI设计师的目标是使这种交互变得高效而有趣。界面设计在系统的用户体验（UX）中扮演着至关重要的角色。正如在第2章、第3章中所概述的那样，用户的能力会随着年龄的增长而发生变化，从而导致用户与系统的交互变得复杂。更具有挑战性的是，随着年龄的增长，个体间的差异也会扩大（即个体间的变异性增加），因此，老年人群体能力的内部差异往往比年轻人更大。

随着年龄的增长，常规的变化会带来可预见的挑战。年轻时很容易看清的10号字体，年老时可能会难以看清。年轻时能轻易从背景噪声中分辨出高频声音，年老时可能会难以分辨。年轻时用鼠标移动屏幕光标可能很容易，但手部患上关节炎的话就难以做到了。伸出手接受机器人提供的饮料很容易，但对于中风导致活动受限的人来说就难以做到。

尽管广受欢迎的即时信息和通信技术（以下简称ICT）设备之间的可用性有着明显的不同，但人们普遍认为界面可以设计得完全"直观"。也就是说，当用户第一次接触一个全新的、不熟悉的设备时，都无须任何指导就能有效地使用它。这个观点是错误的。根据我们与老年人相处得出的经验，目前没有任何一种技术含量很低的设备能够做到"完全的直观"。成年人只有在看到一个婴儿乱摸乱抓周身的物品时，才能想起自己在经验、知识与能力水平几乎为0的时候，与世界的互动是多么笨拙。在设计时，至少要在概念化设计的第一步，假设用户的认知水平很低。

物品的物理特征可以在无形中限制用户的潜在交互方式，暗示用户正确地使用物品。例如手掌大小的物品（如智能手机）适合单手抓握。然而许多流行的ICT设备功能都隐藏在光滑的外观和复杂的菜单结构后面。智能手机就是一个很好的例子，尤其考虑到大多数65岁及以上的老年人目前还没有智能手机。当研究人员把一部关机着的手机交给不熟悉移动设备的老人让他们打电话时，由于手机侧面和背面的按钮几乎没有凸起，对比度很差，他们会很难执行第一个操作——按下开机键。一旦屏幕亮起，假设他们可以解锁手机，并且处在一个可以清晰地看清屏幕的环境中，屏幕上大量的图标又会让他们很难找到正确的图标。如果光线条件差的话，难度会进一步增加。此外，如果屏幕的背景图案很复杂，会降低图标和背景的对比度，这样就会更难找到特定的图标。即使是被吹捧为"直观"的智能手机，也需要在一些指导下才能发挥它们的全部功能。界面设计的方案要求必须合理并有适当的培训材料，以确保用户体验的成功（参见第8章）。

本章概述了老年群体与用户界面交互的相关问题，讨论了老年用户在交互过程中的心智模型，以及常见的易用性问题案例，重点关注如何在设计中将此类问题最小化，以及避免和修正错误。此外，还讨论了美学在用户体验中的作用。最后，提供了关于用户选择界面输入与输出元素的一些指导建议，分析了其中的优缺点并且总结出几个简易可行的方案。

7.1 对界面设计的思考

7.1.1 导航界面的设计

特别是对老年新手用户来说，直观的界面设计非常重要。在设计界面时应考虑到老年用户的知识背景。知识背景通常是影响他们信息处理能力的一个重要因素。心智模型（或模式）用于描述我们认识界面的心理表征，是某人的内部（精神）表示，心理模拟指用户如何在心智模型中想象或者模拟操作的过程。

在界面中解决问题的前提是用户需要有一个要实现的目标（可分解为子目标），并且他们可以使用选项操作，来更改当前界面所在位置的状态，将界面转换到一种新的状态，使他们更接近目标的实现。用户会依据界面中提供的命令或操作形式选择适当的选项。他们遵循的步骤受到其信息处理能力的限制，特别是心理操作速度以及存储和处理信息的记忆限制。用户的心智模型对于他们刚开始与界面的交互至关重要。

例如，使用智能手机拨打号码时，需要先建立一个心理模型。与有线电话不同，用户首先需要解锁手机（如果关机，要先开机），比如通过按压指纹传感器或在屏幕上输入密码或手势序列来解锁。解锁手机后，用户需要在主屏幕上寻找并点击拨号程序的图标。当拨号界面出现时，用户应点击屏幕上的数字，然后按另一个图标来发起通话。这种心理模型与使用有线电话时调用的心理模型大不相同（使用有线电话时需要拿起听筒，使用物理键盘拨打号码，通话将自动接通）。对于这两种设备来说，记住数字字符串拨打电话时（例如区号、数字）都会对工作记忆产生压力，并可能会受到环境中发生的其他事件的干扰。老年人比年轻人更容易分心（Carlson，Hasher，Zacks和Connelly，1995年），同时，工作记忆能力更受限制（老年人的工作记忆容量为5.4个项目，年轻人的工作记忆容量为7个项目），处理信息的速度也更慢，完成基本的心理和物理活动的平均需要两倍时间。如表7.1所示。

表7.1概述了分析用户表现的重要参数模型（GOMS模型）：人机交互的目标、操作符、方法以及选择规则模型（Card，Moran和Newell，1983年）。该模型可以扩展为分析和描述老年人与界面交互的信息处理参数（Jastrzembski和Charness，2007年）。

GOMS模型最适合日常任务，即当某人对一个界面已经非常熟悉，能够轻松地设定目标和子目标，并快速选择合适的操作符来完成目标时。模型通常从目标任务分析（通常是分层任务分析）开始，将目标任务分解为基本操作元素，如感知觉操作、认知操作和运动操作。然后，模型会根据表7.1中的时间参数，来预测老年人或年轻人完成任务所需的时间。

表7.1　年轻人和老年人的GOMS信息处理参数汇总

操作	年轻人	老年人
注视时间	230ms(70～700)	267ms(218～314)
认知处理器周期时间	70ms(25～170)	118ms(87～147)
感知处理器周期时间	100ms(50～200)	178ms(141～215)
电机处理器周期时间	70ms(30～100)	146ms(114～182)
非茨定律斜率常数	100ms/bit(70～120)	175ms/bit(93～264)
视觉图像存储的衰变半衰期	200ms(90～1000)	159ms(95～212)
幂律实践常数	0.4(0.2～0.6)	0.49(0.39～0.59)
工作记忆有效容量	7items(5～9)	5.4items(4.9～5.9)
工作记忆的纯容量	2.5items(2.0～4.1)	2.3items(1.9～2.6)

注：时间单位为毫秒（ms）。

资料来源：改编自Jastrzembski和Charness, 2007年；Card, Moran和Newell, 1983年。

7.1.2 组织路径的深度与广度

在设计网站菜单或路径时，要充分考虑老年人的记忆负荷问题，不要让他们走太多的弯路，也不要给他们太多的选择。例如，提示消费者的电话语音菜单，可以根据信息选择的广度或深度安排信息层次。如果设计偏向于广度，那么在第一级菜单中就有很多选项（例如，"西班牙语按1""账户信息按2"……"人工服务按9"），记住九种选项，对年轻人来说也会觉得吃力，更别说老年用户了。那么，为什么不采用深度设计原则，让每一级菜单的选项更少呢？这样可以让人们更轻松地记住每一级的选择，决定下一步该做什么。但是，如果菜单结构太深，一旦您选择了错误的路径，就会需要从整个层次结构的顶部重新开始来找到正确的选项。对于过程的回退也相当困难，因为它非常考验人们的工作记忆能力（记住菜单结构以及历史搜索路径）。与预期相反，研究表明，在听觉菜单中重视广度效果很好，因为人们不会试图记住所有的选项，而是会专注地听取最适合他们情况的选项，同时排除掉其他的选项（Commarford, Lewis, Smither和Gentzler, 2008年）。

一般来说，当信息可视的时候，广度优于深度，因为人们可以在显示屏上扫视各种选择，通过界面的环境支持来最大限度地减少工作记忆的负担（Morrow和Rogers，2008年）。因此，传统软件（例如Microsoft Office）的顶级菜单中通常有很多类别，因为其终端的屏幕空间足够大，用户能够扫视菜单上的选项（如表7.1所示，眼睛移动速度随年龄变化几乎没有下降）。智能手表、智能手机（对于一些语音助手来说甚至没有屏幕）等终端的屏幕较小，采用深度的组织形式，效果更好一些。对于针对视障用户的设计来说也是如此，这类用户依靠屏幕阅读软件与程序交互，这会给他们带来相当大的记忆负担。类似的建议也适用于搜索网站的设计，在设计需要搜索的网站时，为用户提供多种渠道非常重要。除了通过分层菜单来导航信息的传统方式外，最好还能让用户使用搜索工具（例如搜索框）进行直接查询。这样做不仅可以解决用户的记忆负担，还可以适应不同用户的能力需求。例如，认知能力是老年人搜索成功和效率的重要影响因素（例如，Czaja, Sharit, Ownby, Roth和Nair，2001年），空间能力是听觉/电话导航的强大预测因素（Pak, Czaja, Sharit, Rogers和Fisk，2006年）。

7.1.3 步骤数量最小化

输入设备使人们能够通过一系列命令选择广泛的操作。除了罕见的"和弦"设备（允许同时按下多个按键来输入不同的指令或字符）外，这些命令通常按照一定的顺序执行。例如，在电视遥控器上，用户首先通过按下电视机电源按钮来启动（"唤醒"）电视机，然后使用其他按钮选择频道，调整声音大小等。过程中任何的操作错误都可能阻碍用户完成目标。例如，省略第一步操作会使后续按下按钮的操作无效。对于设计师来说最困难是要尽量减少操作的步骤（例如选择按钮和按下按钮）和选择按钮的数量。想象一下，一种选择是一个有很多按钮的遥控器，它可以打开电视并选择每个频道，但是又大又笨重，而且很贵；另一种选择是人工智能（AI）系统，通过语音命令，让AI能够正确地解释并按照顺序执行相应的操作，但是，在嘈杂的环境中语音输入会出现问题（例如，如果打开的电视机并正在播出演讲节目）。

设计中提倡使用一种启发式方法，叫作KISS（Keep It Simple，Stupid）原则。在这里，我们提出MS（Minimize Steps）作为保持简单的有效的方法。步骤可以被概念化为基本任务，例如按下一个键或从内存记忆中检索大块信息。从以下示例中可以看出最小化完成用户目标所需的步骤数的重要性。假设每个步骤都存在恒定的错误概率，（实际上，有些步骤可能比其他步骤更容易出错），而且，每一步都必须正确执行才能实现目标，如果步骤必须以严格的方式按照顺序执行，即使用户执行每个步骤的可靠性都很高，成功完成整个操作流程而不出现任何错误的概率也会随着步骤数量的增加而急剧下降：

没有错误完成任务的概率 = $(1-p)^N$，

其中 p 是步骤出错的概率，N 是步骤数。

图7.1说明了最小化步骤的必要性。图中的三条线分别代表了每步失败率 p 值为0.04（我们对年轻人和老年人平均表现的最佳估计）、0.05和0.1时的情况。对于"首次接触和使用"自助式服务的场景，$p=0.1$ 并非不合理。

即使每一步的失败率很低，也不需要有很多步骤就会导致整个过程的成功率降至50%以下：如果每一步骤的失败率为1/10，只需要7步；每个步骤的失败率为1/20，需要13步；如果有17步，那么每步的失败率已经达到了人是最有可能出错的概率。即使在失败的成本只是重新操作这些步骤（例如，选择电视频道观看），而不是在正确执行医疗程序的每一步都关系到生死的情况下，最好也尽量减少步骤数量。另一个常见滥用MS原则的情况是，要求输入长字符串进行软件认证码的验证。

老年人的平均错误率比年轻人高吗？关于简单决策的错误率（选择是与否的反应时间）的文献表明，与年轻人相比，老年人更重视操作的准确性而不是速度，年轻人则可能相反。CREATE的一项研究估计了基本认知操作的错误率，发现年轻人和老年人的错误率在统计上没有显著差异（错误率平均为4%），甚至年轻人（错误率4.5%）比老年人（错误率为3.6%）的错误率更高。当涉及对记忆要求较高的任务时，老年人比年轻人更容易在重复长序列时出错，比如重复数字串。记忆容量的减

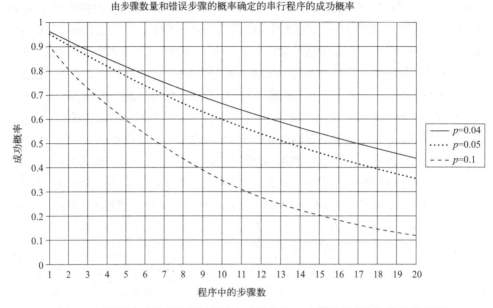

图7.1 无错误完成多步过程的概率与步数和每一步错误概率之间的函数关系

少使老年人在面对需要两步验证的任务时面临困难，如访问在线账户时被要求输入一个随机选择的八位数，可能会让老年人深感压力。因此，在需要大量记忆的任务中，最小化一个过程中的步骤数对老年用户来说尤其有帮助。

7.1.4　一致性和兼容性

在设计UI界面时，控件元素布局的一致性设计非常重要。汽车租赁行业的成功很大程度上依赖于在标准位置安装关键输入和输出设备（例如，方向盘，刹车，油门踏板，转向指示灯），因为只有这样，才能使（至少在理论上）持照驾驶人安全地驾车出行，而无须接受额外的培训，只需具备获得驾驶执照所需的基本技能即可。对驾驶不太重要的控制元素通常设计差异很大（例如：娱乐或温度控制按键）。类似地，确保控制元素布局的一致性对软件显示界面来说也很重要，只有这样用户才能便捷地从一个程序转移到下一个程序。例如，窗口软件的一个惯例是使用点击的方式去选择窗口，使其成为活动窗口，并通过改变窗口顶部边框的高亮来标识所选内容。由于不同国家键盘的布局和映射方式不同，对于那些去外国网吧查看电子邮件，使用过外国键盘的人来说，一致映射（例如，操作键保持一致）的重要性显而易见。

老年人在记忆时往往更依赖环境。也就是说，他们依靠外部线索从记忆中检索信息，例如实现一个目标所需要的动作顺序。由于老年人更依赖于刺激和学习响应之间的一致映射，当设计惯例被忽略时，他们会更容易出错。因此，在老年人用户中，控件布局的一致性甚至比日常设计更重要。如果你的设计与他们的期望不一致，那么老年人可能会在很长一段时间内感到不便，并且需要花费很长的时间重新适应新的习惯，因为老年人的学习速度通常很慢。培训原则见第8章。

兼容性是另一个重要的设计原则。兼容性涉及界面与用户期望（他们的心智模型）的匹配程度。一些人认为，一些老年人用户依赖已有操作习惯，在控制类型和结果之间几乎总是一对一映射（Docampo Rama、de Ridder和Bouma，2001年）。如今，软件界面控件展现出多对一的映射，一般取决于显示器的模式（状态）。例如，在Microsoft Office界面中，当Tab键在文字处理的文本输入窗口的活动部分内使用时，光标以及文本字符串向右移动的情况下，为打字功能。但在下拉菜单中使用Tab键时，则会将高亮显示移动到不同的菜单项，并且突出显示菜单列的底部项之后回跳到顶部元素。

一般来说，设计时应考虑用户的期望，最好充分利用人的刻板印象或社会规范，例如红色象征停止，绿色象征持续，这些期望在特定文化中广受认可。可操作性的概念很复杂（巴伯尔，2018年），简单地说，我们可以将一个人具有一组固定能力和目标以及具有与目标相关属性的环境对象视为一个共同属性。例如，许多设备都使用标准的两位开关来供电，用户可以通过操作物理开关的上下位置，实现开关的功能。正是这种"切换"的操作方式，让用户知道该如何使用开/关功能。当这一习惯被违反时，就需要解决大量问题才能理解新功能。例如，在流行的Microsoft Word（Office 2016）程序中，按住Shift键和F3键可以在文本操作的多个状态之间切换。根据文本的状态，文本会发生变化，使得字符串中的第一个字符变为大写，其余字符保持小写，或者使字符串中的所有字符变为大写或小写。这种多重切换状态（不兼容）与人们的预期相悖，尤其是对于初学者或老年用户来说，需要重新学习。

7.1.5 错误避免和恢复

"人皆有错，坚持不悔则魔。"——塞内加

由此可见，人类在进行基本的心理或体力活动时并非完全可靠。因此，用户界面必须对不可避免的用户错误进行修正。MS原则可以将错误的概率降至最低，但错误还是会发生。因此，至关重要的是应确保界面以引导行为的方式避免真正危险错误的产生，即使发生错误，用户也可以轻松地恢复并继续他们的操作。

错误可以大致分为两类（诺曼，1983年；Reason，1991年）：犯错（如失误）和疏忽（如过失）。犯错大致分为基于知识的错误（感知或理解情况的失败，特别是"模式"错误），基于规则的错误（选择错误的规则）和违规行为（故意选择错误的行为）。

当您认为您正在执行的命令不适用于当前状态时，可能会发生模式错误。想象一下，您想要删除一个文件，在执行了一系列命令时，选择错误，导致警告对话框弹出"您确定要删除驱动器吗？"您可能会误以为对话框中的消息是"您确定要删除文件吗？"然后在对话框中单击"确定"按钮。模式错误可能是灾难性的。例如，老年驾驶员比其他年龄组的驾驶员更容易错误选择踏板，即认为自己踩下了刹车踏板，实际上踩了油门踏板（Lococo，Staplin，Martell和Sifrit，2012年），这表明老年人可能更容易出现模式错误。解决模式错误需要向用户提供更好的关于当前状态的反馈，可以使用背景颜色之类的提示来表现当前的状态。在上述删除驱动器的案例中时，可以使用红色背景显示磁盘操作对话框，黄色背景显示文件操作对话框，以提供更好的反馈。有时可能会发生潜在的灾难性错误，可以通过不立即执行的操作并允许使用"撤销"命令来解决。现代操作系统中的文件删除就是一个很好的例子，删除的文件会被移动到一个临时位置（例如"废纸篓"），当用户最终意识到他们的错误时，可以从该位置进行恢复。

一个典型的基于规则的错误示例是：用户打算复制并粘贴一些文本（使用键盘命令，如Ctrl-c，然后Ctrl-v），但却误触了更常用的命令删除文本（Ctrl-x，然后Ctrl-v），意外移动了文本。人类被高频率的"如果-那么"规则（习惯性规则）所困扰的情况非常普遍。这些错误是难以防范的，因为它们需要知道用户的真实意图。随着追踪用户行为的人工智能系统的逐渐进步，智能界面也许能够预测用户的意图并相应地警告用户。但是，在过度谨慎（执行命令前要进行多次检查）和允许熟练用户高效执行（信任用户命令）之间存在必然的权衡。在这种情况下，"撤销"操作可以帮助用户从错误中及时地恢复。

例如，当网站要求用户输入他们的电子邮件地址时，他们可能会有意拼写错误，以避免接收来自该网站的电子邮件。设计师可以在允许用户移动到程序中的下一步之前先进行错误检查（如验证电子邮件地址），但如果用户有一个合法的"垃圾邮件"邮箱，这种方法可能会无效。同样，检查超出界限的状态或值（例如，癌症治疗设备的辐射水平过高，自我给药止痛的静脉注射管线中释放的药物量过大）也是一种尝试减轻潜在的灾难性违规错误的方式。

典型的疏忽错误包括忘记过程中的某个步骤，例如在接口对话框中未填写所有字段，或者在测试新试条之前未校准血糖仪等。为避免出现疏忽错误，可以对用户执行过程中的每个步骤进行提示，并防止他们在完成前一步之前进入下一步。给用户的错误提示需要非常清楚，避免使他们感到沮丧。

总之，错误是不可避免的，因此应该尽可能通过设计防止潜在的灾难性错误，并且提供恢复功能。

7.2　美学和用户体验

可用性测试（第5章）重点关注易学性、效率、记忆性、错误和满意度等方面。交互的满意度不仅与易用性和有用性等实用性相关，还与情感体验和互动的愉悦感等方面有关。用户体验（UX）一词虽然与可用性有很多重叠，但它重点强调了交互中情感成分的重要性。我们和一些学者发现，就可穿戴设备之类的产品而言，美学对于设备的可接受性非常重要（例如，Charness,Best和Evans, 2016年）。老年用户对设备的第一印象的影响很大，因此他们的第一印象与使用后的评价高度相关，哪怕是使用了几周之后。在用户首次使用界面时提供愉快的互动体验（"开箱即用的体验"）对于用户选择和持续使用设备来说至关重要。

在满意-不满意这两者（连续体）之间，老年人担心使用辅助设备会带来耻辱感（Gitlin, 1995年；Resnik, Allen, Isenstadt, Wasserman和Iezzoni, 2009年）。他们不希望被认为是有缺陷的人，所以只有在辅助设备的实用性大于不适感时，他们才会勉强接受使用助行器（助行器、手杖）等辅助设备。与年轻用户相比，老年用户——尤其是残疾用户——十分在意产品的实用性，为了维持自己的独立性，他们愿意忍受一些不适，比如，丧失隐私。（Beach, Schulz, Downs, Matthews, Barron和Sealman, 2009年）。设计产品时，应该尽量让产品对所有用户群体都具有吸引力和愉悦性。

例如，在设计产品包装时，应考虑其打开方式的舒适性。尽管硬壳塑料包装满足了零售商对产品展示和防盗等方面的需求，但对于患有关节炎的老年用户来说，这种包装打开时非常不方便，体验非常不愉快，此外，切割塑料时的锯齿状边缘还可能造成潜在的危险。

7.3　接口要素：需要考虑的问题

从用户的角度来看，界面中的输入和输出组件非常重要，通过使用它们用户可以向界面传达他们的意图，并接收他们有关操作的反馈。用户通常不会直接接触或关注界面下的程序或逻辑，除非他们遇到晦涩难懂的错误信息。本文对输入和输出组件进行探讨，重点分析了对于老年用户和残疾人来说它们的优缺点。

7.3.1 选择输入元素

输入设备可以向用户界面传递用户的意图，例如导航或通信的意向。复杂的设备，如鼠标，可以传达位置（x、y平面）和状态（按钮向上、向下）信息，这些信息是区分（横向）往返移动和拖曳操作所必需的。运动信息包括在空间（x、y、z平面）中的位置和随时间变化的力，计算机鼠标和等距操纵杆等用于在屏幕上移动光标的设备便是很好的例子。运动装置可大致分为直接定位装置和间接定位装置。诸如手指或触笔激活的触摸屏之类的直接设备，通常具有用户的物理移动和激活的空间位置之间的一对一关系。鼠标等间接设备，则需要用户将其在一个平面（如桌面）上的移动与另一个平面（如显示光标位置的屏幕）上的移动相映射。通常，在大屏幕上，操纵杆等间接定位设备具有"增益"（输入移动与光标移动的比率），这意味着设备的物理移动一厘米会导致光标在屏幕上跟踪设备位置时移动超过一厘米。

通信包括由用户界面解释的语言元素，最常见的形式是命令和数据输入。键盘、触摸屏和麦克风等文本和数据输入设备，可以传达用户通过输入、书写的或语音输入的字符串。图7.2展示了以电视遥控器和语音激活助手为代表的输入设备。在这里，我们重点关注对老年用户来说非常重要的易读性和可用性方面。

表7.2简要概述了各种选择及其优缺点。

黑底上白色的符号清晰可见，但是左上角的红色电源按钮却不太清晰（红底黑字）。底部的VOL和CH字样可以加粗以提高易读性。中央控制器的设计不够直观：黑色外圆控制上的西、东、北、南分别对应左、右、上、下，而中间的选择按钮却没有任何标签。音量和频道上下切换开关（和按下操作）也不直观。不过，说明指南详细说明了控制方面的相关内容。	语音控制设备上的静音和电源/操作按钮上的符号清晰可见，加号和减号（音量）控制符号不太清晰，应使用粗体。可通过在黑色背景上使用白色字符而不是灰色字符来提高易读性。按钮可以设计成凸起的形式，以便视力障碍者更好地触摸识别。内置麦克风系统，声音灵敏度高，输出音量大。随附的说明书提供了充分的使用信息。

图7.2 示例输入设备：电视遥控器（左侧）和语音输入（右侧）

表7.2 常用输入设备类型及特点

输入设备的类型	指向或移动 速度/精度	目标追踪 速度/精度	文本和数据 速度/精度	评价
鼠标具有单键、多键、旋转控制、机械、光学、有线、无线等功能	高/高	定位——间接		避免需要双击选择目标的接口
		中/低	低/中	
无线轨迹球	中/高	中/中	低/中	双击选择相当容易
操纵杆和键盘操纵杆（"小红点"）	中/高	高/高	低/中	最适合追踪任务
旋转编码器	中/低	不适用	不适用	有适当的软件控制（例如，有上下控制的重复动作）；带触摸屏可能更适合老年人，在多种运动中比较
图形/触摸屏（相对或绝对设置）使用手指或触控笔	中/高	高/高	低/中	在绝对模式下使用时，它类似于直接定位设备；意外输入的风险取决于位置，例如键盘下方
图像传感器（例如，深度相机）	中/中	中/低	中/低	需要系统校准培训；在运动中需要足够的空间和清晰的视野来观察整个人体或相关的身体部位
手写识别	不适用	不适用	低/中	如果没有广泛的培训，准确性可能会有问题
语音识别	低/中	不适用	高/中	在低噪声环境中，最适合具有标准口音的人（母语人士）；最适合精神运动障碍者，不包括言语能力；仅使用语音进行纠错很慢

7.3.2 选择输出元素

用户界面通过用户感知系统向用户反馈他们的操作。在某些情况下，同一个设备可以同时用于输入和输出，例如触摸屏。在大多数情况下，输出设备通过视觉、听觉和触觉渠道传递信息，通常不使用嗅觉，但它在虚拟现实和增强现实等沉浸式环境中可能会变得有用。然而，嗅觉的敏感性随着年龄的增长而显著下降。设计师应该牢记第2章中概述的视觉、听觉和触觉能力的变化规律。此外，设计师还应使用多模式输出提供丰富的反馈信息，例如，使用视觉和声音输出提供反馈信息。

视觉显示在大多数电子设备中都很常见，从健身跟踪器到电子温度计，再到微波炉，无处不在。这些设备中使用了各种显示元素，目前使用的主流的显示元件有无源和有源（有无背光）矩阵液晶显示器（LCD）、电子墨水显示器（用于阅读器的"电子纸"显示器）和发光二极管显示器（LED）。对于这类显示器，需要根据设备的使用环境来确定其设计，因为显示信息的易读性不仅取决于设备本身，还受到周围环境的影响。

例如，戴偏光太阳镜时在户外环境中可能看不清LCD显示屏上的信息。在办公室，阅读无源（无背光）LCD显示屏上的内容时，光线通常是够的，但在家庭或户外、黄昏或夜晚的环境中，光线就往往不够了。在这种情况下，可以考虑使用发光显示器，但这通常需要更大的功耗，或者更高的功率，效率发射材料的成本更高（如OLED）。另外，在昏暗的光线下，老年人的眼睛进光量只有20岁的人的三分之一。

选择显示器类型时，还应考虑显示器的阅读角度。对于用户与之交互的触摸屏，60～75度的角度可能最合适（Gao和Sun，2015年），对于纯粹用于显示功能的设备来说，180度可能是最合适的。尽管室外环境提供了高环境光水平，可以提高无源LCD设备的对比度，但它们也可能存在眩光源。在室外环境中，遮挡显示器很重要；例如，遮挡自助加油泵上的LCD显示器，或将ATM显示器放在室内的展示柜中（这也有助于在雨雪等恶劣天气条件下保护用户）。不幸的是，那些驾驶或乘坐车辆面朝日出或日落方向行驶的人会意识到，即使对于封闭显示器来说，也几乎不可能在一天中的任何时候都保证最佳的观看条件。

对于听觉输出来说，确保警告信号（如"嘟嘟嘟"的音调）和语音的音量（信噪比）足够高至关重要。尽管没有什么实验数据的指导依据，但根据经验而言，应确保声音至少为60分贝，因为在安静的环境，如家中，背景噪声可能在50分贝左右。此外，应使产品的音量可调节，并教给用户如何设置是一个应对方法。考虑到随着年龄的增长，用户对于1000Hz以上的频率可能会变得不敏感，应将声音的基本频率保持在200～1000Hz的范围内也很重要。此外，考虑设备使用的环境非常重要；例如，在工厂嘈杂的环境中，60分贝的声音几乎不能被人听到。人的听觉敏锐度在60岁之后会急剧下降，在嘈杂的环境中理解语音会变得尤为困难。

设备可以采用无线传输（如使用蓝牙）或通过耳机或耳塞进行有线传输的形式，就像智能手机那样。在车厢这类嘈杂的环境中，除了将音量提高到80分贝或用于发送紧急消息外，还可以考虑在系统中增加（或建议使用）降噪功能以提高声音的可辨度，或尝试使用视觉反馈。对于那些经常处于高噪声源（例如暴露于95分贝及以上车辆警报器环境中的第一责任人）的人们来说，设计师需要在紧急情况提醒和潜在听力损失之间权衡取舍。很多老年人可能经常佩戴声音助听器（50岁以上的人中有14%：Chien和Lin，2013年），因此确保产品与这些辅助设备兼容非常重要。在美国，将设备指定为助听器兼容（HAC）需要遵循联邦通信委员会（FCC）制定的规则，并符合无线电频率排放和电感耦合特性。

注：有关电话指南，请参见https://www.fcc.gov/fcc-releases-new-rules-ndbedpi-canconnect-and-hac-and-proposes-vrs-interconnection-standards。

对于语音输出设计来说，使用人工生成的语音元素（例如音节、单词、短语）的预编译库比完全合成的语音更可取。尽管随着时间的推移，合成语音的可懂性有所提高，但与年轻人相比，它对老年听众来说仍然不够清晰（Roring, Hines和Charness，2007年）。

触觉输出在需要处理多种信息流的环境中很有用，比如在车辆导航中，振动可以有效地吸引用户的注意力。例如在驾驶场景中，道路工程师会在车道边界处垂直放置外部"减速带"，在司机偏离其车道时发出警告，或在车道上横向设置"减速带"，以警告即将到来的危险，如十字路口。这种技术也可以用于车内，可以通过震动方向盘或驾驶员座椅，来发出危险情况的信号，例如车道偏移或高级驾驶辅助系统（ADAS）的碰撞警报。

7.3.3 选择控制元素

设计软件控制界面的工具包有很多，尤其是针对移动设备的，大多数工具包都提供了各种类型的菜单、图标和控件，例如滑块和滚动条（有时称为GUI部件）。在这里，我们将重点强调针对老年用户的特定问题。例如，对于新手老年用户来说，多指手势（如双指捏紧和扩张缩放）可能很难执行（Gao和Sun, 2015年），因此允许单击缩放和单击旋转在操作上可能更可取。拖动操作对于老年用户来说使用直接定位设备（手指、手写笔）进行拖动操作可能有困难，也是一种用鼠标也很难执行的操作。根据任务的不同，用于点击的按钮大小应至少为10.6mm×6mm，并且在键盘输入等任务中，按钮之间的间距应在1～3mm范围内（较小的按钮间距应更大）。

菲茨（Fitts'）定律是衡量运动难度的重要工具，适用于在软件应用中把光标移动到一个新的位置等活动。菲茨指出，运动难度指数ID可以预测肢体的运动时间。运动的难度指数由两个因素构成：运动的振幅（A，即距离），以及目标的大小（W，即宽度）。菲茨定律的初始方程是：

$$MT = a + b\log_2(2A/W)$$

其中 ID 为 $\log_2(2A/W)$。

Welford 发现用以下方程来拟合运动时间数据，效果更好：

$$ID = \log_2(A/W + 0.5)$$

如果简化方程，使其生成一条通过原点（零点）的直线，从而消除了估算 y 轴上的截距 a 的需要，那么方程变成：

$$MT = b \times ID$$

因此，菲茨定律参数，例如特定年龄的难度指数斜率（参见表 7.1）对于预测用户执行基本心理运动操作的速度很有用（Rogers，Fisk，McLaughlin 和 Pak，2005 年）。

7.4 指南

通过菜单和网站进行导航：
- 尽量减少浏览时的滚动操作，尤其是在像显示器等大屏幕设备上的水平滚动。
- 合理规划菜单和网站，将最常用的信息置于层级结构的顶部。
- 对于小屏幕设备应该优先组织路径的深度，对于大屏幕设备应优先组织路径的广度。
- 为了方便用户搜索，可以提供一些工具，这些工具可以直接搜索查询，查询搜索历史（突出显示已搜索的路径）、浏览网站地图和路标，使用户能够随时了解他们在复杂路径中所处的位置。

支持工作记忆：
- 将信息放到某区域（显示器）中以提供环境支持，而不是强迫用户记住它。
- 确保设计元素在不同屏幕上出现在一致的位置。
- 遵循人群的刻板印象，确保与用户的心智模型兼容。

减少错误：
- 尽量减少程序中的步骤数。
- 通过使用颜色、位置、大小等醒目的提示，来标识界面的不同模式。
- 通过设计来避免灾难性错误，例如检查用户的错误输入。
- 在执行关键命令之前，提供多个警告信息，让用户反复确认，避免致命性错误的发生。
- 要求用户在下一步操作之前，填写所有对话框的选项，同时提供清晰的反馈，来阻止遗漏错误的发生，以帮助用户识别遗漏的信息。

- 允许用户使用"撤销"选项，从错误状态中原路返回。

积极的用户体验：

- 选择易于感知和操作的输入输出元素；例如使用大号字体、高对比度显示、人声而非合成的语音以及具有足够间距的可选元素。
- 避免或用其他方案替代难以执行的手势，例如捏合、缩放和多指滑动等动作。
- 提供已经通过可用性测试的教程。
- 以通俗易懂的方式向用户说明保密和隐私条件。
- 确保设备包装易于打开。
- 使产品美观，避免污名化。
- 确保产品的可靠性，易于维护。

7.5 推荐读物

[1] Norman, K. L., & Kirakowski, J. (Eds.). (2018). The Wiley handbook of human computer interaction. Hoboken, NJ: Wiley-Blackwell. doi:10.1002/9781118976005.

[2] Pak, R., & McLaughlin, A. (2010). Designing displays for older adults. Boca Raton, FL: CRC Press.

[3] Salvendy, G. (Ed.). (2012). Handbook of human factors and ergonomics (4th ed.). Hoboken, NJ: John Wiley & Sons.

第8章
教学设计

> 不闻不若闻之，闻之不若见之，见之不若知之，知之不若行之。
>
> ——中国谚语（《荀子·儒效篇》）

如今，科技日新月异，无论老少都需要不断学习如何使用新产品和完成新任务，比如在工作场所或志愿活动中使用各种软件应用程序和电话系统，在家中操作医疗设备、智能手机，在公共场所使用超市的自助结账机、机场的售票机等。每当需要学习新事物的时候，大多数人会寻求某种形式的培训或指导。有时通过正式的途径，如参加培训课程或使用在线软件程序及指导手册。有时则通过非正式的途径，如向同事、家人或朋友求助。此外，还有一种新兴的方式，即观看在线培训视频。不管采用哪种方式，都是为了能够有意义地学习，以便把所学的内容应用到将来某个时间点或在新的情境中。

如何设计培训和教学计划让学习更有意义，是长期以来一直存在的难题。其根本问题在于教什么以及如何教。由于人们的学习方式各不相同，他们在学习环境中所具有的自我效能感、学习焦虑、学习动机、认知能力和对特定学习主题的兴趣也有所差异，这加剧了问题的复杂化。以上原因对于老年人的学习影响很大，因为随着年龄的增长，认知会产生变化（详见第2章），老年人可能会在新的学习环境中感到焦虑，或者对他们学习新事物的能力产生怀疑。

本章旨在为老年人设计最佳的培训和教学计划提供指导。培训和教学计划包括培训手册、在线教程、教学视频和快速入门指南等材料/素材。本章将从宏观上介绍教学的基本原则，着重讲解如何针对已有问题进行学习培训。有效的培训计划应当体现老年学员在日常活动/生活中遇到的各种任务，如学习使用智能手机或医疗设备等。教学和培训计划应重点关注对老年人来说尤其重要的问题。适合老年人的好的教学培训，往往适合所有人。

8.1 教学需求

在理想的情况下，不需要任何教学指导和培训就能方便快捷地使用科技产品，因为所有系统都很直观易用。然而，尽管一些设计师可能将此作为目标，但这是不切实际且不明智的。就现实情况而言，系统往往不够直观易用，设备、产品或应用程序的指导支持在设计过程中关注较少。这样一来，科技产品就无法为广大用户发挥出它应有的作用。设计师应提供必要的使用说明。在某些情况下，用户可能不需要新技术相关的操作指导，但对于更复杂的系统或初学者来说，往往需要操作指南辅助其初次以及后续使用。

技术培训的不足或缺失可能会给老年人带来一些特别严重的后果。这是由多个原因造成的。首先，目前65岁及以上的个人在技术方面的经验较少（详见第4章）。其次，随着年龄增长，老年人的感知、运动和认知能力都会有所下降，这可能会影响他们与技术的互动和学习（详见第2章）。因此，这些与年龄相关的变化可能需要研究人员根据不同年龄段的能力，制订相应的培训计划（案例详见Czaja和Sharit，2012年）。需要格外注意的是，老年人需要更多的培训。我们在多项研究中发现，无论是对老年人普遍使用的技术的情况进行访谈，还是教他们使用新的技术系统或产品，这种情况也都得到了证实，如图8.1所示。在询问受访者对"当我得到一个新的电子设备时，我通常需要其他人来设置它或教我如何使用它"这一陈述的适用程度后，研究人员了解到，65岁及以上的成年人，有48%的人认为这一陈述非常契合自己的情况，另外25%的人表示此陈述比较符合自己的情况。老年人的学习速度通常比年轻人慢，进而需要更多的环境支持和反馈。

8.1.1 对老年人学习兴趣和能力的刻板印象

也许，为老年人设计操作指南的第一步就是要避免被一些刻板印象所误导，搞清楚老年人真实的能力和兴趣。通常来说，老年人会存在与年龄相关的限制，如第2章中提及的老年人在感觉功能、认知能力和运动控制方面存在的老化规律。在为老年人设计培训材料时，需要考虑这些特点。然而，像老年人对新技术不感兴趣，或者老年人无法学习使用新设备等刻板印象依旧存在，而其中一些观点是老年人自己提出的（例如"我不需要学习新技术/设备""我学不会"）。

影响老年人学习和使用新事物意愿的主要因素有两个。首先是感知有用性，老年人是否能看到技术给他们带来的好处？它是否能满足他们的需求？这比他们目前的方法更好吗？其次是感知易用性。这项技术看起来是他们能够学会的吗？感知易用性的关键是指导培训的可用性。对于老年人来说，详细的新技术或设备的使用说明非常重要，老年人往往不太愿意通过反复试错来尝试新事物，他们更喜欢在指导下尝试，因此，如果老年人认为指导培训有用，就可以帮助他们认识到他们同样可以学会使用新技术，如图8.1所示。

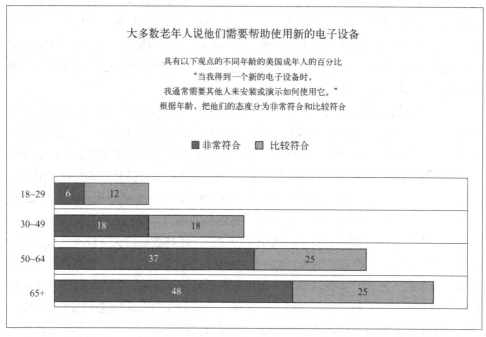

图8.1　不同年龄的美国成年人需要帮助使用新的电子设备的百分比

（数据来源：皮尤互联网和美国生活调查，http://www.pewinternet.org/2017/05/17/tech-adoption-climbs-among-older-adults/）

越来越多的老年社区，如持续护理退休社区（CCRC），开始将技术融入其中，并将此作为一种增强员工能力并提高居民参与度和生活质量的方式。是否能够成功地在社区使用技术取决于选择的技术是否可用、能否满足居民的需求、是否有清晰的指导和培训，以及是否了解个体居民在认知、运动控制、技术经验和动机方面的差异。然而，这并不意味着CCRC中的老年人对新技术不感兴趣或没有能力学习使用新技术（详情见Cotten等人2016年对将计算机融入CCRC老年人生活的研究）。

8.1.2　系统化教学方法

教学计划应根据系统化方法去制订，其中应询问和回答以下问题：（a）应教授什么？（b）如何设计教学？（c）教学是否有效以及为什么？为此研究人员开发了一种教老年人使用技术的系统方法，如图8.2所示。

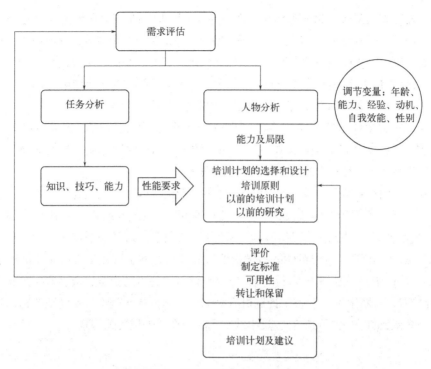

图 8.2 系统化教学方法示意图

系统化方法基于这样一种理念：即教学计划必须考虑技术的使用者、技术的使用环境以及技术本身的特点。需求评估是该过程的第一步，它不仅能够提供制订适当的培训计划所需的信息，还有助于设计师了解问题的内容。需求评估的一个主要方面是任务分析，用于测定任务的要素、任务要素的排列顺序等（见第5章）。与此相一致的是对任务难度和执行任务的要求的理解。详细的任务分析便于研究人员和设计人员理解和组织有关系统的知识，这反过来有助于理解用户对系统的期望。任务分析的结果将转化为执行任务所需的知识、技能和能力。因此，系统方法的产出将是对培训计划开发中应考虑的性能要求的详细理解。

任务分析的同时，应进行人员分析，重点关注用户特征，分析潜在的调节变量，如年龄、性别、教育、经验、动机和自我效能。例如，第2章和第3章的信息为理解老年人的能力和局限性提供了全面指导。另外也要考虑的因素与特定技术的教学有关，如受训人员使用类似技术的经验、使用新技术的动机以及他们在学习使用和最终使用新技术方面的自信程度。人员分析的结果将有助于了解用户的能力和可能所受的限制，在制订培训计划时都应予以考虑。

想要选择和设计出合适的教学计划，应将任务分析和人员分析相结合。在这个过程中，要协调任务和人员分析结果，整合为一个培训计划。教学计划不必从头开始，可以根据新的任务分析和人员分析结果，参考以往研究的理论结果，来调整原有的教学计划。也可以选择几个现有计划进行比较，或者设计一个或一组新的教学计划。设计教学计划时，应运用一些通用的教学原则，并借鉴以前的教学计划和培训研究。

一旦选择了教学计划，下一步就是评估教学计划。在评估阶段，应制定评估标准，来确定教学计划是否成功，或者哪些教学计划会成功。评估应包括使用具有代表性的学员样本进行可用性测试，以及环境转换（即从培训环境到其他环境）和学习效果保持（即一段时间内学习的保持）等措施。

在评估阶段结束后，可以参考图8.2中的"反馈"循环，根据评估结果做出不同的决定，要么返回到选择和设计阶段，要么返回到需求评估阶段。每次评估后，教学计划设计师都要判断他们是否对教学计划感到满意。如果一个或多个教学计划被评估为成功，就可以做出具体的教学建议。如果所有教学计划都失败了（即不符合标准），可以选择返回需求评估阶段，以确定该过程是否有错误，或者选择回到选择/设计阶段，开发出不同的教学计划进行测试。当然，在实践中，所涉及的迭代步骤的数量将受到许多因素的限制，其中成本和时间是两个重要的因素。

8.2 教学设计的原则

任何培训或教学计划的设计都应基于人们如何学习以及如何最好地教授他们的现有知识。图8.3的上半部分显示了促进有意义学习的五项基本教学原则（Merrill，2002年）。这些教学原则可以使用任何类型的教学方法或教学系统来实施，它们规定了学习和培训环境应该如何构建，而不是描述学员如何获得知识和技能。

图8.3的上半部分以问题为中心。这是第一个教学原则：当学员致力于解决有意义的问题时，学习会得到促进。例如，一项旨在教老年人如何使用互联网的教学培训计划，应侧重于他们可能感兴趣的应用程序，提供如社区资源、健康或政府服务方面的信息。

从图8.3的右上象限开始，第二个教学原则是激活，即在学习新材料时，激活与之相关的先前经验。学员带着丰富的知识来到新的情景中，设计教学材料时应充分利用这些知识。当"待学习"材料与之前的知识或概念相联系时，学习通常会得到促进。例如，当教某人基本的计算机操作时，使用典型的办公用品作类比，来介绍"文件"和"文件夹"的概念很有帮助。基本思路是帮助学员将这些新概念和操作置于熟悉的语境中。

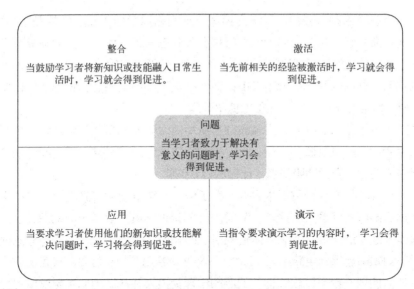

(a) Merrill的有效教学阶段(改编自Merrill，2002年)

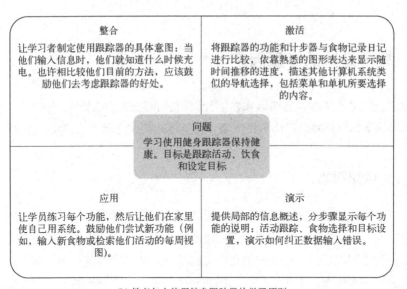

(b) 教老年人使用健身跟踪器的学习原则

图8.3 促进有意义学习的五项基本教学原则及示例

第三个教学原则是演示。教师应使用场景或示例演示材料。例如，当教某人如何在网络上搜索健康相关信息时，演示如何查找例如高血压等特定主题的信息对学员很有帮助。演示应提供执行任务的步骤和信息。这可能涉及使用静态图、屏幕截图、执行任务的视频或现场演示（或可能是这些的组合操作）。

第四个教学原则是应用。学员需要通过练习来运用他们新学到的概念与技能。例如，观看完演示之后，他们应该执行稍有不同的任务（例如，搜索与骨关节炎相关的信息）。当教学计划要跨越几天时，应为学员布置家庭作业，以便在教学期间自行尝试练习。这些练习的机会不仅能让他们在实践中增强信心，也能让他们发现自己的困惑，以便在下一次教学课程中提出问题。

第五个教学原则是整合。应该鼓励学员举例说明他们是如何将新学习的材料融入日常生活中的。以互联网为例，可以鼓励学员思考他们在网上可能会做的各种不同的事情（例如，查找健康信息，计划旅行，购物）。

总的来说，教学计划的根本目的，在于创造一个既有意义又富有挑战的学习环境，让学员能够就问题进行探索，教学内容要紧扣学员之前掌握的知识，要清晰地演示操作方法，给学员机会去应用他们所学的知识，还要让学员能够想象出他们如何把学到的知识运用到生活中去。图8.3下半部分给出了一个健身跟踪器的示例，教老年人如何使用一款可以跟踪他们的活动和食物摄入并帮助他们制定健康目标的应用程序。

8.3 教学设计的考量因素

我们已经讨论了为设计培训和教学计划提供思路的通用原则。接下来，我们将讨论指导教学材料开发的具体考量因素，尤其是如何关注老年人的需求和能力。

8.3.1 认知因素

如果考虑到为老年人设计程序时人类信息处理系统的局限性，可以提高教学计划的有效性。一般来说，当新的知识和技能被编码到长期记忆中，并可以在以后的时间点上回忆和应用时，就会产生有意义的学习。为了实现这一点，信息必须由工作记忆来关注和处理。工作记忆是记忆的一个子系统，它有独特的机制来处理语言信息（如口头指令或印刷文本）、图像或空间信息（如设备控件布局或者描绘身体部分的绘图等）。这些机制在给定时间点可以处理的信息量和信息可以保持的持续时间方面是受限的。因此，在大多数学习情况下，学员需要明确关注哪些信息，并选择哪些信息展开进一步的处理。学员还需要对新信息进行组织和整合，建立心理模型和模式，并将这些模型和图式与长期记忆中的已有知识和模式联系起来。

因此，教学和培训计划需要以促进模式形成相应的设计，包括将学员有限的认知资源导向到学习相关的过程中，并减少无关的认知需求。Sweller（1994年）"认知负荷理论"提出了三大类认知负荷：

- 内在的认知负荷——学习材料的难度，不管它是以什么形式呈现（例如，一个有多个步骤的复杂过程）。
- 外在的认知负荷——由材料的组织或呈现造成的（例如，强迫学员记住一个图表，然后向下滚动电脑屏幕来阅读图表的解释）。
- 有益认知负荷——强化学习的教学方面（例如，从记忆中实践相关步骤并将其程序化）。

为了实现有意义的学习，总认知负荷不应超过记忆容量要求。由内在和外在认知负荷引起的不必要的认知限制会破坏工作记忆和长期记忆在促进学习中的作用。因此，在针对老年人设计教学方法时，控制认知负荷是一个重要的考虑因素。

8.3.2 学习任务

当前的培训和教学设计的观点强调"情境学习"，即学员沉浸在真实的学习环境中，接触到相应的案例和真实的学习任务，这些案例应是具体的、有意义的，与他们在家庭或工作中将要面对的实际任务相对应。接触到有意义的学习任务能促进认知模式（储存在长期记忆中的思想和知识的复杂联系）的构建，使学员能够将知识推广到教学环境之外的新情境中。一套精心设计的学习任务是高效教学计划的核心组成部分。

学习任务应该代表待学习材料的全部内容，并在任务的重复性和非重复性方面提供实践机会。向学员提供任务的各种范例以及可能执行待学习任务的各种环境，使其能够识别任务的关键要素。例如，在教学员使用数码相机时，说明书应包括如何调整明亮和昏暗光线情况的设置示例。

在设计学习任务时使用整体任务方法的好处，在于帮助学员将不同技能和步骤进行协调和整合，并帮助学员获得对学习材料的全面理解和更高效的学习结果。然而，如果材料是复杂且具有高内在认知负荷，则复杂性可能会产生过度的认知负荷，从而对学习、表现和动机产生负面影响。

对于复杂的学习情境，可以通过拆解任务来减少认知负荷。这涉及在一组任务中对学习或实践任务进行排序，以便及早提供高水平的教学支持，并在特定实践任务结束时逐步降低支持。例如，在一组给定的练习任务中，初始的任务可以伴随着一些提供完整解决方案的示例，然后是提供部分解决方案的示例，同时要求学员完成部分练习，最后是学员需要完全独立解决的任务。在极端的情况下，即学员得到完全支持的情况下，学员可以观看学习专家如何执行整个任务以及听专家讲解完成任务所采取的行动。

如果学习任务没有提供足够的练习以达到所需的自动化水平（即在不超载认知资源的情况下执行任务组件的能力，例如知道键盘上字母的位置），则需要进行部分任务的练习。从本质上说，部分任务练习使学员反复练习特定的重复技能来促进形成"如果/那么"规则并加强相关行动。部分任务练习通常涉及重复练习，学员反复执行重复的技能。一个经典的例子是学习一门新语言相关的词汇练习。

适当的教学设计策略是鼓励学员重复执行任务的程序元素。这样做的目的是突出任务中一致的部分。部分任务的练习是整体任务的一部分，应该与培训计划中使用的整体任务案例（学习任务）相联系。

8.3.3 进度问题

由于没有像年轻人那么快的信息处理速度，因此，培训和教学计划的节奏控制对老年人是至关重要的。一般来说，最好的方式是根据自身情况的不同制定相应的学习计划。据粗略估计，老年人执行新任务所花的时间大约是年轻人的一到两倍。这项调查统计的结果在所有种类的活动中都很明显，无论是智力学习还是身体反应时间，老年人的状态都呈现出明显变慢的趋势。部分原因可能是大多数老人都更加追求准确性而非速度。这与年轻人的情况正好相反。在一般情况下，老人也需要更多的帮助和指导练习。

当对老年人进行课堂或团体教学时，考虑到小组的人员构成是十分重要的。因为考虑到年轻或更高级的学员可能会对一些材料或者技术更为熟悉，因此他们可能会更快地提出问题、控制节奏，会使组内其他成员感到压力。一般来说，不建议将老年人与年轻人混编到一组比较二者由于年龄而产生的经验水平差异，而更应该考虑到的是每个学员的技能水平和相关使用经验。在一项对旨在培训老年人计算机技能的教学计划中发现，将几乎没有经验或者技能的人与技能水平较高的人混合在一起，对于两组人员来说都不是最佳选择。

8.3.4 组织教学材料的方法

为了最大限度地提高学习效率，教学材料应该以系统化整理法来组织。例如，假设一个客户服务人员为了更好地执行工作任务在参加相关教学培训，而这项任务需要查询公司的数据库来解决客户提出的各种各样的问题。那么通过将数据库中不同类型的信息进行整理分类，例如公司规则和程序，产品信息和客户信息以及其他子类别，可以大大减少记忆过程中的负担，从而在查询时快速响应、高效检索。在信息需求项与相应的信息类别之间建立联系对老年人特别有帮助，因为这种分类方式能够使老年人更容易在不同类型的信息之间进行适当的区分和关联。

将需要学习的信息组织成相关的类别，还有助于加强新收录的信息与长期语义记忆之间的联系，使新信息在未来能得到更多的使用。这对老年人来说特别有帮助。这种益处还体现在感知运动任务，即学员被教授如何做某事，例如如何控制机动踏板车。

也可以根据难度级别递进的组织方式进行信息的整理区分，从简单的基本概念逐步过渡到较为复杂的概念。例如，在学习如何用互联网搜索信息时，人们需要先学习最基本的鼠标与窗口操作。

在显示信息时，突出任务元素与响应要求之间的一致性是十分重要的，例如，在学习一个软件应用程序时，如果一个图标的出现在某些学习任务中需要一种类型的响应，而在其他任务中则需要不同的响应，那么该图标与响应之间就没有一致性联系。随着年龄的增长，人们的注意力和知觉能力会发生变化，因此老年人很容易出现缺乏一致性的问题。事实上，手机的一个常见问题是功能按钮例如通话和结束通话的位置和操作缺乏一致性。这种不一致性会导致用户在试图学习使用手机时造成困难，还可能导致挫败感。在某些情况下，响应需求仅在确定的情境下具有一致性。在这样的情况下，教学需要强调"特定情况下"的一致性。在制定教学计划或者策略之前，进行全面的任务分析对于如何传授任务的一致性是至关重要的。

将一致性纳入教学的好处是可以形成自动响应，这种响应相对较快，不太依赖于注意力。尤其是出现紧张或发生紧急情况时，这一点显得尤为重要。例如，在生病时与医疗设备的交互情况或者在工作场所中需要按响警报按钮时，这种自动响应可以减少因紧张或压力出现的错误，提高响应效率。

8.3.5 时间间隔

有两组对比鲜明的教学方法，第一种是在时间维度上多次提供教学材料的分散教学，第二种是在单个教学任务中集中提供教学材料的集中教学。现有数据表明，对于各种各样的任务，尤其是那些复杂的任务，分散教学在学员的技能获取和保持方面更有优势。

同样重要的是，要考虑教学课程持续的时长以及连续教学课程之间的间隔时间。一般来说，有休息间隔的短教学课程优于长教学课程。如果教学时间较长，例如在

30到45分钟以上,那么就需要提供休息时间。这种教学计划可以有效减少人们在特定时间内需要处理或记忆大量信息的问题,有助于预防疲劳问题。我们发现,当培训老年人完成复杂的工作任务时,给他们在学习过程中留出15分钟的中场休息时间,可以让他们有更多的机会去思考和回顾复习之前的学习资料,并能使他们更快、更容易地接受接下来引入的新知识,减少后续学习内容的干扰。

课程之间的间隔时间过长可能会对老年学员产生负面影响。年纪大的人往往对他们的表现更焦虑。因此我们可以在合理的时间范围内让他们感知到对知识的掌握程度在提高,从而为他们树立信心。教学后提供一些具有可用性的教学辅助工具(例如一些有助于记忆的教学卡片)可能会很有用。这些辅助工具提供了外部助力来帮助学员执行任务,而不仅仅是需要他们将知识全部记忆在脑海中。

8.3.6 自适应训练

当教学是灵活的而不是刻板的,并根据特定人员的个人进度和需求提供时,就被称为自适应训练。这种教学方法只针对个人而不是群体,并且对于可能具有各种能力障碍和功能限制影响学习的老年人具有一定优势。

自适应训练计划的关键特征是,它可以对学员所需学习的知识进行推断,然后对教学过程进行调整,以最大限度地适应学员当前的学习需求。无论是人还是计算机进行自适应训练,都需要进行彻底的任务分析以预测不同知识和技能程度的人在教学过程的每个步骤中可能会遇到的问题,然后需要制定处理这些问题的策略。因此,如果一个人在学习如何使用财务管理软件应用程序方面有困难时,教学计划可能会转变重点,侧重于在财务术语和特定的软件操作,具体情况取决于这个人可能遇到的问题。

虽然没有研究表明单纯使用计算机会自动改善学习过程,但由于软件可以升级提升灵活性,计算机辅助教学是实施自适应训练的一种流行方法。

8.3.7 反馈

提供反馈可以帮学员纠正错误,强化程序和概念,并起到激励作用。因此,在教学过程中应该提供一些基于客观事实的积极或消极的、但是建设性的反馈。在教学过程中提供反馈可以最大限度地减少重复错误,这对老年人来说尤为重要,因为他们很难忘记已经学过的内容。

反馈可以是即时的,例如当学员选择菜单时告诉他们,他们的选择是正确或者错误的；反馈也可以是延迟的，例如在学员成功或失败地完成任务后告诉他们接下来应该采取哪些行动。反馈可以是频繁的，例如在完成每个练习任务的每个步骤之后给予反馈；也可以是不频繁的，例如在所有的练习任务或教学计划结束后提供反馈。

根据教学情况，反馈可以通过面对面交流或合成语音信息，也可以通过计算机屏幕上显示的文本或打印的说明手册来提供。反馈可能是详尽的，例如，提供为什么某个操作是错的的理论依据；反馈也可能是相对简洁的，例如告诉学员错误答案的数量。显然，在提供反馈时，可根据教学情况有选择地使用反馈方式。除非有足够的时间和教学人员，否则团体培训可能无法向小组中的每个人都提供详尽的、频繁的反馈。

对于老年人来说，在学习的早期阶段给出足够的即时反馈非常重要。例如在教他们学习如何滚动、双击或拖动鼠标等基本计算机技能时，要及时给予反馈，让老年人明白这些操作的含义，避免影响他们使用文字处理或网络搜索等其他计算机应用程序。此外，研究发现，当老年人学习使用一种新的医疗设备时，不仅要告诉他们哪里出错了，还要解释具体的错误原因以及关于错误的特征，这对老年人来说很重要。

一般来说，老年人会从面对面反馈中获益良多。学习初期老年人可能会感到很焦虑，面对面的反馈形式在这一阶段特别有效。如果通过电脑或打印的手册等教学媒介进行教学，教学材料的设计者就需要预测新用户可能出现的不当操作，并提供能够解决这些问题的意见。例如，如果预料到用户可能会试图在未设置产生读数操作模式的医疗设备上获取读数时，就应提醒用户注意这种差别。可以通过可视化展现或在教学手册中印出相应部分资料来实现（例如，"您无法让机器显示血压读数的可能原因"）。

尽管反馈是必要的，特别是在学习初期，但给出太多的反馈意见并不是一件好事，过多的反馈意见会使人们注意力分散或记忆运转超负荷，从而扰乱学习进程。重复过量的反馈过于累赘，不充分的反馈则可能导致学习不足，因此，应在二者之间找到一个平衡点。

8.4 教学评估

最后一个重要的问题是如何评估教学的成果（即明确学到了什么）。有许多方法可以评估教学成果。如果教学任务很复杂，评估的重点应该放在整个教学上。只有对整个教学进行评估的情况下，才能确保学员确立了将学习内容应用到新的问题或情境上所需的心理模型和认知策略。在整体教学任务评估中，也可以评估任务中每个子任务的绩效，这种评估最好针对每个子任务的最终任务进行，当学员相对不受指导时，评估效果最佳。

为了协助教学评估，应该设计一种教学绩效评估工具，列出教学计划希望达到的各种标准。每项标准后都应设定一个范围，例如从1到10，划分出反映不同表现水平的区间，并说明相应理由，解释为什么评估绩效在该水平上。例如，对于一个教老年人使用PowerPoint等计算机应用程序的教学计划中，在完成一组给定的任务后，应该让学员在没有指导的情况下自己做任务，来评估他们的表现。这组任务可能涉及一些支持理念和程序元素，应该根据这些内容来制定一套标准。这些标准可能包括"理解可导入实体的能力"（如在正在制作的幻灯片中插入任务），以及"了解如何将格式限制在单个幻灯片内"。此外，可能还需要评估程序技能，例如能否找到特定的对象并将其插入现有幻灯片。

除了对整个教学任务进行评估，还应通过汇报或者情景形式提出特定问题，来单独评估概念性知识。这种类型的测试还可以证实整体教学任务效果评估的结果，并对需要解决的问题给出针对性的反馈。

还可以做一些其他的评估，比如保留测试，即让学员在学习一段时间后回忆信息或者完成一遍学过的任务。保留测试通过评估受训者能回想起哪些信息，以及信息混淆的程度，可以帮助确定信息是否已经被有效地存储到长期记忆中。如果一个任务的内容是高度程序化的，那么记忆测试可以包括该过程中的相关步骤。此外，转移测试（例如，在不同环境的相同系统上执行新任务）也可以评估已获得的知识和技能的普适性。

8.5 通用指南和建议

与一般的设计过程一样，有许多资源可以用于支持教学设计。本书大概介绍了教学设计的一般过程，提供了更多的信息来源辅助教学设计，特别是针对老年人和相关技术的教学设计。以下是一些高层次的指导方针：

采用系统化教学（图8.2）：
- 从需求评估开始。
- 进行任务分析，以确定情境所需的知识、技能和能力。
- 进行人员分析，了解学员的情况。

- 根据研究和以往的经验，选择、设计教学计划。
- 评估教学项目的成功度（并根据需要进行迭代）。

遵循教学原则（图8.3）：
- 以问题为中心。
- 激活现有的相关知识。
- 演示操作步骤。
- 为学员提供应用所学知识的机会。
- 鼓励学员将新材料融入日常活动中。

遵循特定的教学设计考量因素：
- 不要使学员的工作记忆超负荷；减少不必要的认知负荷。
- 同时提供整体任务练习和部分任务练习，前者可以帮助建立一个连贯的系统模型，后者可以帮助自动化一致的部分。
- 根据提供教学材料的节奏，并根据需要提供个性化的指导（可以采用自适应训练）。
- 组织学习材料，以便获取信息和突出一致性。
- 在学习的早期阶段提供即时和具体的反馈。

为评估教学材料的效果并为学员提供额外的指导，教学设计中应包含总体任务和部分任务的绩效评估。

记住，教学设计是一个过程，就像其他任何设计一样。要努力理解学习目标、学员的特点并确保教学材料不断迭代，直到找到最能达到预期目标的方案。

8.6　推荐读物和链接

8.6.1　读物

[1] Cotten, S. R., Yost, E., Berkowsky, R.W., Winstead, V., & Anderson, W.A. (2016). Designing technology training for older adults in continuing care retirement communities.Boca Raton, FL: CRC Press.

[2] Czaja, S. J., Lee, C. C., Branham, J., & Remis, P. (2012). OASIS connections: Results from an evaluation study. The Gerontologist, 52(5), 712–721. doi:10.1093/geront/gns004.

[3] Czaja, S. J., & Sharit, J. (2012). Designing training and instructional programs for older adults. Boca Raton, FL: CRC Press.

[4] Merrill, M. D. (2002). First principles of instruction. Educational Technology Research and Development, 50(3), 43–59. doi:10.1007/bf02505024.
[5] Rogers, W. A., Campbell, R. H., & Pak, R. (2001). A systems approach for training older adults to use technology. In N. Charness, D. C. Park, and B. A. Sabel (Eds.), Communication, technology, and aging: Opportunities and challenges for the future (pp. 187–208). New York: Springer.

8.6.2 链接

Merrill's First Principles of Instruction: http://mdavidmerrill.com/Papers/firstprinciplesbymerrill.pdf.

第三部分

应用领域

第9章
交通

> 活得长的智者知识渊博。足迹广的智者见识广博。
>
> ——阿拉伯谚语

　　使用交通工具是一项重要技能，它能协助完成许多其他对于维持健康和独立非常重要的任务。通过使用交通工具，老年人可以管理自己的健康状况（看医生、取药）、准备饭菜，做家务（购买日常用品和清洁用品），保持社交（参加宗教活动、拜访朋友和家人）以及参与休闲活动（参观公园、参加老年中心的活动、旅游）。如果无法使用交通工具会让老年人面临社交隔离的风险，也会导致老年人身心健康状况不佳，生活质量下降。出行方式选择的缺失也减少了老年人参与工作与体验志愿服务的机会。这些负面结果凸显老年人的无障碍出行并确保他们的安全的重要性，而人因学方法是实现这一目标的关键组成部分。

　　与年龄相关的身体和认知变化会给老年人交通出行带来诸多挑战。视力衰退会降低老年司机的驾驶舒适度，也会增加某种交通事故风险。行走速度变慢会使行人在诸如穿过繁忙的停车场等的出行更加不便和危险。老年道路使用者（如驾驶员、乘客、行人和骑车人）对于撞击非常敏感，因此，事故的后果对于他们来说要比年轻道路使用者更加严重。同样，挑战不仅限于道路出行，对于乘坐飞机的旅行者来说，年龄增长带来的感知、认知和身体变化同样会增加航空旅行各环节的困难，包括在线购票、使用自助服务设备办理登机手续、寻找登机口以及在飞行结束时取回行李等。如果这些挑战过于严峻，老年人可能会减少或放弃他们的出行活动，这会对他们的独立性、健康和幸福感造成深刻的影响。

　　本章将说明上述各种交通系统与设计原则的关联。这里的交通的概念是广义的，涵盖了大多数老年人从一个地点移动到另一个地点的大多数出行工具，无论距离远近（从停车场到商店入口或从一个大陆到另一个大陆）。本章的关注重点是老年道路使用者，尤其是老年司机，因为在美国，私人汽车是许多老年人首选的出行方式（约80%）。同时，本章还将讨论公共交通系统（例如乘坐公共汽车或火车）和道路导航相关的重要问题。对老年人来说，当公共交通基础设施较为完善时，可以为自驾出行提供有效的补充或代替方式；除此之外，公共交通还具有减少温室气体排放的额外好处。

9.1 驾驶

9.1.1 关于老年司机的统计数据

2016年美国约有2.22亿持照驾驶员，其中65岁及以上的老年人约有4200万，约占所有持照司机的19%❶。由于人口老龄化，在未来几十年内，美国和世界各地的老年司机的数量预计将急剧增加，如何降低老年司机在交通事故中的各种风险，是当下迫切需要解决的问题。例如到2030年，预计荷兰持有驾照的老年司机比例将超过司机总数的26%，而2000年仅为14%。

老年司机是否安全？这一问题看似简单，但想提供准确答案却要考虑很多因素。首先，每个年龄段的人口数量不同，因此，不同年龄段的人发生交通事故的可能性也有所不同。在对比分析时要考虑到这种差异性，不同年龄组经历的事故数量通常是根据人口中每个年龄组的人数确定的。此外，许多老年人已退休，与定期开车上班或上学的年轻司机相比，他们的用车频率较低。这意味着与年轻人相比，老年人遭遇事故的风险较低，这也可以通过发生交通事故的相关数据来解释，即对不同年龄段行驶的里程数对应的交通事故数来解释。图9.1展示了在控制人口构成的情况下个人遭遇致命事故的概率［图9.1（a）］，以及在控制行驶里程数的情况下［图9.1（b）］，驾驶员发生致命事故的情况。

数据表明，老年司机发生交通事故致死的风险相对较大。随着年龄增长，身体变得更加脆弱，这也是需要考虑的重要因素。随着年龄的增加，身体抵抗冲击力的能力下降，同样的事故撞击给年轻人造成的身体损伤可能会导致老年人重伤甚至死亡。这也说明年轻人和老年人在遭遇严重或致命车祸时存在差异。另有观点认为，增龄导致的身体脆弱是老年人面临的主要风险，而交通事故造成的撞击与身体损伤对老年人的影响相对较小。这与过去几十年中老年司机面临的风险普遍降低的事实相一致，因为汽车制造商采用更加先进的技术以降低交通事故对司机和乘客受到的撞击力影响（见图9.2）。基于此，任何对车辆或道路的有利改变，都会减少交通事故发生的可能，在各方面对老年司机都有好处。

---

❶根据美国国家公路交通安全管理局（NHTSA）的统计数据，2019年美国有4600万持有驾照的司机年龄在65岁或以上，占所有持照司机的21%。

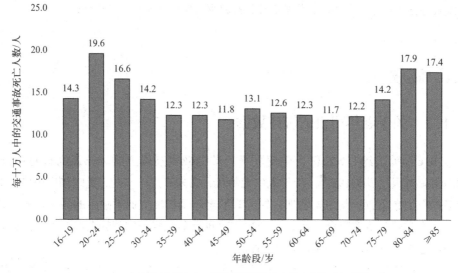

(a) 每十万人中，不同年龄段发生交通事故的死亡人数
(资料来源：2016年数据，http://www.iihs.org/lihs/topics/t/old-drivers/致命事实/老年人)

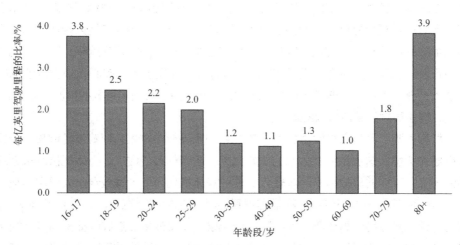

(b) 行驶里程为1亿英里❶，不同年龄段发生交通事故的死亡人数
(资料来源：2014~2015年数据；Tefft, B．C., 2017年)

图9.1 控制人口构成、行驶里程数情况下发生交通事故的死亡人数

---

❶ 1英里=1.609344千米。

第9章 交通

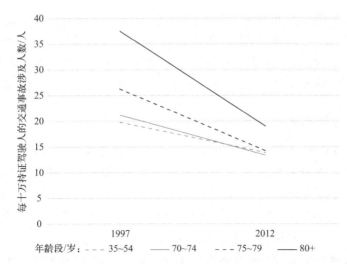

图9.2 1997～2012年，每十万人中，交通事故的死亡人数变化

（资料来源：http://www.iihs.org/iihs/sr/statusreport/article/49/1/1）

与传统负面刻板印象相反，认知、感知和运动能力老化使得老年人通常是安全的驾驶者。与年轻司机相比，他们更遵守限速规定，在驾驶时会系好安全带，在驾驶过程中不愿冒险，更加专注，不会醉酒驾驶。为了应对年龄带来的变化，他们也会灵活地调节自己的驾驶习惯。如：有些老年人会降低车速，以弥补反应速度的下降；一些老年人考虑到自己视力变差，会避免在夜间和恶劣天气下开车。在司机靠右行驶的国家，为了不在对向车流中冒险左转，一些老年人宁愿右转三次而不是左转一次。此外，老年司机有着丰富的驾驶经验，这可以在一定程度上弥补年龄带来的影响。但是，由于能力方面存在正常或非正常的变化（Boot, Stothart和Charness, 2014年），在一些驾驶情况下，老年人比年轻人更容易遇到不同的危险。下一节将描述三种这样的挑战，提出可能的解决方案。

除了关注安全问题，还应考虑老年人的驾驶舒适度。当老年人开车感到不舒服时，他们可能会放弃开车，这样做可能会给他们的身心健康带来很多不利的影响。因此，提高老年司机在道路上的舒适度非常重要。

9.1.2 老年司机面临的挑战

年龄有关的感知和认知的变化，导致老年人在某些类型的事故中占超比例出现。许多这类的撞车事故，都是在横穿或驶入车流时，对一个或多个车辆的速度和距离的判断出了问题。视力、空间处理和工作记忆的衰退会让老年人难以准确估计移动的车辆之间的距离,从而导致碰撞。此外,老年司机从道路环境(例如标志、车道标线)中获取安全驾驶信息的能力也会下降。在某些极端情况下,如老年人患有认知障碍或痴呆,可能会更难利用这些线索做出正确的决策。本章无法对老年人驾驶所面临的各种问题和应对方法做出全面的阐述,只能提供几个典型性的案例。

9.1.2.1 左转驾驶

尽管十字路口只占整个道路的一小部分,但高达40%的事故发生在十字路口或附近。在北美,左转(在靠左行驶的国家右转)对年龄较大的司机尤其危险。左转弯事故通常是由于左转弯的司机误判了自己试图穿过的对面车流的速度和距离,如果间隙太小,左转弯的司机可能会被对面的车辆撞上。这些事故特别严重,因为对面的车辆通常是全速行驶的。随着年龄的增长,人们判断迎面车流的安全间隙和开车转弯的能力会下降,身体也会更容易受伤。如果对面的左转车道上有车挡住视线的话,左转就更难了。

9.1.2.2 逆向驾驶

逆行事故虽然不常见,但却是最致命的事故之一。这些事故通常是因为,司机想要进入高速公路,却将高速公路的出口错当成了入口,误入了出口匝道。这样一来,他们就会在高速公路上逆向行驶。逆行事故就是当逆行的车和正常行驶的车相撞时发生的,往往是两辆车以全速正面相撞,通常会造成多人死亡的惨剧。年龄越大,越容易发生逆行事故。因为,老年人(特别是有认知障碍的老年人)的视力和感知能力会随着年龄的增加而减弱,这会让他们很难分辨出口匝道和入口匝道的标识(例如"错误方向""禁止驶入"等标志)。

9.1.2.3 夜间驾驶

夜间驾驶对许多老年人来说很困难,所以他们会尽量避免在夜间驾驶,然而,在某些情况下,夜间驾驶是不可避免的。随着年龄的增长,眼睛会发生各种各样的变化,导致老年人眼睛后部光感受器接收到的光线比年轻人少得多。此外,眼睛的老化会增加光线进入眼睛后部过程时的色散,增加了他们对眩光的敏感度。由于眼睛和大脑的各种变化,老年司机在夜间驾驶时看到的视觉信息质量可能比年轻司机差很多。

9.1.3 解决方案

有几类解决方案可以降低老年人发生车祸的风险并提高他们的驾驶舒适度。参考第1章图1.3所描述的框架,这些解决方案包括改变物理环境(道路)以支持老年司机,例如在车辆中引入技术以减少对驾驶能力的要求,以及提供培训,教授一些策略以减轻年龄相关变化的影响。

9.1.3.1 改变道路

(1)左转驾驶

有几种策略可以降低老年司机的左转事故风险。最安全的方法可能是通过设置保护性左转弯信号灯来完全消除判断车流间隙的需要,当左转的车辆看到绿色箭头时,迎面驶来的车辆会被红灯拦住,否则,左转弯车辆会看到一个红色箭头,表示他们不能左转弯。这种方式虽然安全,左转弯的车辆不需要判断车流间隙,但会影响交通效率,因为它会导致左转车辆无法在有合适间隙时及时通过。当对面的左转车道被车辆占用,限制了来车视野时,左转可能尤其具有挑战性。一个有效的解决方案是把对向的左转弯车道向右移,让老年司机能更清楚地看到来车的速度,也有更多的时间来估计车流间隙(见图9.3,比较图中左边和右边的视线,即黑色虚线)。

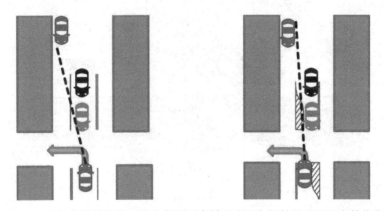

图9.3 左转车道的偏移可以收集到更多关于迎面车辆的速度和距离的信息

用环岛代替有信号的十字路口也能让老司机受益。与有信号的交叉路口相比,通过环形路的车流通常较慢,这让判断交通安全间隙更简单。另外,环形路口也不会发生直角碰撞这样的严重事故。不过,对于那些不熟悉环形路口的老年司机来说,教育培训非常关键,特别是当他们第一次遇到多车道的环形交叉口时。制作指导材料(例如小册子和提示卡)时应该遵循为老年人设计教学材料的原则(Charness等人,2017年)。

(2)逆向驾驶

逆向驾驶可以理解为一种基于提示信息的决策,司机会根据各种道路提示来避免将出口匝道认作高速公路的入口(见图9.4)。实验室感知和模拟器研究表明,随着提示数量的增加（例如，更多的"禁止进入"和"错误方向"标志），老年人将出口匝道误认为入口匝道的可能性就越小。可以通过增加标志的尺寸，降低标志的高度，使用具有反光效果的材料来增加标志的显眼度。

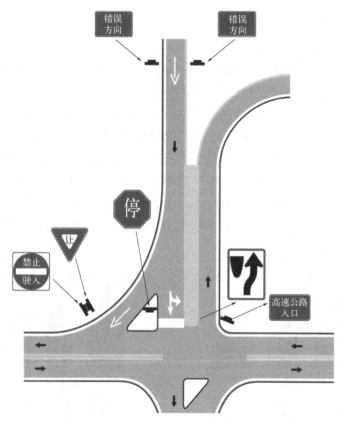

图9.4　出口斜坡紧挨着入口斜坡的例子

（资料来源：美国交通部联邦公路管理局《为老龄人口设计道路手册》）

在主干道道路上的路面标记（例如，箭头指向出口坡道过去的正确高速公路入口）也可以帮助司机找到正确的匝道。这些提示有助于防止司机进入出口匝道；但是，对于已经发生这种错误的情况，也应该有相应的对策。例如，当司机误入出口匝道后，闪烁雷达触发的"错误方向"标志，可以帮助提醒司机的错误，促使他们撤退。

（3）改善道路照明

在低光条件下，老年人的视觉感知会受到不同程度的影响。一个有效的解决方案是改善道路照明，特别是在十字路口和立交桥附近，那里容易发生车祸，而且经常需要做出重要的驾驶决定。凸起和反光路面标记可以在夜间提供更好的引导信号，帮助老年司机和年轻司机都能在道路上行驶并保持车道。最后，研究发现，与标准材料相比，使用荧光警示标志片材料可以让老年司机在夜间40英尺外也能看清警告标识。与本书中描述的许多解决方案一样，有利于老年司机的道路改变也有利于年轻司机。对老年人有利的人类因素对年轻人也有利。

9.1.3.2 改善交通工具

除了可以改善路况外，改善交通工具也可以使老年司机受益。年龄增长会导致老年人的身体机能弱化，使他们更容易受伤、死亡风险也更大，因此，降低车内乘员受到碰撞力的安全设备（例如，先进的安全气囊、安全带和可吸收撞击区系统）对于老年人来说非常重要。这也许是过去几十年老年人乘车风险降低的重要原因之一。

为了减少碰撞风险、提高驾驶舒适度，并在一定程度上抵消由增龄导致的感知和认知能力下降的影响，许多新车都采用了先进驾驶辅助系统（ADAS）。先进驾驶辅助系统（ADAS）包括碰撞预警、盲点预警、智能巡航控制、自适应头灯、泊车辅助和导航辅助系统等。这些技术可以帮助老年司机在路上安全行驶更长时间（Eby等人，2016年）。然而，与所有的系统一样，它们需要根据老年人的偏好、需求和能力来设计，才能发挥最大的效益。低质量的技术系统设计可能会分散高龄司机的注意力，进而加剧驾驶风险和不适，并影响高质量的先进驾驶辅助系统的采用和推广。第7章中的指导原则与车内技术的设计相关。例如，在驾驶模拟器的研究中，使用视觉和听觉两种渠道发出系统警报效果更好，这也验证了使用多个输入通道进行警报的建议。此外，还应开展可用性研究（第5章），将老年司机纳入研究过程（第6章），并为老年司机提供操作该系统的充分培训（第8章）。这不仅适用于现在市场上已有的先进驾驶辅助系统（ADAS），也适用于未来将承担更多自动驾驶任务的辅助系统和车辆（即半自动化和全自动化驾驶的汽车）。

虽然先进驾驶辅助系统（ADAS）在辅助老年司机方面市场前景广阔，但也不妨考虑一些简单、低技术含量的解决方案。例如，由美国退休人员协会（AARP）、美国汽车协会（AAA）和美国职业治疗协会（American Occupational Therapy Association）赞助的CarFit活动（https://www.car-fit.org/），可以让老年人与训练有素的技术人员一起，检测自己和车辆之间的适配性，并根据需要对车辆进行适当的调整，从而提升驾驶的舒适度和安全性。可行的建议包括调整后视镜、油门踏板和刹车踏板、安全带和方向盘，以提高道路的可见度，保持车辆平稳控制，并确保安全功能的合理应用。

9.1.3.3 改变个人

随着年龄的增长，老年司机的认知和身体状况发生变化，导致能力与驾驶任务要求之间的不匹配，驾驶任务对他们来说成为挑战。如前所述，可以通过改善道路环境或改善车辆性能两方面入手来满足驾驶任务要求。解决这种不匹配的第三种选择是提高司机水平，通过提高他们的驾驶能力或提供策略和知识来抵消增龄带来的身体机能下降对他们的驾驶状态的影响。许多老年司机会对自己逐渐变化的能力做出有意识的调整，比如仅在好天气、熟悉的路线和白天驾驶。然而文献表明，一些老年司机可能没有完全意识到他们自身的局限，所以不考虑改变他们自身的驾驶习惯。

（1）司机考核

虽然老年司机一般都是可靠的司机，但司机考核有助于确定哪些人需要额外的驾驶培训来提升水平，或者筛选出哪些人因伤病较严重可能不适合驾驶。而筛选不合格司机的方法是交通管理部门要考虑的。在许多行政地区，驾照更新只需要进行最低标准的测试，部分原因是通过繁杂的车载测试，在大量合格司机中找出少数不合格司机的成本过高。然而如果有一个多步骤计划，包括快速、廉价的筛查和对未通过筛查的司机进行更深入的测试，同时为这些被筛查的司机也提供了足够的出行替代方案，那么这个计划就有可能是经济有效的。例如，有效的视野测试是一种相对简单的计算机测试，它可以预测老年司机的模拟驾驶表现、道路驾驶表现和事故概率（Clay等人，2005年），并能识别哪些人可能需要进一步测试。然而，这种方法需要考虑测试管理的成本以及虚假测试的频率和成本。

（2）驾驶认知和技能培训

有人提出认知训练（如"益智类游戏"）可以作为改善老年司机驾驶能力的一种选择。这些训练计划通常包括在台式电脑或移动设备上进行类似游戏的练习，旨在提高注意力、处理速度和其他对安全舒适驾驶至关重要的能力。然而，对于这种方法能否产生比实验室理想状态更好的感知和认知提升效果，存在很多争议，一些研究人员对这种训练能否降低事故风险持怀疑态度（Simons等人，2016年）。老年司机可能能从更直接的在线学习和课堂学习中受益更多，这些课程都强调一种策略，这种策略可以改善驾驶安全，并能最大限度地减少增龄导致司机身体机能下降对驾驶表现的影响。然而，一些研究表明，如果没有实际上路实践，其作用可能微乎其微。危险感知训练，即如何更全面地检查路况，似乎较为可行，但很少有研究将这些技能的提升与实际道路事故率关联起来。

在实施新型交通管控设施时，也要开展培训。例如，在美国的许多地方，"闪烁的黄箭头"信号是一种较新型的交通管控设施，它不像固定的红灯、绿灯和黄灯一样，而是提醒即将转弯的司机，如果交通流中有足够的安全间隔就可以转弯。并不是所有的司机都能立即理解该新型信号的含义，此时就突出了教育的必要性。在美国包括佛罗里达州在内的一些州向社区和老年中心发放"提示卡"，教育司机如何使用新型交通管控设施。这些提示卡和教育材料应始终按照为老年人开发教学资料的指南来设计，以确保所有年龄段的司机都能从中受益。

（3）可替代交通工具培训

某些情况下，许多老年人开车并不安全舒适。根据具体情况，禁止他们开车可能会导致社交孤立，产生许多不良后果。一个解决方案是，培训老年人使用其他可替代的交通工具，让他们在不依赖私人汽车的情况下保持交通独立性。对于那些从未使用过公共交通工具的人来说，使用公共交通出行可能会让他们感到害怕和困惑。为了解决这一问题，一些社区性组织提供机会让老年人参与交通实地考察，让他们熟悉如何使用公共汽车、火车和其他公共交通服务。因为不能开车很可能让他们感到有压力，理想状态下，这种培训应该在个人不再开车之前进行，以方便从个人车辆使用过渡到可替代交通工具的阶段。

其他交通方式包括商业租赁和自愿拼车服务。对于其中一些解决方案（例如，基于应用程序的共享出行服务），技术拥有和熟练程度可能会成为老年人实践该方案的障碍（第4章），这增加了培训的必要性。共享出行软件应该按照先前提到的设计原则来设计，以确保老年人能够享受到这些服务的好处。尤其是在北美，人们对私家车的使用有着强烈的偏爱，所以替代交通工具的培训应该强调不拥有车辆的好处（例如，不必为一辆很少使用的车辆买保险）。

9.2 个人出行

对于生活在城市中心的人来说，步行不仅能够作为一种替代驾驶的选择，还能够增强健康和福祉，许多运动指南都推荐步行可以作为一种有效且重要的运动形式。除此之外，骑自行车也是许多人喜欢的交通方式，这种个人的、自推进的交通方式具有强身健体、低碳环保的好处。虽然步行和骑自行车通常是比较安全和愉悦的交通方式，但任何交通方式都存在许多的风险和挑战，老年人群体尤其可能面临特定挑战。设计和教育应该站在给个人和社会带来利益的基础上，鼓励安全使用这些交通形式。

9.2.1 数据统计

2016年，在美国，行人占所有交通事故死亡人数的16%（5987名行人死亡）。这些致命的事故中，大多数（90%）都和机动车有关系。每十万人口中，65岁及以上老年人的死亡率为2.1，80岁及以上老年人的死亡率为2.5，均高于年轻组的事故死亡率（年龄为30～34岁的死亡率为1.59）。80岁及以上老年男性的死亡率最高（每10万人口中约为3.77）。行人的致命事故常发生在城市地区、非路口位置和夜间。除了这些致命的交通事故，还有更多的行人受伤（约7万人）。2016年自行车驾驶人在交通死亡事故中占2.2%（840名骑手），这些死亡事故也主要发生在夜间、非路口位置和城市地区。与行人碰撞事故一样，自行车驾驶人的受伤人数（约4.5万人）远远超过死亡人数。尽管老年自行车驾驶人的死亡人数很少，但近期数据表明，这个数字正在增加，同时，骑自行车死亡者的平均年龄也在增加。

9.2.2 面临的挑战

与开车相比，行人或骑自行车的主要风险之一是这些交通方式在与汽车发生碰撞时提供的碰撞保护措施很少或没有。尤其是老年行人和骑自行车的人特别容易受到碰撞的伤害，更容易重伤或死亡。老年人的高脆弱性使如何避免碰撞成为一个重要目标。然而，知觉、认知和运动老化也会使老年行人和骑自行车的人面临更高的风险。比如，许多老年人特别是使用助行器的老年人的步行速度比年轻人慢。敏捷性的下降更容易使他们暴露在风险之中，与年轻人相比，老年人可能要用更多的时间穿过马路，面对走神的司机（比如一个正在从停车场停车位中驶出的司机）也很难快速地避开。

9.2.3 问题解决方案

教育在提高老年行人以及年轻人的安全方面非常重要。美国国家公路交通安全管理局（NHTSA）制订了行人安全计划，鼓励选择步行作为一种替代的交通方式来减少行人受伤和死亡。他们的计划目标是鼓励老年人步行，并提高老年行人的安全性。

联邦公路管理局（FHA）也有一个针对行人安全的网站。此外，它还开发了行人安全（PedSafe）工具，该工具提出一个指南，通过使用干预措施和技术来改善行人安全。这个工具的一个功能是行人智能技术（PedSmart），介绍了一些可以提高行人安全的可用技术。

除了教育之外，还有几个解决方案可供选择，来解决老年人步行速度较慢的问题，从而降低事故的风险。首先，行人信号灯的时间应考虑行人不同的步行速度，以确保步行信号的持续时间适合年轻和老年行人。可以使用无障碍行人信号（APS）处理设备，允许行人主动请求额外的路口通行时间。也可以使用被动式行人检测系统，如果该系统感知到行人正在通过路口就可以自动延长通行时间。可以实施"领先行人间隔"，为行人提供一个比车辆先行几秒钟的绿色通行信号，增强行人的可见性和优先通行权。在行人需要穿越多条车道的位置,道路中间的行人安全岛对老年行人有利。安全岛通过允许行人分阶段穿过马路,并提供一个安全的地方让行人等待适当的交通间隙,从而简化了穿过繁忙道路的决策过程。同时也可以使用行人倒计时信号灯,因为这些更加直观的信号可以提醒行人他们穿越路口的剩余时间。行人信号灯应配备标志,来告知行人信号灯的不同状态以及何时允许可以通过马路。最后,要增强人行横道的可见度,包括使用行人激活的矩形快闪信标(RRFBs),来提高所有年龄段行人的安全性,但因为老年人比年轻有更多的暴露风险和受伤风险,所以对其来说则更加有利。与其他技术一样,这些工具的成功取决于正确的设计和安装、平衡交通流量和行人安全需求以及对老年行人能力和障碍的评估。

为了提高骑行人员的安全性,对于驾驶员和骑车人的教育同样重要。美国国家公路交通安全管理局(NHTSA)提供了关于安全骑行的资源和教育工具。司机应该时刻保持警惕,与骑行的人员保持一定的距离,同时应像给其他车辆让路一样给骑车人让路。自行车驾驶员也应该遵守所有的道路规则并使骑行轨迹可预测。骑自行车的人也可以通过穿着特殊的衣服来增加其可见度,并使用自行车灯,尤其是在低光条件下。最后,所有年龄段的自行车驾驶员都应该戴头盔,降低头部受伤风险,并定期检查自行车来确保其处于良好状态。

还可以改建道路。通过良好的设计,可以使道路变得更安全并适合于所有年龄段的人。在骑行流量较高的地区,需要通过标识和车道标记来提醒司机注意他们的存在,来提示驾驶人员该区域可能存在的风险。同时道路标志还可以提醒司机留出安全的超车距离(例如,在佛罗里达州,司机必须预留出至少三英尺的空间通过自行车)。然而,就目前来看,能够减少自行车事故的最有效方法是将机动车辆和自行车分离。一些研究表明自行车道的设置可以明显降低事故风险。也有一些研究表明自行车道的存在实际上让骑行人员超车距离变得更近。自行车专用道的好处是用来提高司机对自行车的关注程度以及提高司机和自行车的行为可预见性。

9.3 应对公共交通环境

在乘坐公共交通之前,旅客必须首先使用公共交通设施,这为其带来了一些挑战。这些设施包括公共汽车、火车、地铁站以及海港和机场。旅游或探望远方的家人时通常需要乘坐飞机,大型、复杂、拥挤、嘈杂和繁忙的机场即使对年轻旅客来说也可能会是具有挑战性的。在这一部分,我们重点介绍航空旅行和机场,但这里讨论的问题和解决方案也广泛适用于其他的交通设施。

9.3.1 面临的挑战

机场合作研究项目访谈了一些老年航空旅客，了解他们在机场最常遇到的挑战，确定了四个主要问题：(a) 导航问题，(b) 疲劳，(c) 使用机场现代科技和设备的困难，以及 (d) 使用机场服务设施的挑战。"导航"是指在陌生环境中寻路的过程。在航空旅行过程中，导航包括到达正确的航站楼和登机口，以及找到机场洗手间、餐厅和服务站台。由于航空旅行过程中有许多步骤，需要长时间排队，带着行李行走很长距离，并需要从传送带和行李柜中提出和取回行李，极易导致疲劳。就技术而言，自助服务设备已成为乘客办理登机手续、获得登机牌以及准备国际旅行期间跨境文件的一种常用手段，但老年人可能对这类技术及类似设备的使用经验较少，很多老年旅客不会使用。最后，购物和餐饮往往拥挤不堪，难以使用。在一定程度上，所有的航空旅客都会遇到这些问题，但与年龄相关的感知、认知和身体能力的变化使这些问题对老年航空旅客来说尤其具有挑战性、焦虑感和压力。

9.3.2 解决办法

9.3.2.1 导视系统

与大多数导视系统一样，机场的导视在很大程度上取决于标识。遵循基本的人因原理和理解老年人视觉感知能力的老化是设计合适的机场导视系统的基础。导视系统中的大多数文字应该是易于理解的，并且应该与背景形成高亮度的对比。文字应该与图像匹配，因为信息的冗余性可以增加可理解性。

机场的导视系统通常包含大量的文字，因此定位关键信息是一项繁重的视觉任务。设计策略应让相对较大的文字信息中的目标信息更容易被检测和识别。一个非常基本的人因显示设计策略是将信息分组为五个或更少项目。通过突出分组的重要性，人们的任务变成识别组别，这对视觉注意力的要求要低得多。

大多数机场会在地图中显示旅客现在所在的位置。地图朝向旅客的方向，地图中的"上"意思是向前，尤其是地图上的左侧对应的是前方视图中的左侧。这种布局最大限度地降低了对心理旋转相关工作记忆的要求，这对老年人来说相当重要。为了减少信息过载和混淆，可以考虑随着旅客距离增加而逐渐减少详细程度或使用比例尺。然而，即使有清晰的标识和地图，由于在航空旅行中时间有限，找到目的地仍可能具有挑战性和压力。因此，老年人可能更愿意寻求人工助手的帮助。我们应努力使人工旅客服务更加可用、可见和易于识别。

9.3.2.2 疲劳

航空旅行可能会给身体带来很大的负担，可以采取多种措施来减少身体紧张和疲劳。例如，在美国，托运行李时，许多机场要求旅客将行李逐个地放在登记柜台旁边的行李井中进行称重和标记，行李井一般都是高架的，需要提起行李放上去。然而，欧洲的行李井与地面齐平，因此很少或几乎不需要提起行李。这种设计对老年人十分友好。在旅行结束时，旅客要从正在转动的传送转盘上取回托运行李，而行李转盘是倾斜的，并设有一个防止行李掉落的唇部。旅客必须从转动的行李转盘上提起行李才能取回并离开，然而扁平无唇部的平板转盘式输送机则无须提起行李，这也有利于老年旅客和残障人士。

自动步道可以缩短老年人在登机口之间步行的距离。然而，一些旅客可能会在上下自动步道时遇到困难，当旅客接近自动步道的起点和终点时应该有清晰的警报声，以便他们提前准备（机场的环境很嘈杂，因此可听性尤其重要）。机场应提供易于申请和易于使用的步行替代方案，比如电动滑板车、电动手推车和轮椅服务。对于机场中较长的距离，应提供摆渡车或巴士。

9.3.2.3 使用机场技术和设备的困难

在许多机场和其他交通设施中，都鼓励使用自动机办理登机手续、打印登机牌和托运行李。第7章中介绍的许多基本设备和界面指南也都适用于自助机系统的设计。为了强化用户的心理模型，系统应该采用标准化设计布局，但目前还没有航空公司和机场这么做。适合进行标准化设计的功能包括：插入信用卡、飞行常客卡或护照的位置；插卡的方向；屏幕或键盘的触摸灵敏度；屏幕和键盘文本的颜色、大小和对比度；设备的使用说明。但是自动机不应该是唯一的选择方案，航空公司的工作人员应监控自助服务终端的使用情况，并为需要额外帮助的乘客提供帮助。

由于听觉的老化，老年旅客在登机口区域往往很难听清楚登机通告，因为这里通常会因为谈话、机场电视、设备噪声、其他登机口的通知和机场通知等多种因素造成嘈杂环境，即使年轻旅客也可能会遇到这个问题。在登机口安装一个显示器来显示公告是一种不错的解决方案，例如在屏幕上显示现在允许哪些登机组登机。满足非母语人士的需求也是一个难题。使用几种主要语言的交替播放公告，或者在显示器上用不同的语言同时显示公告可能会有帮助。

9.3.2.4 使用机场设施的挑战

很多老年旅客表示在使用机场设施时会遇到困难。大多数机场会将本就有限的空间分配给旅客用于购买礼品、购买饮料和小吃以及餐饮。由于这些区域通常比较狭窄、拥挤，且周围有大量的旅客，这对老年人来说很不方便，使用轮椅时更困难。机场可以要求这些零售空间在设计时考虑老年旅客和残障人士的可访问性（例如，要求他们保持与机场其他区域相同或更高的无障碍标准）。在设计洗手间等必要的设施时，应特别考虑老年人可访问性的问题，这些区域不仅会人头攒动，还会挤满随身携带的行李和手提箱。设计师应考虑通用设计的特点，例如更大的厕所隔间、扶手和更高的马桶，这样老人更容易坐下和起身。

9.4 结论

本章的目标是强调独立出行对老年人健康和幸福感的重要性，并讨论如何通过设计方案和教育来促进有助于整个生命周期的安全性和无障碍交通。其中一些解决方案需要改变交通工具的设计；有些需要改变环境；有些需要增加老年人对年龄相关变化的认识和适应能力。这三种方法结合起来可以最大限度地提高交通的安全性和舒适度，对老年人的健康、幸福感和生活质量有巨大的好处。

应该注意的是，许多交通问题的解决方案都是基于技术的（例如，ADAS、无障碍行人信号灯）。这些解决方案可以抵消由增龄产生的知觉、认知和身体机能老化带来的影响。但是，技术解决方案应考虑老年人的偏好、需求、态度和能力，否则这些解决方案可能不会被采用，或者可能不会达到预期的效果。最后一点很重要，这些系统需要对老年用户进行测试。

9.5 推荐读物

[1] Brewer, M., Murillo, D., & Pate, A. (2014). Handbook for designing roadways for the aging population (No. FHWA-SA-14–015). U.S. Department of Transportation. Retrieved from https://safety.fhwa.dot.gov/older_users/handbook/aging_driver_handbook_2014_final%20.pdf.

[2] Burkhardt, J. E., Bernstein, D. J., Kulbicki, K., Eby, D. W., Molnar, L. J., Nelson, C. A., & McLary, J. M. (2013). Travel training for older adults: A handbook. Washington, DC: Transportation Research Board. Retrieved from https://trid.trb.org/view/1323301.

[3] Mein, P., Kirchhoff, A., & Fangen, P. (2014). Impacts of aging travelers on airports (Project No. A11–03, Topic S07-01). Transport Research International Documentation. Retrieved from https://trid.trb.org/view/1304003.

第 10 章
医疗技术

> 健康是人生第一财富。
> ——拉尔夫·瓦尔多·爱默生（美国作家）

医疗保健是重要的个人、社会和经济问题，随着人口的老龄化受到越来越多的关注。随着时间的推移，医保成本持续上升，占国内生产总值（GDP）的比例越来越大，特别是在美国，见图10.1。

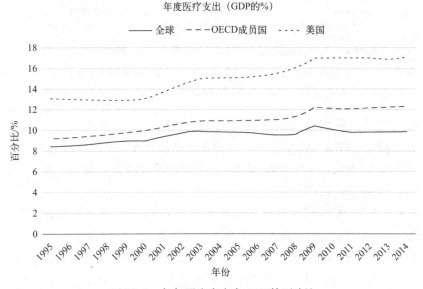

图 10.1 每年医疗支出占GDP的百分比

（数据来自世界银行 http://data.worldbank.org/indicator/SH.XPD.TOTL.ZS）

医保成本不断上升可部分归因于治疗模式从治疗年轻人常见的费用较低的急性疾病转变为治疗老年人常见的费用较高的慢性疾病。图10.2展示了美国65岁及以上医疗保险受益人使用家庭护理和专业护理设施的数据（数据来源于2016年美国联邦机构论坛有关老龄化的统计数据[FIFARS]）。由于最需要这些服务的高龄老年人数量的增长，这些数字会随着时间的推移继续上升。

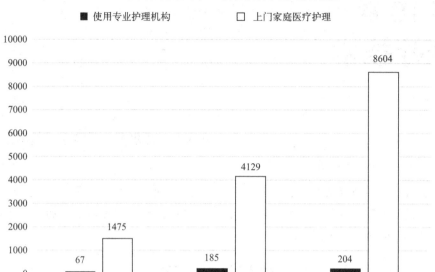

图10.2 每千名美国医疗保险受益人的服务数量/按服务类型分类

（数据来自Table 29b https://agingstats.gov/docs/LatestReport/Older-Americans-2016-Key-Indicators-of-Wellbeing.pdf）

心血管疾病、癌症、2型糖尿病、关节炎和痴呆等慢性疾病在生命的后期发病率更高。例如，65岁及以上的人有一半被医生诊断为关节炎，而18～44岁的人只有7%（Barbour等人，2017年）。目前，全世界约有5000万人患有痴呆症，预计到2030年这一数字将达到7500万。

图10.3显示了美国65岁及以上人群慢性疾病的分布情况（FIFARS，2016年）。在美国，每年约3万亿美元的医疗支出中，治疗慢性疾病的费用约占86%。仅痴呆症的费用就占全球GDP的1.09%左右，而且预计随着痴呆症患病率的增加，这个比例也会上升。一般来说，85岁及以上高龄老年人数量的增加预计将导致医保费用的增长。

除了不断上涨的医疗保健成本外，还有几个其他的重要趋势对设计也有重要影响，包括：①向护理合作模式的转变，患者和消费者应该更多地与医疗保健提供者合作，在医疗保健管理中发挥更积极的作用；②把护理服务从医院和诊所转移到家庭，一方面是为了通过使用免费护理节省成本，另一方面是为了利用先进技术；③在医疗保健领域增加技术应用，这将迫使患者、护理人员和技术提供者必须与医疗保健技术进行交互；④个人正在依赖并越来越多地使用技术来传递健康信息；⑤家人的非正式支持是老年人最大的支持来源。在本章中，我们将重点讨论这些变化对医疗保健设计的影响。鉴于医疗保健领域内技术使用的增加，我们将重点放在理解设计医疗保健技术的挑战上。然而，我们不会关注辅助技术，因为这超出了本章的范围。我们会在第13章中讨论一些关于辅助技术的内容。

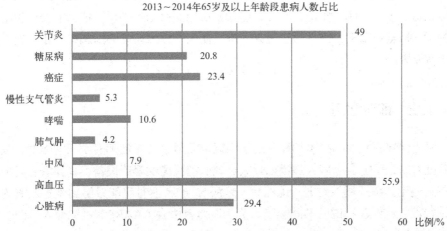

图10.3　2013～2014年美国65岁及以上人群慢性病的百分比/按疾病分类

（数据来自 Table 17b https://agingstats.gov/docs/LatestReport/Older-Americans-2016-Key-Indicators-of-Wellbeing.pdf）

10.1　医疗保健领域的独特挑战

医疗保健领域有许多独特的特点使得设计具有挑战性，例如来自患者和护理人员的压力、即时学习需求、技术支持要求、对健康信息隐私和保密性的担忧、具有不同需求和能力的多个用户群体（如患者、护理人员、医疗保健提供者）、需要在多个医疗保健服务用户之间进行协调以及各种现有的和新兴的技术等因素。

10.1.1　压力

在医疗场景中，个人可能需要接收有关疾病诊断或选择治疗方案相关的信息，或参与治疗流程，这往往让人感到压力重重。如今通常会使用某种类型的技术来应对这种情况，例如，患者门户网站、健康监测设备等。研究发现，老年人在第一次面对新技术系统时，往往会备感压力，即使是在专业的研究实验室条件下，也是如此。就医疗保健技术而言，患者压力是一个更为重要的问题，因为该技术很可能被用于治疗一种新的、潜在的、令人不安的疾病，如糖尿病等。照料者也可能年纪较大，并且也可能会因为这些影响生活的健康问题而承受高度压力。压力会影响注意力和学习的过程，意味着如果在诊断时或诊断后不久就提供指导的话，指导内容很难被患者有效地理解并牢记。因此，正如本章后面讨论的那样，技术的设计和可用的教学支持至关重要，因为过于复杂或难以使用的技术可能会加剧患者和护理人员的应激反应。

10.1.2 即时学习

医疗保健领域内的技术和设备的使用通常需要患者具备即时学习的能力。医生在开处方时，可能会给病人开诸如呼吸机或血糖监测仪等新设备，并要求它们带回家每天使用。在开具处方时（即医院、诊所），患者很有可能只得到微不足道的指导，就带着新设备和说明书回家了。美国退休者协会（AARP）对护理人员的一项研究（Reinhard，Levine和Samis，2012年）显示，许多成年患者对新的责任感到不知所措，指导不够充分是其中一个重要的原因。

10.1.3 技术支持要求

由于居家护理产品并非100%可靠，而且它们的操作往往没有说明得很清楚，因此，设备校准或故障处理等技术支持手段对于在家中有效使用医疗保健设备非常关键。医疗设备的错误成本可能比普通消费设备高得多，因为这些错误可能直接影响一个人的健康和福祉。

10.1.4 护理协调

对于老年人和其照料者来说，协调护理往往是一项艰巨的任务。许多老年人很可能患有多种慢性病。大约75%的65岁及以上老年人身患一种以上的慢性病（美国疾病控制与预防中心，2016年）。多种疾病并存意味着他们需要与多个医疗服务提供者沟通，努力协调护理方案和治疗方案，还需要协调去往不同地点的日程安排并追踪预约。例如，一个病人可能同时服用多种药物，并在不同时间不同地点接受不同医生的检查。技术系统与设备有助于协调护理工作，这也是电子健康记录（EHR）

患者门户网站的众多潜在优势之一。然而，由于可用性差等原因，这些系统在患者中的使用率相对较低。其他类型的技术，如简单的日历系统，也可以辅助协调护理工作。此外，还有一些网站专门为家庭护理人员提供协调护理的服务。

10.1.5 隐私问题

一些研究表明，老年人比年轻人更担心自己健康状况的隐私性和保密性。这种忧虑可能会影响他们对于监测系统或电子健康记录（EHR）患者门户网站这类技术的选择与使用意愿。因此，在技术设计时应该考虑患者态度这一因素。例如，人们需要知道哪些行为或信息需要被监控以及为什么被监控。他们也必须了解这些信息是如何被共享的以及共享的对象是谁，并确保他们的资料是安全的。老年人，尤其是身患残疾的老年人，愿意为了保持独立性而牺牲隐私和保密性，但是他们需要做出知情选择。

10.1.6 多利益相关者

在医疗保健领域，另一个重要的设计考虑因素是如何定义"用户群"。如前所述，护理人员在为老人提供护理和支持方面发挥着核心作用，因此是医疗保健系统中极其关键的部分。另外，医疗保健的供应商作为潜在用户群体也必须在设计过程中予以考虑。例如，远程医疗是一种利用信息和通信技术（ICT）远程提供保健服务和医疗教育的方式，目前它被视为一种可以有效降低保健服务获取难度同时降低慢性病病情监测成本的方法。这个系统中涉及多个利益相关者：医疗保健提供者、患者和家庭照顾者。所有用户都有不同的需求、偏好和能力。因此，了解患者、提供者和照顾者的需求、态度和能力是良好设计的关键人因学要求。

10.1.7 保健技术

如今市场上有许多医疗设备和产品。它们有些经过了美国食品和药物管理局（FDA）或者其他国家的类似机构的正式批准，而有些则并未通过严格的审批（例如，美国的营养补充剂，它们可能是有害的）。此外，大部分产品和设备都尚未经过可用性评估。医疗信息来源有着巨大的市场前景，例如，在谷歌上"健康"一词有超过30亿次搜索点击量，在必应上有5亿次（截至2017年8月17日）搜索点击量。类似地，在必应上"糖尿病"有4700万点击量，"关节炎"有3400万（截至2017年

2月12日)。这些结果表明,提供健康相关信息和健康产品的网站数量庞大。有的网站的信息要么缺乏可信度要么早已过时。网站的可靠性差异给用户带来了巨大的挑战。研究表明,许多老年人很难在网上搜索并了解健康资讯。接下来的部分将探讨为老年人设计医疗技术时遇到的挑战以及可能的解决路径,内容的叙述将按照技术的类别来进行,如通用设备、软件应用程序和远程医疗系统等。

10.2 医疗设备

美国的老年人在医疗保健方面,会使用各种各样的技术设备。CREATE开展了一个以100多名65~85岁不同种族的老年人为样本的焦点小组调查,分析了他们的技术使用情况。总的来说,最常见的两种技术是医疗设备和通信技术。当被问及"你们在医疗保健中使用什么设备"时,参与者回答了一系列的设备,如血糖仪、血压监测仪、电脑、互联网、电话、生命线、助听器、雾化器、计步器、跑步机、体温计、语音秤、呼吸机(CPAP)和自动床。鉴于新的可用医疗保健技术(例如可穿戴设备、患者门户网站和远程医疗设备)的发展,如今的列表可能会更长。

一般来说,医疗设备包括血压仪、数字温度计、血糖仪、呼吸暂停监测器、家用除颤器、输液泵或呼吸机等产品。这些是典型的家庭护理设备,通常由没有经过医学知识培训的普通消费者在没有专业人员的监督下使用(即在家里、在工作场所中、在车里、在院子里使用)。支持医疗保健的通信技术包括电话和视频电话、远程医疗系统、电子监测和互联网。

医疗设备的一个重要功能是向用户提供他们健康状况相关的信息,例如体温、血糖水平或血压。这些系统可以使医疗服务提供者能够诊断疾病、开处方或更换药物、调理病情。护理人员和患者也可以通过这些信息来确定他们是否需要与医疗服务提供者沟通、是否需要改变或调节自己的行为。医疗设备的另一个功能是维持生命(例如,使用起搏器、胰岛素泵或吸氧机等)或增强人体的某种功能(例如,使用拐杖或助行器)。以上这些功能都需要设计人员设计出非常可靠且易用的系统。另外一个重要的设计挑战是确保产品价格合理、足够吸引人以克服抵触情绪。

10.2.1 挑战:获取途径、态度与可用性

医疗保健产品的选择和使用方面面临很多挑战。其中最关键的三个因素是获取途径、态度和可用性。

获取途径包括可获得性和可负担性。对于老年用户，尤其是那些居住在农村地区的人，前往专科门诊或医疗用品供应处去获取处方设备的交通可能并不容易获得。互联网为那些会上网的老年人（在美国，65岁及以上人口中约有三分之二的人使用互联网）购买产品提供了一个方便高效的途径。然而，只有当老年人学会上网和网购，在线购买医疗保健产品才是可行的选择。

成本仍然是一个需要克服的障碍。在美国，虽然一些医疗设备在联邦政府的医疗补助金范围之内，但昂贵的助听器等辅助产品却不在其中。同样地，许多产品需要接入互联网，而互联网服务的成本可能令人望而却步，尤其在农村地区。另外，对于产品采用的态度可能是影响使用的另一个重要因素。许多老年人不愿意贴上虚弱或残疾的标签，也可能会因为使用产品而感到羞耻。所以他们只会在迫不得已的情况下才会使用助听器、助行器和拐杖等产品。因此，设计师需要设计出美观且不会令用户感到羞耻的产品。用户在选择产品时，会权衡成本（羞耻感、费用）和收益（生活质量的提高）。

考虑到感知、注意力、认知和精神运动表现的变化（第2章）和老年人的异质性（第3章），确保所有或者大部分老年用户的可用性是一个相当大的挑战。例如，常见的视力变化，如老花眼，会使老年人难以看清小屏幕上的信息，比如便携式供氧仪上的电池指示灯状态。更严重的视力障碍通常伴随着糖尿病（如糖尿病视网膜病变）等疾病，这使得从血糖仪上的小屏幕上读取信息相当困难。关节炎导致的手指灵活度下降，再加上手部颤抖，会让更换助听器电池成为一项折磨人的任务。此外，考虑到样本是一个独居的老年女性（第3章），设计时时不能预设家庭成员可以协助产品的使用和故障排除，也不能默认他们能够获得关键性技术指导等的帮助。在美国，大多数老年消费者都表示他们在使用新的技术设备时需要帮助，如图10.4所示。

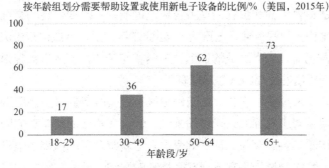

图10.4　按年龄划分设置技术设备需要帮助的比例

［数据来源：来自Anderson和Perrin（2017年）的调查，http://www.pewinternet.org/2017/05/17/tech-adoption-climbs-among-older-adults/］

10.2.2 潜在的设计方案

对医疗保健产品的营销策略的探讨并不在本书的范围内。然而，除了传统的广告宣传活动外，还可以考虑在老年人聚集的场所宣传产品信息，老年人中心和社区中心举办的健康展览会是个不错的选择。建立一个既可以提供产品信息，又可以通过在线视频、电子邮件链接和免费电话号码来支持产品的网站也是一种可行的方式。显而易见，如果一个产品没有通过进入医保系统获得补贴，那么管理成本或提供分期付款的方式，使其广泛地被老年人使用非常关键。让人们了解产品的潜在效果和价值也很重要。

鉴于老年人在技术采用的决策中似乎更看重产品带来的好处而不是成本，设计师应该在指导材料中强调产品对健康和福祉的好处（见第4章）。同样，应该努力消除人们对健康信息的隐私性及其保密性的担心。有些情况无法优先保护隐私，比如发生紧急健康状况需要通知监护人时，应强调放弃健康隐私的好处，以鼓励他们在知情的情况下做出明智的决定。研究表明，老年人——尤其是那些有残疾的老年人愿意牺牲隐私来换取保持独立的机会。

在考虑潜在的设计原则时，应该首先从考虑与年龄有关的规律性变化开始。针对与年龄有关的典型变化进行设计，可以使产品更容易被老年用户使用，例如，使用明亮的、高对比度的显示屏帮助视力老化的用户（参见第2章）。为低电量情况提供冗余通道、声音和/或触觉振动以及视觉警报可以帮助那些在某一感知系统中受到严重损害，但在另一个感知系统中受损较轻的用户。声音应该在适当的频率范围内（500～1000Hz），并具有适当的音量（60+dB）。对于振动来说，随着年龄的增长，对250Hz及更高频率的感知能力会明显下降。对25～40Hz处的感知能力虽然损失不大，但总体敏感性下降。如果采用语音信息引用用户完成某个程序，一定要使用用户熟悉的语言，并测试它们是否容易被理解，不需要过高的文化水平和健康素养（美国卫生和人类服务部，无日期）。还要注意的是，合成语音生成（通常是文本转语音）通常通过从人类生成的音素、短语或句子的数据库中合成语音元素来实现，只有在声音质量非常高时才容易理解。

鉴于认知方面的规律性变化，如工作记忆衰退，故尽量减少使用设备所需的步骤非常重要。尽管对于熟练的认知过程来说，错误率不会随着年龄的增长而发生很大的变化，但随着年龄的增长，从长列表中忘记新学项目的概率会急剧增加。当无法减少步骤时，可以尝试将步骤分成几个清晰的群组，同时在群组和群组之间的转换中提供适当的提示信息。

确保设备组件具有合理的尺寸和可操作性，并考虑潜在的障碍，如震颤，也很重要。在美国，85岁以上的老年人是增长速度最快的年龄组之一，他们中约有10%会出现本体性震颤。用具有代表性的用户样本进行可用性测试，可以有效地反馈设计效果。请记住，医疗设备和系统是由不同的人群使用的，不仅包括病人，也包括护理人员和医疗保健专业人士。

审美也在重要的设计考虑因素之内。老年人可能会不愿使用那些使他们看起来"老"的产品，这些产品会暴露他们残疾特征，例如助听器、手杖、助行器等，因为他们担心会因此受到歧视。产品的外观是决定用户选择的一个重要因素。例如，在目前的智能手机技术中，不同的设备功能都大致相同，产品的外观可能就会起到关键性的作用。

许多细节都需要进行权衡。小巧、容易隐藏的助听器可以减少污名，但往往会使用小且难以更换的电池，给老年人造成了一定的不便。可以采用充电电池和易于使用的感应式充电技术来解决这一问题。现代腕表已经演变为使用机械（即手臂运动）和太阳能电池技术，它比早期依靠手动拧动柄杆将能量储存在弹簧中的模型更容易使用。对于低功耗的设备，可以考虑从周围环境（光）和生物源（热、运动）中收集能量。

10.2.3　产品维护

对于耐用的医疗产品，维护是一个持续的挑战。为了保证设备能正常运行，需要经常校准。能够自我校准的仪器是首选，但在多数情况下，还是需要向用户提供指导和反馈，告诉他们如何以及多久维修一次产品。不能指望老年用户按时完成周期性校准维护（如每周校准一次），因为这种基于时间的前瞻性记忆任务会随着年龄的增长而衰退。如果设备能向用户提供适当的提示，那么它就能得到更好的维护。

此外，有证据表明，产品的使用时间比制造商预期的要长，因为有时它们会被"传承"给新的用户。当设备运行超出范围时，及时锁定用户并发出错误信号，是保证安全操作的关键。错误信号提示应该清晰明了，告知用户如何将设备修复到正常工作状态，可以采取免费电话或QR码扫描的形式。鉴于2018年只有不到一半的老年人拥有智能手机，而且即使那些拥有智能手机的人也可能不知道如何扫描QR码，或者因为手抖而操作困难，所以在较年轻世代步入老年之前，通过电话提供指导仍然是必要的。

在使用设备或充电电池时，需要考虑电力来源有时可能不稳定的问题。在美国，大多数人都曾亲身经历过飓风过后持续多日的电力中断。在北方气候的冬季，冰雪暴也会对电力线造成类似的破坏。另外，发展中国家可能会没有可靠的电力来源。

因此，医疗设备，例如需要连接到互联网的通信设备，在停电后能够重置到适当的状态至关重要。可以在Weinger、Wiklund和Gardner-Bonneau（2010年）的医疗设备设计指南中找到详尽的资料。

10.2.4 隐患意识和警告

家庭保健技术可能会给家庭带来安全隐患，特别是电气或火灾隐患（如制氧机）。因此，安全必须是整个设计过程中的首要关注点。理想情况下，产品的设计应能消除所有隐患。如果不能完全消除系统中的隐患，那么就应该提供一个针对隐患的保护措施，如自动关闭。如果隐患既无法消除，也无法防范，那么适当的警告系统对安全使用来说就很重要了。隐患和适当的警告系统的相关内容必须被纳入培训和系统文件中。

10.2.4.1 隐患意识

了解隐患的存在是避免隐患的关键。家庭环境本身可能会引发一些在医疗环境中不会出现的隐患。例如，在有煤气炉的小厨房里使用氧气会造成爆炸的隐患；在生活区使用带有插头的电力设备可能会被绊倒；在老旧的电线上接入高能耗的设备（老年人往往住在老房子里）可能会引发火灾。系统设计者必须考虑其设备的使用环境，并试图排除、防范或警告相关的隐患。

老年人必须接受相关的教育，了解将在家庭中使用新的设备和系统可能带来的隐患。有两种成功提供隐患信息的途径。第一个途径是正式的指导材料，如小册子、录音信息或视频。第二个途径是通过教育性的小故事来说明隐患也很有效（例如，通过讲述一个人在家里使用设备的故事，来说明可能会发生的危险）。后一种方法通过警告隐患的危害，可以加深老年人的记忆。

10.2.4.2 隐患警告

使用医疗设备可能存在危险，而相关的隐患可能并不明显，例如，在使用氧气的房间里有静电的危险。传达这种信息正是警告系统的目的——提醒用户隐藏的危险，告知隐患的后果，并提供避免隐患的指导。老年人很重视警告，他们关注产品上的警告，认为警告非常重要。因此设计师有责任确保在老年人使用的系统中提供警告，并且让老年用户易于理解。

警告必须被注意到并被理解。因此，在设计警告的感知和注意力特征时，必须考虑到老年人的能力和局限性。为了提高理解力，符号必须经过老年用户的测试，并配以说明性的文本。文本信息应该清晰地呈现，减少推理的需要。可以使用类比将信息与用户的语义知识库联系起来。警告系统中的语言不应该过于技术化，应该适合六年级的阅读水平。

遵守警告对用户来说非常重要。大量证据表明，老年人比年轻人更加谨慎，更愿意遵守警告。以一种让他们了解隐患、知道潜在后果并掌握避免隐患方法的方式向他们提供相关知识至关重要。

10.3 健康应用程序、网站和可穿戴设备

随着设备增加互联网连接，并且通过无线网络实现无处不在的访问，"物联网"（IoT）的扩展是不可避免的。目前，老年人在使用健康应用程序、健康网站和可穿戴设备方面虽然落后，但未来很可能会朝着积极的方向发展。2011年（阿曼特，霍根，帕戈托，英语，拉帕内，2015年）和2013年（Fox和Duggan，2013年）的调查显示，大约三分之一的65岁及以上美国老年人会上网搜索健康信息，大约13%的人试图在网上诊断病情。在年轻群体中，在线搜索健康信息的比例上升到60%左右，因此未来的老年人更倾向于咨询线上健康信息渠道。显然，人们对查找健康信息有很大的兴趣。事实上，我们在这一领域的研究结果表明，老年人对在网上寻找健康信息很感兴趣。许多照顾者也会上网查找与护理有关的信息。

然而，智能手机上健康应用程序的使用仍处于起步阶段。2012年对手机用户的一项调查（Fox和Duggan，2012年）发现，在65岁及以上拥有智能手机的人中，只有约10%的人在智能手机上安装了健康应用程序。考虑到65岁及以上人群中只有约三分之一的人拥有智能手机，2017年使用健康应用程序的老年人比例可能低于5%，但这一数字可能会随着时间的推移而增长。在整个智能手机用户群体中，健康应用程序还面临着被放弃使用的风险，近一半的人表示已经不再使用他们的智能手机上的有些应用程序（Krebs和Duncan，2015年）了。同样的情况也发生在健身设备上：根据2016年的一项国际调查，智能手表和健身跟踪器的放弃率高达30%左右（Gartner,Inc., 2017年）。

然而，如前所述，医疗保健正在逐渐走进家庭，特别是对慢性疾病的管理方面，医疗健康软件正在成为医疗保健系统不可或缺的一部分。目前，市面上有许多健康相关的软件应用程序，旨在将智能手机和平板电脑与可穿戴设备（如健康和健身跟踪器）结合使用。这些应用程序在改善健康管理方面具有巨大潜力，但同时也面临着使用和设计上的诸多挑战。

10.3.1 医疗保健应用程序、网站和可穿戴设备面临的挑战

与其他医疗设备一样，获取途径、态度和可用性是采用健康应用程序和网站的关键因素。鉴于物联网技术目前在老年人群中的渗透率很低，这些挑战更加严峻。

获取途径方面的问题一直存在，在过去的十年里，发达国家的老年人的互联网使用情况已经有了很大的提升。在2016年，美国有三分之二的老年人可以上网（Anderson和Perrin，2017年），而在2000年这个比例只有12%。然而，正如第4章所讨论的那样，年龄梯度仍然很明显，65～69岁的人中有80%以上的人上网，而80岁以上的人中只有44%。另外要注意，宽带接入在2016年还没有普及，65～69岁人群中有66%的人接入宽带，80岁及以上人群的只有28%。同样，尽管42%的美国老年人拥有智能手机，但在70岁及以上的老年人中，只有不到三分之一的人拥有智能手机。2015年，大约三分之一的美国老年人拥有平板电脑。需要注意的是，拥有不一定等于使用，CREATE的研究发现，这些年龄组的人对电脑和移动设备的技术熟练程度都可能很低。

信任可能成为影响老年人使用健康应用程序和网站的障碍。一项使用美国代表性样本的研究表明，与年轻人相比，老年人更不太可能信任来自网络的健康信息（Soederberg Miller和Bell，2012年），这种信任的差距在互联网使用者和非使用者之间更加明显。通过对互联网用户和非用户开展焦点小组发现，老年人认为健康网站有用，而且他们信任这些网站的信息（Taha，Sharit，Czaja，2009年）。因此，要保证这些网站上发布的信息的可信度和时效性，或者至少要有一些可以评估可信度的指标。相比之下，对于医生提供的健康信息，没有出现这种与年龄相关的信任差距。鉴于目前网站隐私泄露和通过应用程序传播恶意软件的趋势，我们悲观地认为信任水平不会有所改善。

包括CREATE所进行的一些研究表明，即使是在官方网站上，也很少有老年人能成功找到他们想要的所有信息（Czaja，Sharit，Nair，2008年）。此外，老年人在解释和整合他们发现的健康信息方面也存在困难。这种情况对于健康素养低的人来说更加突出。用户模式/心理模型和关于搜索的基本知识是造成问题的原因之一。空间能力等方面的个体差异，是搜索任务表现的预测因素。缺乏搜索提示等网页设计的不合理也会使用户陷入困境，例如缺乏站点索引或不能链接到起始页等。此外，网上的信息往往过于专业，没有用简洁明了的语言（即医疗保健消费者容易理解的语言）来表达。

智能手机和平板电脑等可携带的设备与健身跟踪器等可穿戴设备之间的界限并不明确，因为只要有合适的腰带，许多智能手机都可以用挂架挂在腰间；而且，高端智能手机通常有传感器（加速计、陀螺仪、GPS），可以追踪活动。可穿戴设备往

往只有很小的屏幕显示信息。像"Fitbits"这样轻巧的手环最大限度地减少了可用的显示区域，通常一次只能显示一行文字，并使用滚动文字来传达长消息。对老年用户来说，滚动文字不仅需要更多的感知编码，还会增加工作记忆的负担。智能手表的显示屏相对较大，但是设备的微型化趋势给信息的输入（控件）和输出（视觉和听觉提示）设计带来了不小的困难。特别是对于视力和手指灵活度不佳的老年用户来说，这更是一大挑战。显示屏有多种类型，有活动LED显示屏（单色、全色），也有反射式电子墨水显示屏（可选背光），活动LED显示屏更耗电，电量可能在几天内就耗尽了，这意味着充电和低电池警告很重要。

大多数可穿戴设备需要配合智能手机或平板电脑一起使用，因此也会遇到这些设备面临的所有挑战。在这种多设备的情景下，健康应用程序的一个优势是：可以通过链接移动设备和设备本身（例如通过使用振动）轻松地来向用户提供冗余通知。这些通知可以提示用户执行操作，可以帮助进行前瞻性记忆任务，例如记得锻炼或联系医疗保健专业人员。一些关于应用程序可用性的研究表明，老年用户在菜单的布局以及图标和文字的大小和对比度的设置方面存在困难。可用性因素，特别是需要高灵巧性来管理的输入控件，可能是造成可穿戴设备高放弃率的原因，虽然目前在这个领域针对老年用户的研究还很少。另外，一些可穿戴设备使用了一些可能导致过敏的材料（如乳胶带）。

10.3.2 医疗保健应用程序、网站及可穿戴设备的解决方案

让低收入的老年人能够方便地获取设备和服务并不容易，可能需要政府的补贴。为了改善他们的使用态度，就要重点突出它们的优点，并尽可能减少它们在学习和使用方面的障碍。物联网的推广还面临着一个重要的问题，就是要确保设备能够稳定地与互联网连接。可穿戴设备及其相关的健康应用程序，如果不和其他设备配对，它们就没什么用处。配对通常连接蓝牙来进行，有的远程医疗系统也会使用其他无线方案（如Wi-Fi、Zigbee）或组合使用多种方案。为了方便用户连接设备，排除连接问题，说明书必须提供详细明确的步骤指导（参见第8章），以及免费的技术支持电话。在美国，如果把技术支持的客服外包给有外国口音的员工，可能会使老年人尤其难以解决问题，可能会导致他们退货或干脆放弃使用产品。

在介绍产品的时候，应使用通俗易懂的语言明确说明设备有哪些隐私和保密措施，避免使用难懂的行话。例如，向美国用户说明通信和存储程序"符合HIPAA标准"，可能并不能让他们明白其中的含义。

就可穿戴设备的可用性而言，如果主要用户为老年人，那么在可穿戴设备形态

因素的限制下，屏幕应尽可能做大。另一种办法是加入无线镜像功能，使用户可以把屏幕上的信息投射到大屏幕设备上（如智能电视），不过要提供明确的使用说明指导用户操作。此外，对于有视力障碍的人来说，还可以使用语音输出作为一种替代通信渠道。如果显示屏只能显示单色，那么最好选择黑底白字或白底黑字，这样对比度最高，或者选择中长波长、绿色和红色等饱和度高的颜色。此外，电子墨水显示器应有背光功能，以增强在大多数家庭中典型的暗光条件下的对比度（约$30cd/m^2$）。可穿戴设备，应提供多种材料选择，尤其是腕带的材料，要尽量避免引起过敏。

10.4 患者门户网站

患者门户网站是由美国医疗在20世纪90年代末引入的，是一种受保护的网站，包含电子病历（EMR）和其他记录的各种健康信息数据库，患者可以通过网络浏览器或者最新的移动应用程序来访问。在美国，患者门户网站分为"绑定式"和"非绑定式"两种类型。绑定式门户的个人健康记录（PHRs）主要由电子病历（EMR）提供，但患者也有权补充一些附加信息。非绑定门户主要由患者控制，其中的信息是患者自己输入的，或者是患者授权从特定来源（如医生、实验室）自动输入的。此外，患者通常控制谁可以访问非绑定门户中的健康信息。患者门户不仅可以存储健康记录，也可以向用户发送提示和提醒信息，例如，接种流感疫苗或记录血压读数。

由于老年人对信息和通信技术（ICT）的了解程度和操作程度普遍较低，可以假设他们中的大多数人如果使用患者门户网站的话，会使用绑定式门户。患者门户网站为包括行动不便老年人在内的所有人提供了通过互联网与医疗保健专业人员沟通的机会。通常患者门户网站会使用安全的信息传递方式进行交流，会给用户发送消息提醒。这些患者门户网站使患者能够实时了解自己的健康状况（例如查看检查结果），接收预约通知，安排预约并向信息提供者发送消息。他们还可以找到相关的药物信息，在某些情况下还可以进行处方药的续方。因此，多功能门户可以帮助用户完成各种医疗保健任务，让用户更清楚地了解他们的健康状况，并鼓励他们更积极地参与健康管理。

10.4.1 患者门户网站面临的挑战

目前，健康信息交换缺乏标准，同时种类繁多的门户类型激增，使得访问、管理和交换健康信息变得很困难。例如每个患者可能有多个互不关联的门户，其中一个是主治医生的门户，还有一些是专科医生的门户。Web和应用程序界面在供应商之间也没有统一的标准。用户的身份验证程序（特别是那些需要强密码的用户），无论是恢复内部长期记忆，还是依靠外部手段记忆（如找到保存密码的电子凭证或纸张），都对老年人的记忆能力有很高的要求。此外，我们还发现许多人难以理解在门户中发现的信息，因为信息中包含了很多医学术语（行话），同时也难以理解检测结果、图表和图形。如第3章所述，这些对于计算能力较差和缺乏技术知识的人来说尤其具有挑战性。

尽管美国通过HITECH等立法措施来鼓励使用门户，但是患者的门户的使用率虽然有所上升，但仍然很低，大约只有四分之一的患者使用（参见Greenberg等人，2017年）。2013年左右的研究表明，只有不到三分之一的老年患者注册了门户（如Krist等人，2014年）。注册与年龄（中年人多于健康问题较少的年轻人）、教育、收入、主导族裔和健康认知能力等因素呈正相关关系。使用率则与医生的鼓励，以及易用性等方面的许多因素（如注册的便利性、导航、隐私和安全性）等有关（Irizarry, Devito Dabbs和Curran, 2015年）。

老年人通常比其他年龄段的人更关心自己的个人电子健康记录（PHRs）的隐私性和保密性。考虑到最近电子病历系统遭到网络攻击被入侵的案例，这些担忧不无道理。老年用户可能担心自己注册和使用门户的能力不足，因为约40%的老年人仍未使用互联网，而且只有约40%的老年人使用智能手机技术。技术自我效能是影响老年人技术采用意愿的重要因素，除此之外，健康素养、计算能力、技术经验和认知能力等因素也会对技术采用意愿产生影响，这些都是我们和其他人的研究所证实的。

可用性是许多患者门户网站面临的一个主要挑战。使用门户时，需要先通过门户的身份验证，要求用户创建并记住强密码，这些密码被设计得很难猜测也很难被记住。此外，搜寻、理解并恰当地回应记录中的各种信息也可能存在问题，尤其是对于那些健康素养较低的人而言。例如，像BMI这样的术语的计算值并不能被所有人都理解，各种健康指标的正常范围或健康趋势的图表也可能让人感到困惑。

10.4.2 患者门户网站的解决方案

利用生物特征识别程序，将用户的身体特征作为唯一的识别符，可以简化认证。越来越多的移动设备正在整合一个或多个识别系统（例如指纹、虹膜、人脸）。对于计算机用户来说，在高端系统中类似技术的使用也越来越多。这些身份认证系统前景广阔，但目前还不够完善，存在可用性、可靠性（指纹识别在手指潮湿或沾污的情况下会失效）和安全性（指纹可以从其他来源取得并呈现；虹膜和人脸可以被拍摄并呈现）的问题。此外，生物特征识别登录一般还需要配合密码使用。目前的一些移动设备在关机重启后仍需要输入初始密码。生物特征识别技术还在不断进步；如果可靠性、易用性以及如何注册生物特征标记并确保其快速识别的指导能够有所改善，那么生物特征识别技术就可能会比输入密码更受用户青睐。想要避免医疗保健提供商特定的门户的泛滥很难，主要由于以下几个原因：首先，在设计和信息共享标准得到普遍认可之前，医疗保健提供商可能不愿意只使用一个门户服务商。其次，医疗保健提供商可能希望通过定制门户来突出自己的特色。

为了消除用户对使用门户的顾虑，可以向他们提供一些明确信息，告知用户为了保护其信息的保密性和隐私性，采取了哪些方法，并举例说明如何设置访问权限。让用户清楚地认识到门户好处的同时，要尽量降低学习成本，可以通过在线教程等方式提供适当的指导和说明。

为了达到一个的门户最佳可用性，使搜索任务更轻松，请遵循第7章中所述的指导原则。尽可能避免使用医学术语，并提供医学术语的词汇表。仔细选择图表格式，提供如何解读它们的详细信息，例如，使用有很多注释的示例图表。语言要通俗易懂，最好以8年级或以下的可理解水平来呈现信息。

尤其对于给予患者广泛的信息输入自由裁量权的非绑定式门户，提供详细的说明和示例、说明如何输入信息、允许其他人填写记录，并提供访问和更改记录的权限是十分有必要的。考虑到患者在输入数据时可能不容易发现或纠正"超出范围"的值，因此，强烈建议向用户提供自动的范围值检查和适当的反馈。例如，当系统接收脉搏/心率值时，要标记极高或极低的数值（如输入了600或6，实际的意图是输入60）。错误的值可能会在门户中触发不必要的警告。在一次常规检查中，一名护士错将本书作者之一的身高输入为5英尺2英寸而不是5英尺8英寸时，他就从门户上收到了BMI警告。而对于用户的删除操作，必须始终给予警告并允许"撤销"操作。

10.5 远程医疗系统

远程医疗系统通过信息通信技术（ICT）提供对医疗保健服务和教育的远程访问（Charness，Demiris和Krupinski，2011年）。该系统既包括实时通信技术（例如视频会议，用于病人面谈的远程心理健康服务），也包括存储转发技术（例如：远程放射学，用于将图像传输给放射科医生进行诊断）。远程医疗系统具有主动和被动两种组成部分。例如由用户踩上无线体重秤或操作无线血压计发起的数据对话就是主动组成部门的例子。系统也可以具有被动组成部分，例如，从家庭远程监控系统中的运动检测传感器自动发送数据。系统可用于诊断（如远程眼科）、治疗（如远程手术）、康复（如远程康复）和教育（如健康门户、在线课程）。

10.5.1 远程医疗系统面临的挑战

远程医疗系统通常在偏远地区使用。美国境内的一个案例是阿拉斯加州的远程医疗系统，由于该州的居民通常居住在偏远地区，很少能够得到当地医学专家的帮助，因此成了远程医疗系统的早期测试场。即使在今天，如第3章所讨论的，居住在医疗保健服务稀缺的乡村偏远地区的老年人的比例仍然较高。此外，老年人经常会面临行动受限的问题，例如有50%的老年人患有关节炎，而且农村偏远社区缺乏完善的公共交通，这使他们在前往专家处看病时将面临更大的挑战。

虽然远程医疗系统可以解决上述问题，但农村的房子往往缺少有线电缆和DSL系统来连接互联网，而且卫星连接的上传速度也不快，这会降低视频会议的画面和语音质量。如果没有相关补贴的话，互联网服务对经济条件不好的老年人来说往往很贵。在某些偏远的特定地区，手机蜂窝互联网连接可能很弱或完全没有，这取决于具体的运营商服务。当发电机燃料不足时，电力供应也可能会间歇性中断。

老年人在学习采用新技术方面往往落后于其他年龄段群体，他们通常对学习使用新技术系统缺乏信心，而且通常不太愿意用线上就诊代替与医疗专业人员面对面诊疗。对于使用线上服务来作为日常医疗护理的补充，他们是愿意接受的。虽然年长的医疗保健专业人员认可这类系统的有效性，但也可能对使用远程医疗技术存在顾虑，他们关心它如何支持他们的日常工作，以及它为病人提供服务的效果。护士往往是远程医疗系统的主要用户（Czaja，Lee，Arana，Nair和Sharit，2014年）。

远程医疗系统通常使用多个面向专业用户的尖端设备，并且这些设备需要专业技术人员的支持。老年患者并不是主要用户，家庭环境也不是设备的主要使用地点。这些设备通常不会考虑年龄相关的变化对感知、认知和精神运动能力以及生理系统的影响。例如，在我们的一个项目中，长指甲的老年女性需要用手指指腹的肉质部分触摸平板电脑上问卷的答案位置，因为平板电脑使用的是电容触摸屏，无法感应指甲的接触。此外，由于皮肤表面干燥，与年龄相关的皮肤电导变化会使手指在触屏设备上的接触较难被识别。此外，老年人对一些基本操作可能不太熟悉，他们可能不知道如何将设备连接到通信设备上，比如如何将平板电脑与无线网络连接，或者在断电后如何重置设备。使用说明只是系统的一个附加内容，通常会假定用户拥有比实际情况更好的技术素养。住宅的建造年代、面积和整洁程度千差万别，也缺乏现代医院和诊所那样标准化的照明、供暖、制冷设施和电力基础设施。

10.5.2　远程医疗系统的解决方案

冗余是一个非常重要的概念。应尽可能设计出能够通过多种通信系统传输数据的设备，如有线电话线、蜂窝网络、电缆、DSL、卫星等。此外，对于那些对电源中断敏感的关键设备，可能需要使用电池备份设备，如不间断电源（uninterruptable power supply）等。

为了保证远程医疗系统正常运行，还要注意技术支持的可用性（例如，24/7、上午9点至下午5点）和类型。为了让用户放心，使用诸如视频会议等功能的时候，需要清楚地告诉他们医疗专业人员的视频会议室中会有哪些人参与，因为狭窄的摄像机的角度限制，无法让家庭用户全面了解所有的参与者，这可能会引起他们的隐私顾虑。同样，医疗专业人员也应该询问用户家里或附近有哪些人。比如，如果施虐者恰好在旁边的话，老人可能不敢说出自己被虐待的情况。

在可用性方面，尽可能在输入和输出通道上都提供冗余。提供多种输入选项，例如电容式触摸屏设备的触控笔。提供多种输出选项，让用户可以通过视觉、听觉和触觉反馈来获取信息也很有用。此外，还应提供清晰的逐步指导，帮助用户解决连接问题。如果用户可能会遇到互联网连接断开的情况，就不能只依赖在线手册，还需要免费的客服电话提供技术支持。

10.6　结论

各国都希望能够有效控制医疗保健成本的不断增长，因此，寻找更有效地提供医疗保健服务的方法是当务之急。家庭医疗设备和系统，如远程医疗系统就是一个很有希望的方向。在家庭环境中使用医疗保健服务并不是一件容易的事情，需要关注系统和用户组件可能会出现的各种不稳定情况，重点解决它们的可靠性问题。无论是患者还是医疗保健提供者，这些老年用户在个体间和个体内都表现出巨大的变异性。而且，老房子在便利设施和基础设施方面的变异性可能比新房子更大。在关注老年用户的需求和能力时，需要注意以下几点：

- 健康和技术素养较低。
- 关注隐私和保密性。

- 担心使用无障碍产品带来污名化。
- 提供充分的技术支持。
- 提供详细的指导。
- 使用冗余通道在系统和用户之间传递信息。
- 关注认知复杂度。
- 关注显示器和控制/交互设备的设计。

如今，医疗保健服务逐渐从诊所和医院转移到家庭中。居住在老房子里的老年用户给那些希望提供有效的家庭医疗保健的人构成了独特的挑战。本章的目的是为设计一套安全有效医疗保健解决方案的关键问题提供一个概述，来应对老龄化人口的医疗保健需求。

10.7 推荐读物

[1] Charness, N., Demiris, G., & Krupinski, E. A. (2011). Designing telehealth for an aging population: A human factors perspective. Boca Raton: CRC Press.

[2] Irizarry, T., DeVito Dabbs, A., & Curran, C. R. (2015). Patient portals and patient engagement: A state of the science review. Journal of Medical Internet Research, 17(6), e148, doi:10.2196/jmir.4255.

[3] Krebs, P., & Duncan, D. T. (2015). Health app use among U.S. mobile phone owners: A national survey. JMIR Mhealth Uhealth, 3(4), e101. doi:10.2196/mhealth.4924.

[4] Weinger, M. B., Wiklund, M. E., & Gardner-Bonneau, D. J. (Eds). (2010). Handbook of human factors in medical device design. Boca Raton: CRC Press.

第11章
生存环境

> 家是心灵的港湾。
>
> ——19世纪的谚语

"家是心灵的港湾"。这句谚语告诉我们，无论老年人生活在哪里，都应该让他们感到舒适，保持自己的自主性，最大限度地提高他们的生活质量。与年龄相关的健康和能力的变化可能会对居住环境提出要求，但是他们仍然希望保留家的感觉。

在美国，近年来老年人的住房选择不再局限于传统的方式（例如，留在原来的家中，与亲戚一起住，或入住长期护理机构），有了更多现代化的选择（例如，搬到退休社区、独立或辅助生活机构，或持续护理退休社区）。此外，在每种类型的住房中，都往往存在各种不同程度的护理需求。老年人的生活状态各不相同，有些老年人可能会在自己原来的家中独立生活，几乎不需要帮助，而有些老人则需要得到各种非正式和正式支持。同样，居住在专业的护理机构中的老年人可能需要各种类型和不同程度的支持。

正如本书所讨论的，随着年龄的增长，老年人的感知、认知和运动控制能力发生变化，加之慢性疾病和残疾发病率的增加，可能需要提供相应的适应措施以支持老年人的日常活动。本章重点讨论了老年人所处的各种生活环境、他们面临的挑战以及应对这些挑战的方法。这些解决方法可能涉及人员（目标的改变）、环境（如物理改造）和技术（如家庭监控、家用机器人）。正如其他章节强调的那样，在设计、推行适应措施和产品时，必须考虑老年人的需求、偏好和能力，以确保它们最大限度地发挥作用并取得成功。

11.1　居家养老

"居家养老"一词在日常语言中很常见，但它究竟是什么意思呢？人们过去认为，他们希望能够一直住在家里直到离世，不用进行任何搬迁。尽管这种观点确实适用于一部分人，但现在老年人有更多的居住地选择（注意，在美国住房行业，"老

第 11 章　生存环境

年人"通常指 55 岁及以上的个人）。

人们在日常生活中移动能力和行动能力的变化以及更多的居住选择可能会影响"居家养老"的含义。美国疾病控制和预防中心提供了一个简洁而通用的定义：

"无论年龄、收入或能力如何，都能安全、独立、舒适地生活在自己的家和社区中。"（https://www.cdc.gov/healthy places /terminology.htm）

这个定义的关键词是安全、独立和舒适。本章我们将采用这个通用的定义。无论老年人选择住在公寓、房子、住宅小区还是与家人住在同一个房间里，他们的个人生活目标往往都会包括安全、独立和舒适。因此，居家养老主要指老年人在任何生活环境中都能保持独立性的能力。

11.2　生活安排

老年人生活在各种不同的环境和地点。无论他们身处何处，都必须要应对外部生活需求与个人能力之间的差距。这需要人与环境之间良好的匹配度，如第1章所述（见图1.3）。由于年龄相关的能力变化，即使是健康的老年人也可能在独立生活环境中遇到困难，见第2章。许多老年人自己患有慢性病，或是其他人的看护者，如第10章所述。

11.2.1　独立生活

老年人可能独立居住在普通社区的住宅或公寓中，也可能居住在专为老年人设计的社区，如老年人住房或55+社区。无论身处何处，独立生活都指由老年人主要负责管理自己的日常需求。图11.1展示了65岁及以上未入住机构的老年男性和女性的居住情况，包括独居、与配偶或伴侣同住以及其他情况（如与家人或朋友同住）。显然，大多数人选择独居或者与配偶或伴侣同住：其中女性中有82%，男性中有92%。

此外，独居的老年人面临社会孤立和安全问题的风险。据图11.1所示，65岁及以上的女性中有34%独自生活（男性为20%）。75岁以上的女性，超过50%的人独自生活。女性独居的比例更高，因为她们的寿命比男性长。例如，在美国，目前女性的预期寿命为81岁，而男性为76岁。

自然形成退休社区（Naturally Occurring Retirement Communities，NORCs），指的是社区或建筑中，老年人在居民总数中占比较高的情况，这种情况并非有意设计的，而是由于人口结构的变化所导致的。例如，在一个原本以家庭为主的社区里，

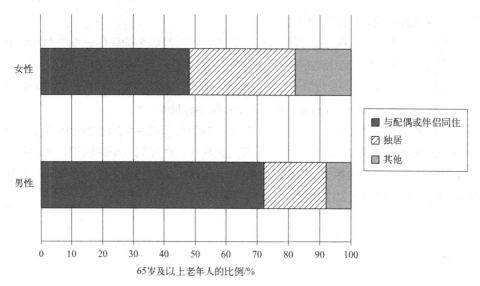

图11.1 65岁及以上未入住机构的老年男性和女性的居住情况

（数据来源：美国健康和人类服务部管理的老年人事务局2017年发布的《美国老年人概况：2017》，https://www.acl.gov/aging-and-disability-in-america/data-and-research/profile-older-americans）

孩子们长大成人搬离了出去，而父母则在留在原地养老。在一些自然形成的退休社区中，居民之间会有互相协调活动的机制，相互支持，有一些提供共享服务、营养计划或医疗保健服务的社区团体。

与NORCs相对应的是规划型退休社区（Planned retirement community），这些社区专门为那些能够独立生活和照顾自己，无须护理和医疗服务的老年人（在这种特定情况下定义为55岁及以上）设计。住宅的设计旨在为老年人提供舒适的环境并增加他们的社交机会。

许多此类社区都提供餐饮服务、洗衣服务、基本家政服务以及预约和日常事务的交通服务。然而，独立生活型老年住宅不提供日常生活活动（ADLs）的帮助，如洗澡、穿衣、进食、如厕等，也不会提供与药物提醒或其他医疗任务相关的工具性日常生活活动（IADLs）的帮助。

正规独立生活社区的选择越来越多，老年人通常通过搬入这些社区，来摆脱维护住宅、缩小住所规模的困扰，并享受更多的社交机会。

11.2.2 辅助生活机构

辅助生活机构是指在与住宅类似的机构环境中为居民提供所需的日常生活活动

（ADLs）和工具性日常生活活动（IADLs）的支持。该机构针对至少需要一项日常生活活动支持的居民，提供住房和个性化支持服务。图11.2反映了辅助生活机构提供的不同类型支持服务的分布情况。

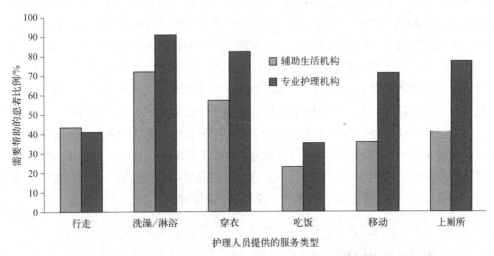

图11.2 在日常生活中不同机构环境下需要帮助的患者百分比

（经Mitzner、Chen、Kemp和Rogers许可使用，2014年）

11.2.3 专业护理机构

2016年，65岁及以上人口中，生活在机构环境中的人数和比例相对较少，分别为150万人和3.1%。其中，在养老院居住的人数为120万。然而，随着年龄的增长，这一比例显著增加。

根据《美国老年人概况》的数据，2016年，居住在专业护理机构的人口比例相对较小，但随着年龄的增长而逐渐增加：65～74岁的人群中只有1%的人居住在此类住所，75～84岁的人群中这一比例为3%，而在85岁及以上的高龄者中，则有9%的人选择居住在专业护理机构之中。

这一趋势值得注意，因为85岁以上的人是老年人中增长最快的年龄组。图11.2说明了专业护理机构为老年人提供的服务类型，通常包括多种日常生活活动（ADLs）的帮助。

辅助生活机构或专业护理机构通常提供一种特定类型的支持，即失智照护单元。居民可能有不同程度的认知障碍，由于记忆力下降，他们在日常生活中需要针对性的帮助。

11.2.4 组合

持续护理退休社区（Continuing Care Retirement Community，CCRC），可以提供多种级别的护理服务。在这种社区中，人们可以根据自身需求在同一社区内的不同照护单元之间灵活转换。这样一来，CCRC就能为居住者提供持续的护理服务，使个人能够始终居住在熟悉的环境中，并与他们建立的社交网络保持密切的联系。

美国卫生和公共服务部的一份报告指出，1997年持续护理退休社区的上升趋势，当时大约有1200个社区为35万人提供了服务。考虑到老年人人数的增加，这一趋势并不令人感到意外。预计，2014年有超过2000个社区为60多万人提供服务。

绿色之家项目旨在改变老年人共同居住环境的传统模式，使老年人无论住在哪里，都感觉自己在家里。它的目标是在与家相似的环境中，提供与辅助生活机构或专业护理机构相同水平的支持服务。绿色之家的房屋特点是规模小，布局舒适，此外，绿屋之家还会对员工进行培训，员工与居民的护理比不高。

11.3 居家养老的挑战

无论人们住在哪里，日常生活中总会或多或少地出现一些具有挑战性的事情。这些潜在挑战可以归为三类：照顾自己、照顾他人和照顾家庭。通过这些分类，可以更好地考虑老年人的需求，提出针对性的服务方案。

11.3.1 照顾自己

如第3章所述，老年人的日常活动可以分为基本日常生活活动（ADLs）、工具性日常生活活动（IADLs）和增强性日常生活活动（EADLs）。执行这些活动的能力，特别是基本日常生活活动和工具性日常生活活动，决定了一个人需要的社会支持水平。老年人更有可能存在功能障碍，因此居家养老可能会面临更多挑战。例如，对于行动不便的人来说，随着年龄的增长，移动（例如从轮椅到厕所或从轮椅到椅子）、进出家门、洗澡、如厕和准备食物等基本日常生活活动都变得更加困难。

即使是独立生活的老年人，也常常需要护理人员的协助来完成工具性日常生活活动（IADLs）。如果工具性日常生活活动需求无法得到满足，老年人可能会搬到辅助生活机构生活。例如，难以做重活、洗衣困难、无法步行外出和购物困难，都预示着老年人可能会选择搬到辅助生活机构。另外，药物管理困难也是老年人是否进入辅助生活机构的重要预测因素，这并不令人感到意外，因为辅助生活机构的居民平均服用六种处方药，25%服用九种或更多的药物。因此，工具性日常生活活动的支持需求可能会影响人们搬到辅助生活机构的概率。

搬到辅助生活机构生活可能在一定程度上与工具性日常生活活动的支持需求有关，搬到专业护理机构则通常是由于需要额外的基本日常生活活动的支持。图11.2中的数据证实了这一观点，与辅助生活机构相比，专业护理机构对基本日常生活活动的援助更为频繁。事实上，疗养院居民完全或部分ADL功能依赖的比例可能高达97%。从辅助生活住宅搬到专业护理机构是因为居民的基本日常生活活动需要帮助，尤其是无法独立洗澡的情况。

11.3.2 照顾他人

老年人不仅需要照顾自己，还常常照顾他人。家庭护理者联盟（https://www.caregiver.org/caregiver-statistics-demographics）将非正式支持定义为"无偿帮助他人处理日常生活活动和医疗任务的个人，包括配偶、伴侣、家人、朋友或邻居等"。该机构提供了以下有关看护工作的统计数据：

- 在过去的12个月里，大约有4350万名看护者为成年人或儿童提供了无偿护理。
- 看护者年龄分布：

平均年龄为49.2岁；48%的看护者年龄在18～49岁；34%的看护者年龄在65岁及以上。

- 被看护对象年龄分布：

平均年龄为69.4岁；14%的被看护对象年龄在18～49岁；47%的被看护对象年龄在75岁及以上。

通常情况下，老年人会照顾配偶或伴侣，但《美国老年人概况》提供的统计数据显示，大约有100万60岁及以上的祖父母还会照顾一个或多个18岁以下的孙子女。360万智力和发育障碍患者的家庭看护者中有24%已经年过六旬。

11.3.3 照顾家庭

除了照顾家人，打理房屋也可能是一种负担。对于那些居住在老年公寓或辅助生活机构中的人来说，这样的负担大大减轻了（这常常是他们离开家庭搬到更小地方的原因）。对于留在普通社区的老年人来说，照顾家庭可能很困难。

研究人员采访了一些老年人，以确定家庭维护的挑战——他们的意见如图11.3

所示。近70%的与清洁有关,包括吸尘、整理、更换床单、洗碗、洗衣服、清洁厕所、倒垃圾和一般清洁;另外还有一些与户外清洁有关,包括修剪草坪、粉刷房屋外墙、清洁排水沟或其他一般户外清洁任务。另外,还有16%的困难任务属于家居设备维护,例如加热和空调维护(如更换或更换炉子过滤器)、虫害控制、更换灯泡、清洁排水沟、更换烟雾报警器和一氧化碳探测器中的电池。

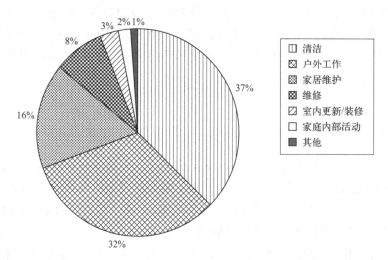

图11.3　采访独立生活的老年人时提到的维护家庭的困难任务类型(因数据只保留到整数,四舍五入后产生1%的误差)(经Fausset、Kelly、Rogers和Fisk许可使用,2011年)

11.4　居家养老挑战的解决方案

选择、优化和补偿(The Selective Optimization with Compensation,SOC)模型(如图11.4所示)是人生发展心理学的一个宏观理论视角,它为居家养老的潜在解决方案提供了理论依据。选择是指个人目标的发展和承诺(例如,保持独立性)。可分为选择性选择和损失性选择。选择性选择是指从所有可能的选项中选择想要追求的目标(例如,决定不再把在园艺工作视为重要的目标)。相反,损失性选择是指放弃一个人无法再执行的任务。损失性选择通常是由于增龄导致的诸如视力和感觉运动控制能力等身体机能老化等,例如,由于对他们来说弯腰太难了,所以老年人决定不再进行园艺工作。

优化是指投入时间、精力以及分配资源来支持所选择的目标。例如,坚持并增加练习与目标相关的任务。在家庭环境中,这可能意味着,即使花费很长的时间并

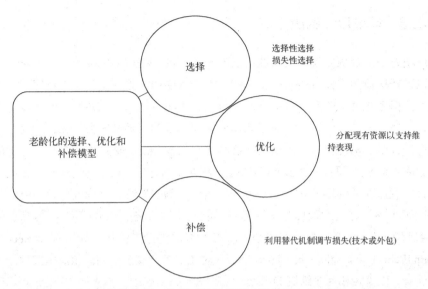

图11.4　成功老龄化的选择、优化和补偿模型（改编自Baltes和Baltes，1990年）

需要频繁休息也要继续坚持吸尘。

补偿指通过替代机制调节损失以维持重要活动；也就是说，在资源减少的情况下依旧保持性能表现。补偿行为包括使用技术来支持表现以及任务外包。例如，一个人可能会雇佣其他人来帮助打扫房子，或者采购一些工具来减轻执行任务的难度。

SOC模型有助于理解支持居家养老的潜在解决方案。可以简化为通过改变个人，改变环境，或引入技术来支持任务活动。通常，老年人会采用多种策略来实现他们想要的目标。

11.4.1　个人解决方案

与人相关的解决方案包括通过改变个体行为应对挑战。个人解决方案涉及调整目标，学习新的方法，或外包（即不再亲自完成任务）。例如，在个人护理方面，一个人可能会因为进出浴缸困难放弃泡澡，而改用淋浴。在照顾他人方面，也许雇佣兼职人员可以让主要护理者继续满足他们所爱之人的社交需求，同时得到洗澡或做饭等其他方面的支持。

采访发现，在打理家务方面，人们会通过各种方式调整自己的目标，比如降低清洁标准，雇人修剪草坪，或者减少园艺的时间，以免把自己累垮。从成功老龄化的选择优化补偿（SOC）视角来看，一个人如果能够选择增强个人能力、支持其兴趣的目标，会对自己的生活质量更满意。

11.4.2 环境设计解决方案

环境方面的解决方案包括改造自己的家（例如，房屋结构性改造，装修）或搬迁，以减轻执行困难任务的负担。摔倒在老年人中很常见，是老年人普遍担心的问题。美国国家卫生研究院（National Institutes of Health）估计，每年65岁及以上的老年人中有三分之一会摔倒。对于老年人来说摔倒的后果通常很严重，因为他们很容易骨折或受到其他伤害。摔倒往往会导致永久性残疾、被迫离家甚至死亡。要仔细检查家庭环境中可能引发跌倒的风险。例如，对室内家居产品进行全面的检查，通常会发现潜在的绊倒危险，如松散的电线，散落的地毯，走廊或台阶等过渡区域的低照明水平。这些危险相对容易解决，但需要用严格的标准仔细评估家庭环境。可以参照美国疾病控制与预防中心（CDC）提供的检查清单（https://www.cdc.gov/steadi/pdf/check_for_safety_brochure-a.pdf）对住宅进行安全评估。该清单按房间进行逐项检查，以确定和减少跌倒的风险。

在某些情况下，需要进行结构性的改变，以提高老年人住宅的安全性和宜居性。美国家庭建筑商协会（National Association of Home Builders，www.nahb.org）开发了一个名为"认证适老化改造专家"（Certified Aging-in-Place Specialist，CAPS）的项目，专门为适老化改造领域的专业人员提供技术技能、业务管理和客户服务方面的支持。目前，全美有超过8000名持有此证的专家被列入NAHB可搜索目录中。

还有许多资源也可用于支持住宅设施的设计。可循证指南由设施指南研究所（Facility Guidelines Institute，www.fgiguidelines.org）制定，其中最相关的是"住宅健康、护理与支持设施的设计和建设指南"。这些指南适用于养老院、临终关怀设施、辅助生活设施以及独立生活设施和成人日托设施。

11.4.3 技术设计解决方案

先进的技术发展，在满足老年人的生活环境需求方面有很大潜力。设计重点应放在开发能够弥补任务要求和执行者能力差距的辅助工具上。只有通过对问题的来源、性质和发生的背景进行详细分析才能达成这些目标。家庭环境可以是医疗保健、工作、社会和休闲活动的环境，本书的第10章、第12章、第13章和第14章分别介绍了这些活动所需的技术支持示例。此处重点关注针对家庭特定活动的技术支持，如智能家居技术、家用机器人和数字家庭助手。这些先进的技术前景广阔，但需要仔细开发和谨慎选择，以确保它们能够满足特定老年用户的需求。

家庭监控系统可以向可信任的家庭成员或医护人员提供老年人家庭活动模式的

信息。许多公司认识到了这种技术的潜力。在选择这样的系统时,重要的是用像其他系统一样严格的标准来评估它。他是否会对家庭生活造成干扰?传感器的类型可能决定了它的干扰程度。老年人能否在需要时与系统交互?系统是否支持单一的功能(跟踪活动),还是能够同时支持多个功能(追踪活动、药物提醒、接收和显示朋友和家人的照片等)?老年人是否能看到、听到和操作界面设备?从人为因素的角度评估系统至关重要,对智能技术而言也是如此。尤其重要的是,老年人需要了解系统的工作方式、收集和/或存储的信息类型以及可以访问这些信息的人。

家用机器人是一个新兴的发展领域,它专门为家庭环境而设计,用户不需要经过专业训练就能操作。家用机器人可用于家庭安全、家务、医疗支持、远程交流、陪伴和娱乐等方面。这些机器人在适应房屋物理环境并能与不同用户群体进行互动的情况下,还有助于支持老年人居家养老。根据经验,老年人对在家里安装机器人的想法持开放态度,但是有一些前提条件。他们对机器人的外观有偏好(取决于其执行的任务);如果他们打算使用它来完成重要的任务,确定机器人的可靠性和可信度对他们来说就会很重要;此外,老年人还希望机器人能易于互动,能够明白他们的意图和需求。这些是人们在家中使用任何类型技术都会有的合理需求,这也为设计和推行支持老年人居家养老的家用机器人提供了一定的指导。

亚马逊回声(Amazon Echo)或谷歌主页(Google Home)等数字家庭助手正变得越来越常见,它们对于帮助人们完成家庭任务非常有潜力。这些设备通过语音激活,只需要对数字家庭助手说出自己的需求即可,例如,打开灯、播放爵士乐等。对老年人使用数字家庭助手的初步研究显示,它们确实有潜力为老年人在多个方面提供帮助,如准备食物(例如,按照食谱做饭、制定购物清单)、家庭管理(例如,照明、安全)、医疗保健(例如,药物提醒、锻炼建议)和社交互动(例如,与家人联系)等方面。然而,老年人可能会在让数字家庭助理完成任务时遇到一些困难,他们可能不太明白它的工作原理和可用功能。此外,这些设备上的特定程序并没有根据老年人的特定能力、限制和需求进行定制。这类技术需要持续关注设计和教学支持的问题,但总体来说,他们对于支持老年人有着很大的潜力。

11.5 总结

"居家养老"一词应广义地理解。老年人身处环境不同,需求各异。但是,他们都对自主、安全、舒适和生活质量有所要求。通过调整个人目标、改善环境和利用技术工具提升能力,可以促进这些目标的完成。

了解老年人所面临的挑战并为干预提供机会，有助于帮助老年人保持独立性。通过了解老年人在居家养老中遇到的问题本质，以及解决困难的方法，可以更有效地进行干预和重新设计，解决最需要关注的领域。家庭服务提供商、技术开发商、家居设计师和老年机构可以开展合作，共同推进居家养老的实现。

11.6 推荐读物和链接

11.6.1 读物

[1] Cotten, S. R., Yost, E., Berkowsky, R.W., Winstead, V., & Anderson, W.A. (2016). Designing technology training for older adults in continuing care retirement communities. Boca Raton, FL: CRC Press.

[2] Czaja, S. J., Boot, W. R., Charness, N., Rogers, W. A., & Sharit, J. (2018). Improving social support for older adults through technology: Findings from the PRISM randomized controlled trial. The Gerontologist, 58(3), 467-477.doi:10.1093/geront/gnw249.

[3] Greenfield, E. A. (2014). Community aging initiatives and social capital: Developing theories of change in the context of NORC supportive service programs. Journal of Applied Gerontology, 33(2), 227-250. doi:10.1177/0733464813497994.

[4] Peek, S. T. M., Wouters, E. J., Luijkx, K. G., & Vrijhoef, H. J. (2016). What it takes to successfully implement technology for aging in place: Focus groups with stakeholders. Journal of Medical Internet Research, 18(5):e98.doi:10.2196/ jmir.5253.

[5] Remillard, E. T., Fausset, C. B., Fain, W. B., & Bowers, B. J. (2017). Aging with longterm mobility impairment: Maintaining activities of daily living via selection, optimization, and compensation. The Gerontologist, gnx186, doi:10.1093/geront/gnx186.

[6] Sanford, J. A. (2012). Design for the ages: Universal Design as a rehabilitation strategy.New York: Springer.

11.6.2 链接

[1] Aging in Place Technology Watch. https://www.ageinplacetech.com/.

[2] Certified Aging in Place Specialist (CAPS). https://www.nahb.org/en/learn/designations/certified-aging-in-place-specialist.aspx.

[3] The Green House Project: http://www.thegreenhouseproject.org/.

[4] Guidelines for Design and Construction of Residential Health, Care, and Support Facilities. https://www.fgiguidelines.org/guidelines/2018-fgi-guidelines/#.

[5] National Alliance for Caregiving. https://www.caregiving.org/.

第12章
工作和志愿活动

> 工作场所是年轻人向长者学习并青出于蓝而胜于蓝之地。
>
> ——佚名

达到正常退休年龄的老年人常常去参加各种各样的工作和志愿活动。有观察性研究表明,更长的工作年限与更好的认知健康有关(例如Fujishiro等人,2017年),但两者之间关系的方向却并不清晰。同样,志愿服务不仅与老年人生活满意度的提升有关,而且也有健康益处(Anderson等人,2014年)。因此,应通过改善工作和志愿活动的环境及提供培训等方式去鼓励老年人参加这两项活动。需要注意的问题是,在技术使用的大背景下,在工作环境或志愿服务环境中,通常缺乏足够的资源为老年人提供培训。

12.1 劳动者和工作的变化:概述

在美国,劳动者队伍正在急剧老龄化,这一势头扭转了自20世纪30年代社会保障养老金制度成立以来一直存在的提前退休的趋势。在过去十年左右的时间里,美国劳动者一直在推迟有薪工作的退休时间,甚至许多已经退休的劳动者正试图重新进入劳动力市场。这些趋势发生在65~74岁和75岁及以上的劳动者身上(见图12.1)。

一个可能的原因是,2007~2009年的经济大萧条,以及从可预测收益的固定福利养老金(DB)制度向收益不确定的个人储蓄养老金(DC)制度的转变,使人们在经济上缺乏安全感。随着预期寿命的稳步增长(尽管在美国这种趋势正在逆转),人们担心会面临财政紧张的局面。然而,事实上在美国,与年轻一代相比,老年家庭的实际收入有所增加(Bosworth、Burtless和Zhang,2016年),这种趋势受到教育水平和种族等特征不平等的影响而有所差异。此外,很多人显然不想为退休做准备(Adams和Rau,2011年),因此,继续工作或许是一个不错的选择。对健康福

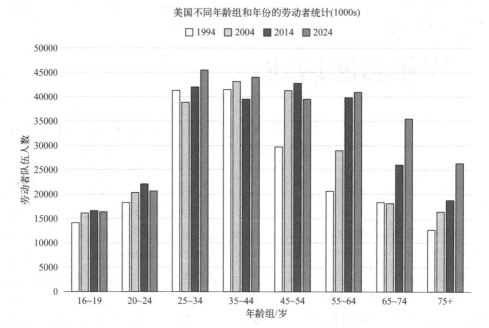

图12.1 美国劳动者队伍人数按年龄组和年份的预测（以千为单位）

（数据来源：Toossi，2016年）

利的担忧是老年人继续工作的第二个原因。人们在过了规定的退休年龄后还在继续工作，因为他们希望保持生产力和参与感。此外，工作提供了持续社会互动的机会。

无论形成当前趋势的原因是什么，它应该将是一个持久的趋势。2017年的一项盖洛普民意调查显示，74%的美国成年人打算在正常（65岁）退休年龄之后继续工作。2016年的一项类似的雇主调查也得出了相似的结果（泛美退休研究中心，2016年），尽管很少有雇主会主动采取措施来适应老年员工的需求；例如，只有39%的公司提供灵活的工作时间安排，只有32%的公司提供全职到兼职的工作过渡。如前所述，老年人的培训和再培训机会也受到很多限制。

近几十年来，新技术涌入工作和志愿活动场所的速度从未像今天这样快。劳动者必须学会将这些新的工具整合运用到他们的工作流程中，并不断更新他们的知识体系。对于办公室工作来说，诸如Microsoft office等操作系统和工作相关的应用程序每一到两年就会进行一次重大修订。此外，如前所述，管理环境也发生了变化。所有这些变化都会对各种年龄段劳动者的适应能力形成压力。

部分原因是新技术不断渗透到工作场所，工作的性质和内容也在发生变化（美国国家科学、工程和医学科学院，2017年）。与之前相比，现在的成年人从事的工作对身体的要求较少（更多指的是服务部门的工作而不是农业、制造业和采矿业工作），因此有继续工作的愿望和能力。尽管如此，虽然工作对体力的要求不那么高，但有证据表明，因为技术在工作和志愿服务环境中的普及率提高，这些工作变得更加具有挑战性。对于许多职业来说，团队协作也变得越来越重要，对沟通技能的要求越来越高，特别是对使用协作软件的要求。此外，越来越多的员工在家中或卫星办公室等远距离办公。在本章中，我们会集中讨论这些问题对老年劳动者和志愿者的影响。鉴于技术的普遍传播，我们强调为工作和志愿服务提供环境技术设计的重要性。

12.2 老年劳动者的人口统计学特征

美国劳动力队伍的预测显示，到2024年，65～74岁和75岁及以上老年劳动者群体的数量将大幅增长，如图12.1所示。预计65～74岁和75岁及以上的劳动者数量将超过16～19岁和20～24岁的数量。此外，尤其是在美国，以及其他拥有大量移民人口的国家，劳动者在文化背景与种族方面的结构也越来越多样化。

老年人与其他年龄段的人分布在大致相同的行业，当然也有一些例外。老年人多的行业往往更多地集中在服务业，包括教育和卫生保健服务、批发和零售贸易以及专业和商业服务。婴儿潮一代后期的纵向数据（美国劳工统计局，2017年）表明，他们在职业生涯中经历了很多的工作变动，从18岁到50岁期间平均从事过近12份工作。即使是在45～50岁，他们也可能经历过1.7份工作（美国劳工统计局，2017年）。此外，对于55～64岁的老年男性劳动者来说，一份工作的持续时间从1983年的15年缩减到2016年的10年（雇员福利研究所，2017年）。这些调查结果的第一个含义是，老年劳动者可能在其职业生涯的大部分时间里一直在进行自我再培训，尽管不是所有劳动者都是如此，比如那些从事低薪工作的人。第二个可能的情况是，因为频繁更换工作，他们可能在目前的工作中是新人。由于在新员工在工作的第一年发生事故的可能性更大，而且相对于年轻劳动者，老年劳动者处理事故的成本更高，因此，为老年人提供避免工作危险的培训很重要。

12.3 对老年劳动者的偏见和态度

有许多对老年劳动者的偏见，甚至通常情况下管理者和老年人自己都认可这些偏见。但是默认这种偏见会使员工因为刻板印象效应导致工作表现不好或在招聘中出现年龄歧视的做法，反过来影响到公司聘用高素质老年员工的可能性。常见的偏见类型包括：年龄较大的员工比年轻员工效率低、对工作不上心、不愿意学习新技能（特别是技术类技能），受伤和缺勤率更高。

但令人惊讶的是，年龄和工作效率之间并没有必然的联系，这个结论是通过对工作成果产出、管理人员和同事评价的研究方法得到的。事实上，一个人的收入峰值一般出现在40岁末和50岁初，而收入通常是衡量员工对公司提供价值的可靠指标。尽管老年劳动者的许多认知能力会出现一定程度的老化，但由于阅历的增加，特别是工作经验和人际交往能力的增长能够很好地弥补老化的影响，从而使老年员工也保持着较高的工作效率。尽管如此，增龄导致的老化也可能会使工作环境变得更有挑战性了，因此通过良好的工作环境设计来修正这种变化是一个明智的商业决策。年长员工还具备另一些可以提升工作效率的积极因素——那就是老年员工比年轻员工更忠于工作、自愿缺勤率较低，较低的事故率（虽然他们受伤需要较长时间恢复）以及较低的跳槽率。例如，一项对酒店预订客服中心员工的经典研究（McNaught和Barth，1992年）表明，年龄较大的员工在电话上花费的时间更长，比年轻员工更有可能预订酒店，因为在多年经验积累后，他们用来说服某人购买商品的人际交往能力可能会更加成熟。其他研究表明，考虑到他们跳槽率比较低，所以培训老年工人是极具经济意义的（例如Brooke，2003年）。

另一个偏见是认为老年员工有技术恐惧症，对学习使用新技术也没有什么兴趣。但是研究发现，许多老年人对学习使用新技术非常感兴趣，反而会因为产品设计不好和缺乏可用的培训和支持而丧失信心，尤其是那些考虑到他们目前知识水平而精心设计的培训更少。虽然老年人在技术应用方面落后于年轻人，但也有一些明显的例外。当产品具有较高的实用性、易用性且价格合理时，它们很快就会被学会使用，微波炉就是一个很好的例子。此外，如果有机会接触到设计良好的产品和培训时，老年人在学习使用新技术和产品时会表现得很好，甚至一直能够学到90多岁（Czaja, Boot, Charness, Rogers和Sharit，2018年）。例如，CREATE的项目展示了65~98岁的老年人，在没有或只有有限的计算机使用经验的情况下，可以学习使用个人日常生活管理和社交管理（PRISM）系统。PRISM是一款为老年人设计的应用程序，具有支持社交、记忆、老年人最有可能感兴趣的相关信息、休闲娱乐和资源获取的功能。虽然老年人没有技术恐惧症而且可以学习新技能，但他们需要花更长的时间来掌握完全的新技能，所以如果可能的话采用自适应训练方式（见第8章）。

12.4 工作环境的发展趋势

12.4.1 强调知识型工作

如前所述，20世纪末一个最显著的发展就是计算机技术在工作环境中的迅速普及。今天，电脑和互联网连接无处不在，并且采用了许多诸如平板电脑、智能手机等不同的载体。现在，包括体力劳动在内的大多数工作都需要使用这种技术，因为他们都要使用在线记录工时的方式而不是打卡机来考勤。也就是说，几乎所有的工作都至少有一定程度的必要技术作为知识-工作的组成部分。此外，设备的软件操作系统也会有定期的更新。从表12.1可以看出，现在大多数工作集中在服务业，而不是劳动密集型行业，这些工作往往是知识密集型的。因此，必须为所有年龄的劳动者提供培训和再培训的机会。在第8章中，我们讨论了为老年工人设计适当的培训计划的指导原则。

表12.1 2016年美国按年龄组和行业划分的就业情况（单位：千人）

行业	年龄组别						
	16~19岁	20~24岁	25~34岁	35~44岁	45~54岁	55~64岁	65岁+
农业、林业、渔业、狩猎	100	166	433	420	492	468	381
采矿、采石以及石油和天然气开采	4	45	214	186	174	134	36
建筑业	173	750	2304	2510	2423	1714	453
制造业	208	1076	3173	3304	3934	3062	650
批发和零售业	1176	2883	4565	3522	3691	3092	1289
运输和公用事业	95	492	1578	1690	2099	1637	420
信息	74	207	689	708	613	433	131
金融活动	88	602	2338	2313	2419	1865	779
专业和商业活动	219	1372	4496	4230	3938	2892	1177
教育和保健服务	595	2731	7652	7415	7573	6228	2069
休闲和招待所	1997	2780	3406	2206	1934	1351	519
其他服务	205	643	1502	1489	1532	1311	638
公共管理	31	279	1372	1569	1896	1338	374

[数据来源：根据美国劳工统计局（Bureau of Labor Statistics）的数据，网址为https://www.bls.gov/cps/cpsaat18b.htm]

12.4.2 团队合作

现代工作的另一个特点是对团队合作提出了更高的要求，尤其是在服务业中。想想这周你参加了几次会议？关于跨代团队的研究目前还缺乏成熟的实证文献。有些研究表明，年轻人团队和中年人团队在决策模拟方面几乎没有差异（Streufert, Pogash, Piasecki和Post, 1990年），然而，这个结果对那些55岁以上的人组成的团队缺乏指导价值。一些研究表明，年长的员工可以有效地充当年轻同事的导师，传递重要的知识，特别是关于如何在公司环境中生存的"潜规则"知识（Colonia - Willner, 1998年）。当今时代的不同之处是信息流似乎更多地从年轻一代流向年长一代，特别是在技术知识方面。对于组织和团队凝聚力来说，知识共享机制非常重要，特别是在如今年轻一代和年长一代拥有不同知识体系的背景下。因此，工作环境和工作岗位的设计应该促进团队成员之间的沟通。鉴于新的通信软件在组织中的快速引入（例如，消息传递、协作工具），通过精心设计的培训计划，确保团队成员可以流畅自如地使用这些通信软件是至关重要的。团队中的每个人都要清楚自己的角色和职责。

12.4.3 组织结构的变化

许多工作环境中出现另一个重要变化，传统的分级管理结构趋向扁平化。特别是在快节奏的工作环境中，人们更加强调独立性。每个员工都应具备解决复杂工作问题的重要技能，在没有管理人员监督的情况下做出更多决策。决策过程往往取决于信息和通信技术（ICT）工具的使用。此外，与管理人员对接的方式可能也在改善。除了常用的电子邮件和电话联系外，开放式办公环境也已经成为主流。在这种环境下，组织中各级员工共享工作空间，而不是被隔离在单独的办公室中。正如我们在本章后面讨论的，需要重点关注这种类型的工作环境的设计。例如，由于听力功能逐渐下降，对老年员工来说很重要的一件事是要使用适当的声学策略把背景噪声降至最低。也应该有一些提供隐私保护的私人空间。

12.4.4 远程办公

工作和家庭之间的界限越来越模糊。特别是由于互联网的连接与移动设备的即时通信访问，人们可以在任何时间、任何地点进行业务活动，而不仅仅是在办公室。远程办公越来越多地成为政府部门（在美国联邦公务员中强制性访问）和知识工作者所在行业的一种选择。远程办公带来了许多挑战，因为家庭环境没有像工作环境一样受到监管。我们对工作和家庭人体工程学的一些前期研究发现，家庭办公室的设计不如工作办公室好（例如，电脑工作用的椅子较差）。尽管有这些发现，人们对居家办公的满意度往往高于去公司工作的满意度。

远程办公对年长的员工和残疾人来说有几个优势。它消除了通勤问题，并允许弹性的工作时间，这对那些有重要照顾责任的人很方便。然而，远程办公会使员工孤立，当有一些挑战性的团队任务或晋升机会出现时，"没看到信息"可能会被解读成"忘做了"，导致员工被忽略，更不用说在裁员情况下增加被解雇的风险了。因此，确保员工了解与他们的工作或组织有关的任何消息是很重要的。此外还要为工人提供高质量的培训机会。

12.4.5 重视对员工的培训

由于技术在工作场所的快速传播和发展，更新技能是几乎所有工作环境的必要特征。从过往的经验上看，老年员工不太愿意自愿接受培训，或者他们作为培训项目的参与者被忽略了（Belbin 和 Belbin，1972 年）。此外，在过去的几个世纪里，劳动者进入劳动力市场时，通过学徒制和基础公共教育（阅读、写作、算术）获得了一系列技能，并在整个职业生涯中使用这些技能，几乎没有更新的必要。如今，基于工作场所的及时学习已经取代了以前的模式，即在年轻时接受所有必要的培训，然后在整个职业生涯中应用这些培训。

因为许多公司都是小公司，不提供现场培训机会，或没有资源将员工送到外部培训，员工个体现在承担更多的自我培训责任，正如一项对科技行业的中小企业公司的研究中所得到的结论（McMullin 和 Marshall，2010 年）。即使在计算机革命的早期，秘书们也经常得到包含培训手册的软件包，要求他们自己学习使用最新的文字处理软件。如今，培训已经转移到网上在线学习，员工们需要从繁忙的工作中抽出时间来学习新技能。如果这种培训设计良好，并提供足够的技术支持，老年员工可以从这种培训中受益，特别是因为它通常可以采用自适应训练的培训模式（见第8章）。为全体员工提供重视学习的工作场所文化，有助于鼓励更多人参与进来。

12.4.6 工作生活平衡和照顾责任的变化

工作与家庭的冲突和年龄呈倒U形曲线关系，老年员工和年轻员工的冲突最少。冲突是否会随着时间的推移而加剧尚不清楚。在1997年至2002年的一项调查研究中（Huffman, Culbertson, Henning 和 Goh，2013 年），研究人员在样本的自我报告中发现，随着时间的推移，工作干扰家庭的情况有所下降，但家庭干扰工作的情况有所增加。与刻板看法相反，男性和女性遭受由工作和家庭冲突带来压力的情况大致相当（Shockley, Shen, DeNunzio, Arvan 和 Knudsen, 2017年）。老年员工更可能因为照顾配偶和父母而产生压力，而不是因为需要照顾孩子，除了那些需要抚养孙子、孙女的祖父母员工。在一项大型公司的研究中表明，与年龄较大的女性员工相比，年龄较大的男性员工对工作-家庭计划了解和运用得更少（Hill, Erickson, Fellows, Martinengo 和 Allen, 2014年）。这些研究结果表明，有必要向年长的员工提供培训，让他们了解在工作场所支持工作与生活平衡的各种选择。允许灵活弹性的工作时间，以满足有照顾家庭责任的老年员工的需求，可能是让他们可以更长时间工作的一个重要的促进因素。企业还需要有一些措施来支持所有需要兼顾工作和照顾责任的员工。

12.5 老年人的工作挑战

不断变化的工作环境给老年员工和志愿者带来了与年轻人相同的挑战。在快节奏、快速变化、竞争激烈的工作环境中，获得新技能是每个人面临的主要挑战。有证据表明，与年龄相关的工作培训的效果随着年龄的增长而下降（Kubeck, Delp, Haslett 和 McDaniel, 1996年），其中的关键变量是新的学习是否依赖于已有的知识基础（Charness, Kelly, Bosman 和 Mottram, 2001年）。有经验的老年人虽然需要更长的学习时间，但是他们可能与年轻的新手一样有效地掌握新技能。

另一个挑战是如何在工作能力变化的情况下持续保持工作效率，特别是对体力要求较高的工作环境中。有一个概念可供参考——人的"工作能力"水平（Ilmarinen, 2009年）。不同于工作环境中的物理和精神要求以及在技能、身体和精神健康状况等个人维度上的能力，"工作能力"水平是个人在工作中所认为自己能够胜任的程度指数。使用工作能力评估量表通常显示它随着年龄的增长而下降，但使用NASA任务负荷指数（NASA-TLX, n.d.）等工具方法的数据则显示，它随着年龄的增长而增加。

尽管如此，有多种方法可以支持老年劳动者和志愿者提升必要的工作技能并改善他们在工作环境中的效能。干预措施需要考虑个人-环境（P-E）的匹配（Lawton, 1977年），即一个人的能力和工作环境的要求之间的配合。影响P-E配合的主要干预措施是通过培训改变人和通过设计改变环境。接下来我们首先需要了解个人层面的改变，然后是环境的改变，最后通过一些设计干预的例子进行说明。

12.6 人本身

第2章很好地概述了随着年龄的增长而出现的知觉、认知和精神运动能力的规律性变化。在这里，我们通过列举一些新的案例，来强调上述变化对工作和志愿活动环境的新要求。

增龄会导致感受化学物质变化的受体丧失，这使得缺乏经验的老年人在检测和识别气味方面的效率降低。对于那些负责创造新产品的调香师等依赖"鼻子"的香水制造商来说，这些靠"鼻子"工作的员工的有效工作寿命似乎并不长。尽管如此，一个经验丰富的"老鼻子"可能比年轻的新手更胜一筹。尽管他们在整合复杂混合物的知识积累方面会随着年龄的增长而提高，但随着嗅觉能力的下降，他们把气味混合在一起以实现特定目标的能力也会随之减弱。这种感官能力的下降在其他需要注意气味变化的工作中可能很重要，例如，检测化学制造厂的化学物质泄漏或者在食品生产中进行质量控制等。

流水线工作通常需要体力和耐力，而遭受职业伤害（例如肌肉骨骼损伤）、患有与年龄相关的肌肉萎缩（骨骼肌质量减少）或关节炎的老年劳动者可能无法保持高水平的生产能力。

重新设计工作环境，减少对体力和灵活性要求，可以为老年员工提供助力。职业伤害的损伤修复是改善个人功能的另一种重要方法。想办法把身体条件较差的老年员工安排去做更需要基础知识的工作也有助于延长他们的工作寿命。

例如，逐渐失去嗅觉能力的"老鼻子"可以转换到指导和管理职位。在制造工厂中，老年员工可能无法快速检测到因设备故障导致的关键化学物质泄漏，也不能迅速发现由气味信号预警的其他危险情况（比如火灾），但是他们可以得到技术的帮助。例如，通过智能传感系统增强人类的感知能力，对烟雾或化学品泄漏发出警告，这是保障工厂正常运转的一种方法。

对于那些主要涉及认知技能（例如研究调研和客户服务活动）的知识工作，认知能力的下降可能会导致老年员工的工作绩效降低，更难获得和继续使用新的技能，比如基于计算机的技能。幸运的是，认知技能是可以增强的。培训得当的策略，例如布尔搜索技术（如何组合搜索词以提高精度）与搜索引擎一起使用，可以帮助抵消常规记忆检索的困难。例如，搜索引擎允许进行不受年龄影响的识别操作，如用检查搜索结果的相关性以取代对年龄更敏感的回忆操作，如回忆"话在嘴边说不出来"（舌尖效应）的信息。

技术创新创造了"混合工人"这一新型模式，这是一种人与系统集成的形式。

人工智能系统与专业的老年员工进行结合是一个成功的组合。比如驾驶系统。以低撞车率作为指标安全性概念大概会在2050达到峰值。用先进驾驶辅助系统（ADAS）辅助老年司机可以安全地延长他们的工作年限。然而，这种模式的收益在一定程度上取决于劳动者是否得到了关于如何设置和使用ADAS的充分指导，并且还得假定ADAS系统设计良好的前提。来自这类系统的警告需要精心的设计以提供帮助，而不是令人困惑的。尽管驾驶工作在未来面临着被自动驾驶技术取代的风险，但在未来几十年里对司机这类员工的需求仍然存在，投资于有助于辅助他们工作表现的设备预计能产生良好的收益。

12.7 工具和环境

在采矿业、制造业、农业和办公室工作等不同的领域，人们所使用的工具和环境的差异很大。在这里，我们重点关注老年员工最有可能任职的办公室部门（见表12.1）。一般情况下，写字楼的使用寿命约为50年，其周围的物理设施不会有太大的改变，但在他们所处的工作空间内部、办公用品和家具陈设等方面的更新却尤为频繁，电子设备甚至可能每三到五年就会更新一次。

基于台式或笔记本电脑的工位空间是整个工作环境的核心。正如我们在一项针对大型公立大学办公室员工的研究中发现的那样，相较于年老的员工来说，中年或年轻的员工更看重适当的人机工程学设计（Charness, 2010年）。较为年轻的员工们更有可能抱怨肩颈部疼痛。按照人机尺寸设计座椅和设备摆放，可以使身体维持舒适的姿态，避免骨骼肌肉的紧张和潜在的损伤。眼睛疲劳在所有年龄段的上班族中都十分常见（Bartha, Allie, Kokot和Roe, 2015年），但是对同时患有老花眼和干眼症的老年员工来说，他们面临更多的挑战，而这一现象在老年女性员工中更普遍。尽管办公室电脑工位的尺寸设计有类似ANSI/HFES 100-2007（HFES 100委员会, 2007年）等的标准，但这些标准在不同国家之间存在差异，甚至会表现出一定的矛盾（Woo, White和Lai, 2016年）。正如我们在下文中讨论的内容：环境的设计对所有员工都很重要，但考虑到增龄导致的感官和感知系统的老化，对老年员工来说更重要。

有很多种方法可以提高在工作和志愿活动中个人与环境的匹配度。下面我们举两个例子：可以解决在工位使用电脑时的视觉与姿势问题。有近视问题的员工可以佩戴渐进镜片或专门为他们的显示器距离配备的特殊电脑眼镜（或隐形眼镜），整个显示屏的中心点应当略低于眼睛的高度，以避免出现颈部的肌肉紧张。显示器距离应当尽量减少垂直或水平方向的头部移动,并确保文本与图标足够清晰可读。可以让员工接受培训,了解如何更改默认字体和图标的大小,以便于进行舒适阅读。键盘应摆放在使手处于中性(直线)上或略微向下的位置,不要强烈地向上或向下外展。当操作鼠标等其他定点设备时,手腕位置也要保持类似的姿势与发力状态。座椅的尺寸和位置是决定这些姿势的重要影响因素,桌面和脚踏板的高度也是一样的。然而,最需要重视的是,员工长时间保持任何一种单一的姿势都是不对的。缓解眼睛不适的建议也类似:在长时间阅读后稍作休息、更频繁地眨眼或者闭目养神一段时间。

久坐的员工可能面临严重的健康风险。流行病学数据表明(Owen, Healy, Matthews 和 Dunstan, 2012 年):每天的久坐会导致健康检查的结果变差,进而引发疾病发病率和死亡率的攀升。要鼓励办公室工作的员工在休息时间内去散步,并可以考虑使用坐姿和站姿相互交替的站立式办公环境。

最后,考虑到工作环境对家庭环境的溢出效应,在设计家庭办公环境时也需要多加注意。我们发现,家庭内的办公环境通常比典型的办公楼办公环境更缺乏人体工程学的支持。例如,与办公楼相比,北美的住房指南中并没有规定家庭的照明标准值,尽管老年人在家中更愿意使用比年轻人更高的亮度,但照明效果仍然远低于工作环境的标准(Charness 和 Dijkstra, 1999 年)。此外,我们还必须关注声学环境,特别是要确保工作场所符合现行的噪声控制标准,并将不必要的背景噪声降至最低。这些举措适用于全龄员工,但对于出现某种程度听力障碍的老年员工来说尤其有帮助。当不能解决噪声问题时,例如,对于靠近飞机发动机的机场工作人员来说,应该为他们提供听力保护设备。

12.8 工作和任务的重新设计

长久以来,人们一直在寻求提升工作效率的方法,特别是制造业流水线。提升效率的策略包括设计出更好用的工具以减轻体力劳动,或将待组装的零件放在手边以提升工作效率等。特别是对于那些因关节炎导致灵活性和力量下降的老年劳动者来说,重新设计工作与任务对他们有极大的帮助。比如在清洁工作中,可以重新设计清洁工具,尽可能地减少清洁人员弯腰、抬手或攀爬等行为,进而有效地降低受伤风险并提高工作效率。在极端的情况下,可以培训老年员工管理和使用清洁机器人,用脑力劳动替代体力劳动,是延长他们工作寿命行之有效的解决方法。

即使工作是基于知识的,并且信息的获取触手可及,与年龄相关的视力、听力和精神运动能力的老化也有可能会影响老年员工的表现，进而对重新设计产生需求。对于有视力障碍的老年劳动者来说（见第2章），为他们提供更大尺寸的计算机显示器（如廉价的大型平板电视）并教会他们如何在屏幕上排列和调整视觉对象的大小，可以有效地提高文本的易读性以及与信息源交互的有效性。根据我们的经验，其实很少有人知道如何去使用大多数现代计算机操作系统（如台式电脑、笔记本电脑和其他移动设备）都内置的辅助功能。这些功能可以改善基于计算机工作环境的视觉、听觉和触觉等方面的体验。中龄老年人（75～84岁）甚至高龄老年人（85岁及以上）的志愿者可以从使用这些功能中受益。对于那些语言能力健全却因中风或关节炎导致严重心理运动障碍的人来说，给他们创造一个较为安静的工作环境并培训他们使用基于语音控制的操作系统去完成相应指令，可能会非常有帮助。甚至这种再设计也可以帮助到有暂时性损伤（比如手骨折打了石膏）的年轻员工。

12.9 小结

为了适应急速老龄化的劳动者队伍和不断变化的工作环境，必须重新考虑劳动者的能力和障碍，以及相关工作和所处环境的需求，提升个人与环境的匹配度。工作环境应为所有年龄段劳动者的生产力提供支持，并考虑为老年员工去做再设计。老年员工既有丰富的知识积累、职场阅历和工作经验，同时也存在知觉、精神、运动和部分认知能力老化的问题。首先需要摒弃对老年员工的偏见。此外，为了维持稳定生产力并延长工作寿命，可以尝试通过培训和工具以及重新设计工作环境的方式来促进与技术的有效交互。也可以充分利用员工的优势来延长员工的工作寿命，比如让老年员工转换至指导角色，提供灵活的工作安排满足老年员工承担照护责任的需求等。如何去减少因年龄增长导致的负面影响，可以参考第2章、第5章、第7章和第8章的具体建议。

12.10 推荐读物

[1] Czaja, S. J., Sharit, J., James, J., & Grosch, J. (in press). Current and emerging trends in aging and work. New York: Springer.

[2] McMullin, J. A., & Marshall, V. W. (Eds.). (2010). Aging and working in the new economy: Changing career structures in small IT firms. Williston, VT: Edward Elgar.

[3] National Academies of Sciences, Engineering, and Medicine. (2017). Information technology and the U.S. workforce: Where are we and where do we go from here？ Washington, DC: The National Academies Press. doi:10.17226/24649.

[4] Toossi, M. (2016). Labor force projections to 2024: The labor force is growing, but slowly. Monthly Labor Review, U.S. Bureau of Labor Statistics, December 2015. doi:10.21916/mlr.2015.48.

[5] Woo, E. H. C., White, P., & Lai, C. W. K. (2016). Ergonomics standards and guidelines for computer workstation design and the impact on users' health – a review. Ergonomics, 59(3), 464–475. doi:10.1080/00140139.2015.107652.

第13章
沟通和社会参与

> 无论你身在何处,朋友让你的世界更完整。
> (有朋自远方来,不亦乐乎!)
>
> ——佚名

人与人之间的社交联系和参与,对健康和幸福感至关重要。强有力的证据表明,孤独和社会孤立会对身体、认知和情感健康造成损害。最近的研究还表明,孤独与痴呆症有关。对于老年人而言,由于退休、失去伴侣或朋友以及慢性疾病发作引发的生活环境变化,他们很容易陷入社会孤立和孤独的境地。事实上,有人预估20%到30%的老年人受到孤独的困扰。

本章讨论了与老年人特别相关的社会参与挑战,并提出了一些潜在的设计解决方案。此外,本章还分析了沟通的过程及其困难,因为沟通是社会参与和顺利完成日常活动的必要和核心要素。事实上,能够有效沟通是生活中最重要的技能之一,因为人际关系建立在沟通之上。沟通有多种形式,包括非语言和语言沟通。

增龄导致老年人的感觉、知觉和认知系统老化,对老年人的刻板印象以及许多其他因素,使老年人在沟通时可能会遇到困难。例如,老年人的听力随着年龄而衰退,会影响老年人参与对话或理解其他类型的口头信息的能力。事实上,听力损失与社会孤立有关。

本章的目标是讨论老年人常遇到的社会参与和沟通方面的挑战,分析设计对社会参与和交流的影响,以及如何通过设计策略缓解老年人的孤立和孤独的问题。讨论的重点将放在技术方面,因为技术在沟通中具有突出作用,而且技术为提高社会参与创造了条件。

13.1 社会参与和沟通挑战

13.1.1 老年人的社会参与挑战

由于在讨论社会参与时需要使用许多术语,所以我们首先来谈一些定义。社会参与通常指一个人参与社区、社会和人际关系的程度。社会参与的关键要素包括活动（做某事）、互动（与某人互动）和交流（例如想法、情感、信息等的交流）。例如：参加社区、宗教或俱乐部活动；参加文化活动；参与工作或志愿服务；与家人或朋友沟通或共进晚餐等。社会参与受到群体、社区层面的社交互动（社交网络）以及社区或地理区域内可用社会资源（社会资本）的影响。例如，年长且独居者可能很难拥有大型社交网络；生活在农村地区的人可能缺乏高度的社交资本。

社交孤立指不同社会关系之间缺乏相互联系，它与一个人的社交网络有关。社交网络是由家人、朋友、同事、邻居和熟人组成的社交结构。孤独有别于社交孤立，是一种主观感受；具体来说，这个概念指的是感知到的社会支持和陪伴的缺乏。事实上，一个人可以拥有广泛的社交网络，但仍然感到孤独。最后，社会支持指提供情感、工具或信息资源以帮助个人应对压力和生活事件。

对许多老年人来说，保持社会参与往往具有挑战性。由于各种原因，老年人的社交网络变得越来越小，也越来越单一。例如，晚年时老年人更有可能失去伴侣和朋友。许多老年人，特别是高龄老年女性是寡居者。此外，越来越多的人在晚年会选择离婚或保持单身。在美国，家庭的平均规模正在缩小，许多人选择不生孩子。另外，美国的家庭模式也各不相同：一些多代家庭共同居住，而另一些家庭的家庭成员则分散居住（见第3章）。因此，越来越多的老年人没有子女或孙子女。随着年龄的增长，独居的可能性也会越来越大。正如第11章所述，大约有29%的老年人——特别是老年妇女——独自生活。独自生活并不一定意味着这个人孤独或社交脱节，但它确实增加了社会孤立的风险。

安全问题也会影响老年人参与社区的意愿，社区活动机会也受到很多限制，而这些活动往往是为老年人准备的。例如，如果老年人居住在不方便步行的地方，或者公园等其他公共场所没有为鼓励老年人外出散步而设计步行路线或计划，他们可能会害怕晚上外出。

对于那些因慢性病限制或交通受限而行动困难的人来说，保持积极的社会参与更困难（第9章）。这些人在参加社交或社区活动时面临更多挑战，拥有社交资源的机会也更少。许多老年人害怕晚上或者在天气不好的情况下开车，这会对他们参加社交活动的能力造成负面影响。Uber或Lyft等拼车服务可以帮助解决老年人的一些交通难题。然而，目前，由于安全问题和缺乏智能手机等原因，老年人使用这些服务的可能性要比年轻人低。未来，全自动无人驾驶汽车可能会增加老年人的出行选择。如今，先进的驾驶辅助系统（ADAS）有助于提高老年司机的驾驶安全性，前提是这些系统易于使用，并且司机接受过相关培训（第9章）。

生活在农村地区的老年人社交的渠道较少，他们更容易感到孤立。另外，那些财富较少、家庭收入较低的人更有可能感到孤独，因为他们没有资源加入俱乐部、参加文化活动、与朋友外出用餐或一起旅行。数据还表明，由于社交渠道较少、社会歧视较重、社交网络较小，LGBTQ 老年人，特别是老年男同性恋者，更容易感到孤独。

13.1.2　老年人的沟通挑战

沟通指信息的交流，即两个或更多个人之间的信息和意图的双向传递。沟通是社会参与、人际关系和日常生活活动的关键。例如，与医疗保健专业人员的有效沟通对健康和幸福感至关重要，并极大地提高了独立生活的能力。清晰、有效的沟通对社交关系和互动很重要，因此，沟通问题不仅对老年人产生负面影响，还会影响其社交网络中的其他成员，如家庭成员和朋友。

沟通有多种形式，如口头和书面语言、手势、面部表情和肢体语言。沟通还有很多种不同的媒介，如电子邮件和信件、书籍和标志、网站、电话、短信、电视和广播。沟通可以是直接的，如面对面的对话交流，也可以是间接的，如发布博客或发送电子邮件。沟通在意图和语调上也可能存在差异，例如，正式与非正式之间的区别。倾听是沟通的重要组成部分，涉及听力、注意力和理解言语的能力。言语理解涉及听觉和认知过程。

选择哪种沟通形式取决于许多因素，例如信息交流的目的或目标、沟通媒介、信息的性质、交流的背景、参与人员以及参与者之间的关系。例如，如果有人希望与某人进行保密对话，面对面沟通很可能是首选的沟通方式，而不是电子邮件。一个有健康问题的人在向家人或朋友表达自己的健康问题时，可能会使用与医疗保健专业人员沟通时不同的措辞和语气。此外，环境和背景也会影响沟通。例如，在嘈杂的餐厅很难进行有意义的对话，特别是对于有听力障碍的人来说。老年人就餐时经常抱怨的一个问题是餐厅的嘈杂吵闹。目前，有一款名为 iHEARu 的应用程序可以让消费者对餐厅的噪声水平进行评分。最后，在字体较小或光线昏暗的环境中阅读说明书或菜单也很困难。

显然，诸如人口特征、经历、种族或文化背景、个性和年龄等个体因素会对沟通产生影响。例如，受教育程度或识字水平较低的人可能会使用更简单的语言，并且难以理解高技术性的术语。如第 3 章所述，低文化水平在当前的老年人群体中更普遍。与母语为英语的人相比，来自不同文化或族裔背景且英语非母语的人，可能对语言有着不同的联想（即细微差别或内涵）。在美国，老年人口的多样性正在增加，对许多老年人来说，英语不是他们的母语。技能和生活经历的差异也可能影响沟通。正如第4章所述，目前仍然存在与年龄相关的数字鸿沟，因此与技术相关的高科技语（例如，云端、特比特）对一些老年人来说可能很难理解。许多老年人的健康素养也很低。因此，健康素养低的老年人可能难以理解在健康网站或电子健康档案（EHR）等患者门户网站中经常出现的高度专业化的健康信息。研究发现，老年人愿意使用电子健康档案，并认为它们很有价值；然而，他们也经常会遇到可用性问题，一些健康信息对他们来说技术性太强，难以理解（第10章）。此外，个性因素也会影响沟通风格。例如，内向的人可能不太愿意参与某些形式的沟通。

年龄相关的感官、知觉和认知过程的变化（第2章）也会影响沟通。很多老年人因听力下降而出现口头沟通困难。餐馆和机场等嘈杂或拥挤的环境对于有听力障碍的人来说尤其成问题。如上所述，听力损失与社交孤立有关，因为人们会因为难以理解语言和参与对话而退出社交活动。声音失真或人工合成的语音，例如电话语音菜单系统中的语音，对老年人来说可能很难理解。同样，老年人，特别是那些有听障碍的老年人，通常难以理解机场、火车站或其他公共场所的公共广播系统。这不仅会让老年人感到沮丧和不便，还会给老年人带来安全隐患。想象一下，在繁忙、嘈杂的机场有人因为无法理解登机口变更的广播公告而错过了航班；有人则因为无法理解安全信息而未能遵循安全公告并无法正确地撤离建筑物。一些人因学原则可用于提高公共广播系统的可理解性。国际标准组织（ISO）也为公共广播系统的某些组件制定了标准。

老年人处理信息的速度较慢，因此他们可能会听不懂快速的语速。此外，随着年龄的增长，他们的抑制能力和工作记忆能力也会衰退，这会影响他们与别人沟通，如果他们还有听力障碍的话，情况会更糟糕。衰老还会影响声音和语音处理过程。例如，老年人更容易出现声音颤抖和语速较慢的情况。然而，值得注意的是，词汇技能通常不会随着年龄的增长而下降，但词汇的检索能力可能存在问题。老年人经常出现忘记专有名词的问题，例如一个人的名字或书名。在试图表达情绪或想法时，他们也可能会遇到词汇检索问题，这反过来又会导致谈话中断、沮丧和尴尬。有一些设计方案可以解决这个问题，例如使用下拉菜单来避免检索特定名称或词汇的需要，并确保信息的组织结构一致且透明。面部-姓名联想训练也有助于名字的记忆。

与年龄相关的视力变化会给沟通造成困难。例如，有些老年人的视力不好，可能看不清楚标识、药物标签或包装说明的文字。一些常见的慢性疾病，如帕金森病或中风，也会影响他们的语言和口头表达能力，从而对沟通产生负面影响。如上所述，老年人的行动能力会随着年龄的增长而下降，这会让他们更难参与活动并保持社交。老年痴呆也会妨碍他们的沟通和社交。最后，对老年人的负面刻板印象也会影响老年人与他人的沟通。例如，认为老年人的认知能力差，就会用一种夸张的语气、过分亲切的昵称（例如，"亲爱的"），以及过于简单的语言来和他们说话。这种沟通风格有时被称为"哄老语"，本章稍后会详细讨论。在与老年人交流时大声说话是另一种刻板行为，这实际上会扭曲语音并可能传达愤怒的情绪。还有一种常见的刻板印象是老年人对当今时事或对他们周围的世界不了解或不感兴趣。例如，老年人总是被贴上技术恐惧症的标签。

总之，社交和沟通对许多老年人来说往往存在困难，这会对健康、幸福感和日常活动的表现产生负面影响。与社交和沟通相关的挑战是多方面的，并涉及社会和物理环境、个人、任务和技术等因素（见图1.3）。下面我们简要回顾其中一些因素以提高人们对这些问题的认识。在接下来的章节中，我们提出了一些潜在的设计解决方案，以帮助纠正或预防与沟通和缺乏社交有关的问题。

13.2 社区解决方案

13.2.1 年龄友好型城市和社区

创建年龄友好型的城市和社区，是如今的一个热门趋势。这些生活环境的设计旨在鼓励老年人"居家养老"，其中包括了一系列基础设施和服务，以满足老年人的需求，提升他们的幸福感。具体而言，这种设计需要关注如下问题：易得且经济的交通、住房、医疗保健，安全问题，以及社交参与和社区融入的机会。年龄友好型环境有多种不同的模式，一个常见的模式是自然形成退休社区（NORC）。NORC是自然形成的社区，其居民高龄化程度较高，它可能是一个公寓综合体、大楼或街坊社区。这些社区并非特意规划而来，所以通常不提供专业服务。然而，这些社区有助于老年人保持社交活动，建立起同龄人关系网络，网络中的人甚至会像家人一样亲密。这种环境不仅增强了社交参与度，还提供了更安全和稳定的生活保障。

数据表明，老年人越来越多地生活在城市和城市环境中。因此，设计老年友好型城市的趋势正盛。世界卫生组织于2007年发布的一份报告讨论了与城市适老化相关的八个维度（图13.1），并提出了如何通过设计来满足这些维度的建议。在第11章中全面地讨论了这些问题，所以在这里我们主要介绍一些例子。

在社会参与方面，无障碍的建筑和街道能够增强老年人的活动能力，安全的社区和公园也能鼓励老年人走出家门，参加社区活动，从而增加社交参与。易于获得和方便使用的交通服务能够增强老年人参与社区活动和保持社会活跃的能力。想要打造一个老年友好型的城市，还有其他设计要素需要考虑，比如在沿社区步行道设

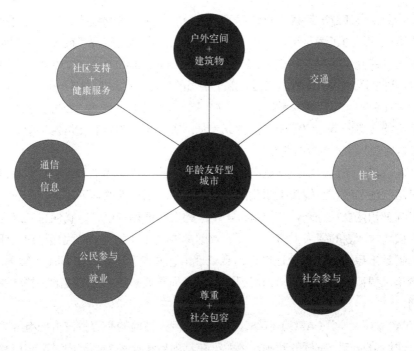

图13.1　全球老年友好城市建设指南

（资料来源：世界卫生组织，2007年）

置座位区，让老年人可以在散步的过程中休息。安全的人行横道也很重要，可以设置有听觉和视觉信号的斑马线信号灯，给老年人充足的时间过马路，以保证老年人的安全。此外，方便和价格合理的住房以及容易获得的资源和服务也很重要。适合老年人的友好城市设计要素，通常对所有年龄段的人都有益。

增加老年人感兴趣的社区活动的宣传，是促进参与的重要方式。例如，在我们的个人日常生活管理和社交管理（PRISM）计算机系统中，包含的社区资源功能，为老年人提供服务和资源的信息，以及可能感兴趣的社区活动信息。各组织可以联系老年人，鼓励他们参与。想要促进老年人的参与度，可以让老年人参与这些事件和活动的设计过程。深入了解社区居民的偏好和兴趣，开展免费或至少价格合理的活动，仔细考虑活动安排，以及提供便利的交通（见第9章）对促进参与也很重要。

13.2.2　年龄友好型学习机会

参加新的学习活动，对于提高认知和社交参与水平来说是一个很好的机会。无论是面授还是线上，报名参加各种课程或学位项目，都能帮助人们结交志同道合的朋友，避免社会孤立的困扰。有数据显示，参加成人教育课程的老年人有更高程度的社会责任感。为了满足老年人的学习需求，目前市面上开发了很多学习项目。例如，奥舍尔终身学习学院（Osher Life Long Learning Institutes）为50岁以上的成年人提供各种主题的非学分短期课程。这个学员的项目被纳入美国各地的许多大学中。课程通常在白天，采用课堂教学形式，这对老年人来说很方便，因为老年人晚上参加课程可能会有困难。课程没有作业或考试，所以参与的目的就是为了学习。社交互动是这些课程带来的额外好处。

许多老年人还会参加由全球组织和大学提供的正式在线学习课程。这些课程不仅能满足行动不便、有健康问题和担负看护任务的老年人的学习需求，同时也能帮助他们维护和建立社交网络。但是，需要斟酌这些课程的设计，确保它们满足老年人培训和教学计划的要求（第8章）。设计时需要关注许多重要的因素，包括课程的视觉和听觉效果、信息呈现速度、信息处理或认知负荷，以及课程的引导需求等。如果老年人要积极参与在线学习课程，他们必须具备必要的技术技能，并能够使用互联网。

"年龄友好大学"（AFU）网络，是一个由世界各地的高等教育机构组成的大学网络，他们秉承年龄友好的原则，致力于在其项目和计划中体现出对不同年龄段人群的友好态度。这些大学遵循的原则包括：鼓励老年人积极参与大学的核心活动，包括教育和研究项目；认识到老年人的教育需要；提高老年人获得在线教育机会的便利性；促进有兴趣从事第二职业的老年人的个人和职业发展；促进代际学习；推动老年人对大学健康、文化等方面活动的参与机会。这些项目想要取得成功，就必须根据老年学习者的培训和教学原则来设计（第8章）。与社区项目的要求相似，教育项目必须在日程安排和与课程出勤相关的身体要求方面都是可行的（例如，考虑老年人潜在的行动能力限制）。这些项目应该在安全的地点执行，价格也应该合理，并且要有广告宣传以便老年人了解这些项目的可用性。另外，让老年人参与这些项目的设计也很重要。

13.3 技术解决方案

13.3.1 技术帮助社交和沟通的潜力

诸如智能手机、电脑和平板电脑等信息和通信技术（ICT）在增强老年人的社会参与和交流方面有着巨大的潜力。例如，通过电子邮件和视频会议等应用程序，老年人可以更方便地与家人和朋友保持联系，尤其是那些相距很远的人。社交网站也有助于老年人与他人保持联系并建立新关系。个人家中的集成的传感和监测技术可以用来识别身体和认知功能、活动模式等方面的变化，例如，外出频率低，接待访客较少，使用电话或电子邮件与他人联系的比例减少等。社交机器人、虚拟现实（VR）和增强现实（AR）等新兴技术，可以促进社交参与（第4章）。正如上文所述，老年人可以选择丰富的在线课程，这些课程提供了教育机会和社交联系。此外，对于需要得到同样处境的人支持的人来说，也有一些在线支持小组。研究发现，家庭看护者乐于参与这些类型的团体活动，并认为他们很有价值。

在增强现实系统中，软件可以通过视频或文本等方式增强环境元素；在虚拟现实中环境中，创造出来的参与模拟体验有助于社交。例如，虚拟现实环境可以让个人在模拟场景进行各种活动，如玩游戏或与他人交流。这些技术目前还处于新兴阶段，未来将提供更多的方式来促进社交互动和交流。

通过对2011年全国健康和老龄化趋势研究的大样本（$N=6476$）数据进行分析，发现信息和通信技术的获取与社交参与呈正相关（Kim, Lee, Christensen和Merighi, 2016年）。该研究是一项全国性的研究，对于美国65岁及以上老年人的健康、残疾、认知能力和其他生活方式等方面的研究具有参考价值。我们的PRISM研究表明，为老年人提供能上网的电脑可以减少孤独感，增加社会支持和幸福感。PRISM系统通过以用户为中心的设计程序，满足老年人的需求、偏好和能力。研究人员还积极地邀请老年人参与系统的设计之中。

尽管目前老年人使用移动设备和互联网的频率低于年轻人，但老年人确实会使用信息和通信技术（ICT）进行社交。皮尤研究中心的数据显示，老年人使用社交媒体网站的比例正在增加（见图13.2）。

当然，老年人能否充分使用信息和通信技术（ICT）和社交应用程序，取决于他们是否能够接触到这些技术，以及这些技术的设计要素。由于诸如老年人抵触技术的刻板印象的存在，老年人并未被视为一个重要的用户群体，他们在设计过程中经常被忽视。此外，由于成本和缺乏技术能力等因素的影响，一些低收入或受教育程度较低的老年人群体可能无法接触到信息和通信技术（ICT）。独居老年人也可能缺乏接受培训和技术支持的途径，例如那些独自生活在农村地区老年人。因此，在设计过程中不仅需要考虑老年人的需求、偏好和能力，还需要制定策略来确保他们具有使用这些技术的意识、途径和能力。技术并不是解决社交孤立和孤独问题的灵丹妙药，必须在传播和参与活动中取得使用技术和面对面交流之间的平衡。

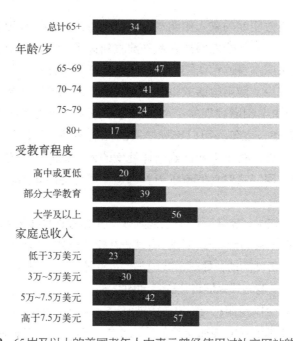

图13.2 65岁及以上的美国老年人中表示曾经使用过社交网站的百分比

（资料来源：2016年9月29日至11月6日进行的调查——"老年人的技术使用率不断攀升"，皮尤研究中心）

13.3.2 辅助技术

辅助技术可以帮助沟通，解决社交孤立等问题的发生。这些设备可以像放大镜一样简单，也可以像声控电脑系统一样复杂。本章无法讨论所有的可用设备，因此在这里，我们提供一些典型的案例并强调重要的设计问题。

现在有许多新的电话技术可以帮助老年人与他人沟通，让老年人与家人和朋友保持联系。这些技术包括耳机和有字幕的电话，它可以让一个人在口头交谈的同时，看到面板上对话内容的文字记录。助听器设计的进步可以帮助那些有听力障碍的人。如今的许多助听器都可以让人们从各个方向听到声音，并且可以针对餐馆、剧院等不同类型的环境进行调节。助听器已经从独立的设备发展到连接设备，个人可以将其与电话等设备相连接。听觉回路系统可以连接到公共广播系统、教室和剧院，也可以与助听器配对使用；这些系统还有便携式回路接收器，供那些没有嵌入式线圈（这是连接所必需的）的助听器用户使用。总的来说，今天人们可以通过电信中继系统的各种设备拨打电话。此外，也可以通过短信的方式与他人沟通。

帮助视力障碍者的辅助设备包括眼镜和各种放大镜，如简单的手持式放大镜、视频放大镜（一种在视频显示器或电脑屏幕上显示放大图像的桌面设备）和电子放大镜。还有一些软件功能，可以让用户调整文本大小。阅读设备和有声读物也可以在一定程度上满足视力障碍者的阅读需求。新兴技术包括帮助个人识别形状、距离和探测物体的智能眼镜；以及提供听觉提示以协助行走的智能手机应用程序。机器人手杖的出现指日可待，它将带有嵌入式GPS系统，除了能引导人们到达特定的位置，还能提供周围环境的相关信息。此外，还会有机器人手套，来帮助人们寻找门把手和小物体等。

对于那些有言语障碍的人来说，有一些辅助技术可以帮助他们，例如改装的适应性键盘、指向性设备和交流或图片板，也就是上面会显示常见物体或单词的图片。语音生成设备将图片或文字转换成语音。有一些软件程序还可以将电脑转变为语音设备。这些程序变得越来越先进，语音也变得更加清晰、自然。随着眼动追踪技术的不断发展，使用相关系统时，人们只需要用眼睛看计算机屏幕上的控制键或单元格，就能生成语音。

有一些技术有助于解决沟通困难的问题。例如，单词检索应用程序，可以帮助人们找到合适的词汇。记忆眼镜可以帮助人们回忆他人的姓名并认出他们的长相。另外，电子备忘录也可以作为记忆辅助工具。

当然，在设计这些设备和技术时，必须考虑许多因素，以确保它们对有沟通障碍的人来说是可用的和有益的。设备/技术的可用性和成本非常重要。人们应对这些设备有所了解，并接受使用方面的培训。可用性显然也是其中一个重要的因素，正如本书所讨论的那样，它是决定人们是否接受和使用任何技术的一个关键因素。一些人因担心被贴上"残疾"标签而导致的污名化，而不太愿意使用辅助技术。因此，在设计设备时，需要充分考虑社交和情感设计特征，因为它们与设备的美观度和显眼程度密切相关。

13.4 培训解决方案

13.4.1 老年人

老年人可以通过学习沟通技巧和补偿策略，以及如何使用工具来增强沟通和社会参与的能力。其中，医疗保健是一个特别重要的领域。与医疗保健人员的沟通是健康管理中最重要的一个方面之一。一些指南和建议可以指导老年人、看护者与医疗护理人员进行沟通和交流。例如，美国国家卫生研究院下属的国家老龄化研究所提供了该主题相关的信息，其内容专门针对老年人而编写，包括一个模拟医生就诊的视频，以及一些简单易懂的建议，例如：列出关注问题的优先顺序；就诊前，列出清单并携带好处方药、补充剂、非处方药以及保险卡等其他物品；邀请家庭成员或朋友陪同就诊；记得带眼镜或助听器；在就诊时做好笔记等。

随着老年人在社交媒体和互联网上越来越活跃，安全计算和隐私问题相关的培训变得越发重要。特别是在当今社会，老年人面临金融诈骗的风险越来越大。有一些资源提供了安全使用互联网的技巧，例如，如何安全使用电子邮件和互联网并避免"钓鱼软件"的问题。PRISM 2.0 系统中包括了这些提示以及网上购物的安全技巧。

老年人可以学习补偿策略，了解并使用一些辅助工具，以帮助他们应对感知和认知挑战。这些策略和工具可能包括选择噪声较小、光线较亮的餐厅，使用智能手机的手电筒功能以及列清单等。语音识别治疗也是一个有益的选择。与有听力障碍的人交谈时，建议面向对方，以正常的音量缓慢而清晰地说话，尽量减少或消除背景噪声。采用冗余的方式也很有效，这涉及重复信息或使用冗余提示（文本和语音）。

13.4.2 与老年人沟通的人

沟通是双向的，在本章上述内容中，我们已经提供了有关如何与老年人更好沟通的建议。导致老年人沟通问题的两种常见模式是低适应和高适应（参见推荐读物中的 Kemper 和 Lacal,2004 年）。低适应是指沟通者（说话者或作者）没有意识到或未能适应年龄相关的感官、知觉和认知过程的变化，比如在设计人工合成语音系统时采用了扭曲或快速的语速，或在标签上使用小字体或对比度差的文本等。低适应性还包括在技术系统的培训和教学指导中使用高度技术性的术语，没有认识到许多老年人缺乏技术使用经验的现状。包括本书在内的许多原则和指南可以用来预防低适应性问题。

高适应是一种过度迁就的形式，即沟通者因为老年人的年龄而将其视为不同或能力较差。一种常见的高适应形式是"哄老语"。哄老语是一种居高临下的语言形式，通常使用不合适的爱称和集体代词，使用听起来像跟婴儿谈话一样的节奏进行缓慢和简化的沟通。在与认知能力下降的老年人交流时，哄老语尤其常见。有时也常见于医疗保健提供者和老年患者之间的交流中。一般来说，应该避免使用哄老语，因为它可能会使老年人感到不舒服，损害他们的健康，并加剧社交孤立的问题。

13.5 总结

高质量的社会参与对健康和福祉至关重要。许多老年人受到各种因素的影响面临着孤独和社交孤立的问题。沟通是社交参与、人际关系和日常生活活动的关键。

由于与年龄相关的能力变化，老年人可能会在语言和非语言沟通方面遇到问题，又会因为环境背景和沟通系统的不当设计而加剧。在本章中，我们讨论了老年人通常面临的社会参与和沟通障碍问题，并通过案例说明了如何利用技术促进社交参与并加强沟通效果。当然，这些设计解决方案是否有效取决于可访问性、易用性、成本以及培训和技术支持的可用性等因素。除了技术解决方案，还有其他的沟通策略可供参考，例如增加对老年人和与老年人沟通的人的培训。

13.6 推荐读物和链接

13.6.1 读物

[1] Berkowsky, R. W., & Czaja, S. J. (2015). The use of technology in behavioral intervention research: Advantages and challenges. In L. N. Gitlin & S. J. Czaja (Eds.), Behavioral intervention research: Designing, evaluating, and implementing(pp. 119-136). New York: Springer.

[2] Czaja, S.J., Boot, W. R., Charness, N., Rogers, W. A., & Sharit, J. (2017). Improving social support for older adults through technology: Findings from the PRISM randomized controlled trial. The Gerontologist, 58(3), 467-477. doi:10.1093/geront/gnw249.

[3] Gardner-Bonneau, D., & Blanchard, H. E. (2007). Human factors and voice interactive systems. New York: Springer.

[4] Kemper, S., & Lacal, J. (2004). Addressing the communication needs of an aging society. In R. Pew & S.V. Hemel (Eds.), Technology for an adaptive aging (pp.131-149). Washington, DC: The National Academies Press. https://doi.org/10.17226/10857.

[5] World Health Organization. (2007). Global age-friendly cities: A guide. Geneva, Switzerland: WHO Press.

13.6.2 链接

[1] ISO 24504:2014 - Ergonomics – Accessible design – Sound Pressure: https://www.iso.org/standard/57270.html.

[2] Online Safety Information: Fraud, Security, Phishing, Vishing: USA.Gov: https://www.usa.gov/.

[3] Talking with your doctor; National Institute on Aging: https://www.nia.nih.gov/health/doctor-patient-communication/talking-with-your-doctor.

[4] Talking with your older patient; National Institute on Aging: https://www.nia.nih.gov/health/doctor-patient-communication/talking-with-your-older-patient.

第 14 章
休闲活动

> 懂得如何玩乐实在是一种幸福的才能。
> ——拉尔夫·瓦尔多·爱默生（美国作家）

相比于日常生活活动（ADLs；例如，洗澡和吃饭）、工具性日常生活活动（IADLs；例如，交通和药物管理），以及就业支持等方面的设计，与休闲活动相关的设计较少受到关注。前者固然重要，但不应忽略休闲活动领域的重要性。因为生活质量和幸福感并不仅仅取决于人生中保持独立、安全和高效率的能力。正是爱好、娱乐、休闲活动和新的学习机会丰富了人们的生活，缓解了人们的压力，促进了人们的身心健康，还有助于人们保持良好的认知功能。这些类型的活动通常被定义为增强性日常生活活动（EADLs）。考虑到EADLs对老年人的众多益处，设计师必须考虑如何通过良好的设计来支持它们。

14.1 老年人如何娱乐和放松

老年人会参与各种各样的休闲活动，除了一些特殊情况，他们的参与方式与年轻人大致一样（见图14.1）。不过，老年人参与工作的比例较少，因此他们有更多的时间用于休闲活动。年轻人每天花四到五个小时用于休闲活动，而老年人用于休闲活动的时间大约为七个小时。在这额外的闲暇时间内，老年人主要的休闲活动是看电视。社交和沟通相关的活动是各个年龄组都欢迎的日常休闲活动。与年轻人相比，老年人更喜欢通过阅读来获得愉快，他们较少玩游戏，特别是电脑游戏。退休后，老年人通常会更热衷于身体活动和体育锻炼，他们最喜欢的休闲活动中有许多涉及身体活动（Barnett, van Sluijs和Ogilvie, 2012年）。当被问及他们最喜欢的活动时，老年人通常会提到散步、慢跑，运动，阅读，艺术和手工相关的活动，享受爱好，志愿服务，以及玩非电子的拼图和其他智力游戏。

总之，老年人和年轻人一样，喜欢各种各样的休闲活动，其中许多活动都涉及身体活动，尽管老年人通常最常做的日常活动是久坐看电视，但这并不妨碍他们参与体力活动。鉴于看电视在大多数成年人休闲活动中的核心地位，本章将首先讨论媒体娱乐。

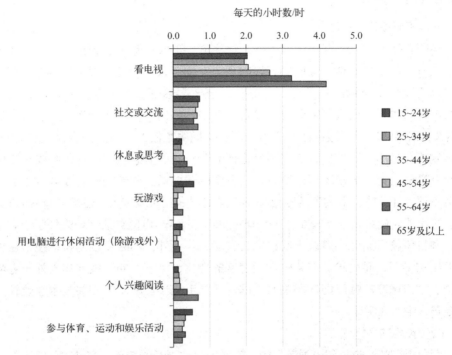

图14.1　2016年不同年龄组平均每天参与不同休闲活动的小时数

[资料来源：劳工统计局（Bureau of Labor Statistics）]

14.2　媒体娱乐

有几个重要的媒体娱乐趋势值得注意。首先，内容点播正在成为常态。在过去的十年中，人们已经从实体媒体转向通过Wi-Fi或蜂窝网络传输的可下载电子内容。这种巨大转变可能会使获取媒体娱乐的过程变得复杂，并且由于信号强度（取决于地理位置和环境，如城市和农村）的不同而对娱乐体验的质量产生不同的影响。其次，人们在观看媒体内容时，可以自由选择使用设备的类型：同一部电影可以在电视屏幕、个人电脑、电脑平板或智能手机上观看。这种选择的增加为第三种重要的趋势创造了条件：娱乐媒体的便携性增强，这通常意味着屏幕更小、观看距离更近。这些和其他趋势对老年人如何与媒体技术互动有着重要的影响。

14.2.1 家庭影院和电视

14.2.1.1 挑战

（1）不断发展的技术

与所有技术一样，娱乐技术也在迅速演进。正如功能丰富的智能手机已经大幅取代非智能手机一样，互联网智能电视正在逐步取代传统电视（智能电视在某些方面更类似于电脑而不是老式电视机）。这一演变不仅影响到观看电影和电视节目的设备本身，还会影响到这些设备上的内容如何被传输和观看。数字录像机（DVR）和流媒体视频服务让观众可以更自由地决定他们想看的内容，以及何时、何地观看。然而，这种更大的自由度也伴随着更多的复杂性，如与传统电视相比又有复杂的设置、更多的导航菜单以及更多的遥控器。与老式的有线电视和卫星服务不同，许多较新的内容传输选项不仅需要家庭互联网接入，还需要有Wi-Fi网络。这可能会使技术经验较少、不太可能拥有家庭Wi-Fi网络的老年人处于不利地位，并且可能限制他们可以访问的内容和功能。此外，不断发展的娱乐技术往往需要新的学习，而与年龄有关的学习速度的变化，可能会使一些老年人处于劣势地位。学习速度较慢可能在那些对电脑、智能手机和互联网等相关技术经验较少的老年人中尤为明显。

（2）技术的多样性

消费者在观看电影和电视节目时，有着比以往更多的选择。在美国，除了传统的有线电视和卫星服务、录像机和媒体播放器之外，还可以通过电脑、移动设备、智能电视或与电视连接的流媒体设备来访问十几种流媒体服务。由于某些内容只有特定供应商才有，观众可能需要在几个不同的设备和服务之间切换，来观看他们想要的内容。这些设备和服务往往各自有独特的菜单结构和遥控器，此外还需要学习如何在同一设备上或连接到同一设备的各种服务之间切换。这种复杂的情况会使电影和电视观看变得更具挑战性，也更容易让观众感到沮丧，而不论观众的年龄多大。

（3）感知方面的挑战

与年龄有关的听力和视力变化会对观看电影和电视的体验产生负面影响。正如第2章所讨论的，增龄导致听力老化，特别是在有背景噪声的情况下，老年人可能会更难感知语言。许多老年人觉得电影和电视节目的背景音乐会使对话内容难以理解。让这种情况更糟的是，许多电视制造商更强调图像质量而不是声音质量，而且平板电视内部的空间有限，无法容纳大的扬声器。此外，嵌入移动设备中的小型扬声器的声音质量较差，也会造成问题。

鉴于观看媒体需要视觉，视觉的老化也可能会降低观看体验，包括与年龄有关的变化以及疾病，如白内障、青光眼、黄斑变性和糖尿病视网膜病变。视力变化（如老花眼）尤其会影响在小型手持设备上观看电影和电视的体验。

感知上的变化不仅会影响感知和理解电影和电视节目的能力，也会影响老年人控制菜单和与界面互动的能力。遥控器上的小字体问题会因为使用低对比度的文字和背景颜色组合而变得更明显（例如，灰色遥控器上的黑色文字，见第7章）。同样的问题也可能出现在几英尺外的电视屏幕或小型手持设备显示的菜单上。

（4）界面和控制的挑战

媒体娱乐界面的复杂性可能会给老年用户带来额外的挑战。不同服务和设备的菜单和界面设计缺乏一致性，可能造成学习上的困难。同样的内容在电视、笔记本电脑/台式机或移动设备等不同设备上观看时，可能会有不同的菜单结构和界面设计。由于许多服务和设备没有完全整合（例如，连接到电视的附加流媒体服务设备），访问特定的内容可能需要一长串繁琐的步骤。想要观看节目，可能需要一个遥控器来打开电视，用另一个遥控器来打开接收器并将输入切换到提供流媒体内容的设备上，还可能需要第三个遥控器来打开流媒体设备并操作到所需的内容。额外的步骤会增加出错的概率（例如，跳过一个步骤，在错误的遥控器上按下正确的按钮），而复杂性的增加也会增加解决问题的难度。

14.2.1.2 解决方案

为了提高老年人对娱乐技术的体验，应该考虑各种解决方案。例如，在设计设备（如电视、电子录像机）和遥控器时应注意使用较大的按钮标签且高对比度，以应对年龄有关的视力减退挑战。按钮标签应该采用黑底白字或者白底黑字的高对比度组合，以提供最佳的视觉效果。按钮应该是大的，可见的，并且有适当的间距。虽然小巧、几乎看不见的按钮可能更具审美性，但对于那些正在经历年龄相关的视力和运动控制变化（或试图使用它们）的人来说，它们是一种挑战。

有几种方法可以应对与年龄有关的听觉变化。例如，使开关字幕选项易于访问，可以帮助那些在有背景音乐的情况下难以听清对话内容的老年人。回音壁扬声器等外接扬声器设备可以极大地提高音质，有些系统有专门放大对话的选项。然而，这些系统可能相当昂贵。无线耳机也可能有帮助。对于有助听器的人来说，音频闭路感应系统可以将电视音频直接发送到大多数助听器内置的接收器上。

确保菜单文字大且对比度高是解决界面问题的重要方法。一些流媒体服务的菜单将文字叠加在电视节目或电影的图像上，有时，这可能使文字几乎无法辨认，即使对年轻观众来说也是如此。理想情况下最好能让用户自由调节菜单字体的大小。

服务提供者应尝试将菜单和界面标准化，以减少新的学习。根据第7章中的指导原则，简化菜单，并尽量减少观看所需的步骤，这对老年人和年轻人来说都有好处。最后，虽然现在不太常见了，但其实老年人通常更喜欢使用纸质的培训和支持材料，比如纸质手册和说明书。

14.2.2 视频游戏

视频游戏是最新的媒体娱乐形式之一，但它已经迅速占据娱乐领域的主导地位。全球视频游戏行业的销售收入远远超过了全球电影票房收入，更加凸显了这种主导地位。视频游戏显然是一种流行的休闲活动形式，但游戏除了带来乐趣之外，还有其他的好处。游戏化，是将游戏元素添加到健康、营养、健身和其他应用中的流行设计方向，它旨在促进对健康行为的遵从性。有些人还认为游戏可以改善或保持认知能力，但是目前在这个问题上还没有达成共识（Simons等人，2016年）。本章的重点是休闲娱乐，主要关注视频游戏的这个方面。

在美国，大约一半的成年人都玩视频游戏。与游戏玩家大多是年轻男性的刻板印象相反，视频游戏玩家的平均年龄是35岁，而且女性和男性的比例相当。然而，视频游戏存在着明显的年龄相关的数字鸿沟（见图14.2）。只有25%的老年人玩视频游戏，只有2%的人自认为是游戏玩家（相比之下，在18至29岁的人中有22%认为是游戏玩家）。这种数字鸿沟也反映在设备的拥有情况上。一般来说，大约40%的成年人拥有游戏主机，而拥有游戏主机的老年人只占8%。

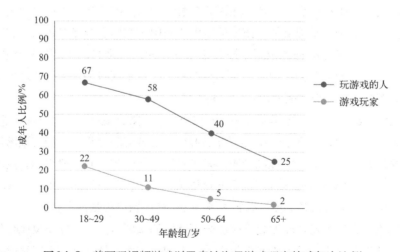

图14.2 美国玩视频游戏以及自认为是游戏玩家的成年人比例

（数据来源：Duggan、Maeve，"游戏和游戏玩家"，皮尤研究中心，2015年12月，可登录：http://www.pewinternet.org/2015/12/15/gaming-and-gamers/）

第 14 章 休闲活动

游戏的重要趋势是人们越来越喜欢在智能手机上玩游戏而不是在游戏主机或个人电脑上玩。规则简单、易于学习的休闲游戏的流行有助于消除游戏的性别差距，因为许多休闲游戏更受女性的欢迎。休闲游戏也是最受老年玩家欢迎的游戏之一。另外，近年来虚拟和增强现实游戏的受欢迎程度大幅提高，其中包括使用整个身体而不仅仅用手来控制游戏的体感游戏。

14.2.2.1 挑战

（1）不断发展的技术

在所有媒体娱乐中，视频游戏和游戏设备的发展最为迅速。仅用45年，视频游戏就从两个矩形在阴极射线管（CRT）屏幕上来回弹跳（雅达利游戏《乒乓》，1972年首次发行）发展到完全沉浸式的虚拟现实游戏，玩家有时只需完成看和走的操作，就能穿越复杂的三维环境（见图14.3）。游戏系统的处理能力和图形能力不断提高，因此，游戏的真实性也在提高。除了更加逼真之外，今天的游戏比以往更具社交性。视频游戏早期，是一种独自进行的活动，参与者只涉及同一房间内的一个或几个玩家。如今，来自世界各地的成百上千的玩家，可以一起玩游戏，在游戏中相互交流、沟通和竞争。

（2）知觉和精神运动的挑战

就视频游戏的本质而言，它极具挑战性，并在某种程度上令人感到沮丧。它们为玩家提供各种不同的障碍和需要解决的难题。这些挑战常常考验着玩家的能力极限。但是，通过不断的练习和学习，玩家可以克服这些困难，最终掌握游戏。然而，除了挑战外，目前一些流行的视频游戏（动作游戏、第一人称射击游戏）强调快速反应和快速处理速度，这与许多老年人的能力水平并不匹配。这些游戏通常并不是

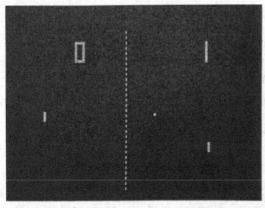 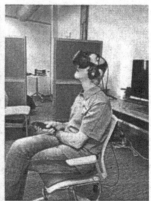

图14.3 视频游戏在不到50年的时间里的演变

为老年人开发和测试的，许多老年人可能会在玩游戏时遇到困难。除了与游戏本身有关的感知和运动障碍外，视频游戏和游戏系统的菜单、界面也可能存在之前电视部分讨论过的相同的挑战。

（3）基于知识的挑战

老年人在游戏方面面临的最大挑战之一与衰老本身无关，而是与缺乏视频游戏经验有关。玩过视频游戏的人都知道，视频游戏和特定的视频游戏类型，往往有共同的游戏机制、控制、规则和策略。换句话说，许多类型的游戏都有一种通用的"语言"。老年人在内的缺乏经验的游戏玩家，可能缺少成功参与游戏的心理模型，这种不熟悉使掌握游戏更具有挑战性，玩游戏会给他们带来更多的沮丧情绪而非愉快情绪。

如前所述，许多老年人最喜欢的活动都涉及身体活动，运动式游戏在一定程度上有助于老年人保持活力。然而，没有游戏经验的老年人往往认为可以访问各种运动游戏的游戏系统具有挑战性，而且过于复杂（Harrington, Hartley Mitzner和Rogers，2015年）。研究表明，老年人在尝试玩运动游戏时经常出错，他们需要额外的指导。快速入门指南，能够帮助老年人快速了解系统和游戏功能，并在老年人打游戏时，方便快捷地为他们提供参考。如果没有这些指南，他们在浏览游戏系统和运动游戏软件时，容易犯许多错误。

（4）态度上的挑战和偏好

消极的态度也可能会阻止老年人参与游戏。一般来说，26%的美国成年人认为玩视频游戏是在浪费时间。研究表明，这种看法在老年人中更为普遍，此外，一些老年人还认为玩视频游戏非常幼稚。就游戏偏好而言，老年人不喜欢暴力视频游戏，也不喜欢快节奏、视觉和注意力要求高的动作游戏。事实上，他们通常更喜欢强调智力挑战而无须快速反应的慢节奏游戏。教育和益智游戏被评为老年人（无论有没有游戏经验）最感兴趣的游戏类型。另外，许多老年人更喜欢休闲游戏，这可能是由于其规则相对简单，学习过程浅显易懂。然而，通过焦点小组和调查研究来评估老年人的视频游戏偏好，只能反映出某一特定群体的情况。目前，还不清楚今天十几岁或二十岁狂热的动作游戏玩家，在四五十年后是否仍然喜欢快节奏和高要求的动作游戏，或者当他们的能力随着年龄增长发生改变时，其偏好是否会发生改变。

（5）晕机现象

虚拟环境可能会导致迷失方向、头痛、恶心和胃部不适等不良反应，这是因为视觉信息和前庭感觉相互矛盾所造成的，例如视觉信息表明身体在运动，而前庭感觉却表明身体是静止的。这种现象被称为晕屏症，或模拟器病。即使是在普通电脑屏幕上呈现的快节奏第一人称游戏，也可能让那些易受晕屏症影响的人感到不适，而沉浸式模拟器和虚拟现实头戴式设备则更容易让人感到眩晕。而且晕屏症的易感性会随着年龄的增长而增加，老年妇女尤其容易出现该症状。

14.2.2.2 解决方案

有多种解决方案可以帮助老年人体验游戏的好处。经验表明，当游戏的障碍减少时，许多老年人会成为长期活跃的游戏玩家（Boot等人，2018年）。在设计视频游戏系统、游戏菜单及界面时，要遵循之前提到的与设计相关的准则，充分考虑与年龄有关的感知、认知和运动能力变化。另外，要为初学者专门开发游戏教程，并附上纸质手册、参考指南和快速入门指南，因为老年人的游戏经验可能没有年轻人那么丰富。虽然视频游戏通常会提供游戏教程来帮助玩家了解游戏机制，但这些教程往往是针对有游戏经验的玩家而指定的，新手可能会难以理解（例如，它们可能会涉及一些新手玩家不熟悉的知识）。

许多游戏都可以让玩家调整难度（例如，简单、中等、困难）。应该意识到感知和认知能力会随着年龄的增长而变化，因此要调整上述难度选项或加入一些额外的选项（如"最简单"），以适应老年玩家的技能水平和能力。让老年人参与游戏设计过程以及游戏测试过程也非常重要（第6章）。

游戏开发者应该认识到，老年人和年轻人喜欢的游戏类型可能不同，当前的老年人普遍对暴力游戏感到厌恶，而对益智和教育游戏比较感兴趣。另外，游戏开发者还应认识到偏好的多样性。在调查中询问"老年人喜欢什么类型的游戏"和"年轻人喜欢什么类型的游戏"一样重要。并非所有年轻人都有相同的游戏品位，老年人也是如此。一个能让老年人访问多种不同类型游戏的系统是很好的方案。

最后，在第一次向老年人介绍游戏时，应从老年人熟悉的游戏和纸牌、Wii保龄球等非视频游戏的模拟游戏开始，这样游戏的学习要求较低，老年人能够在与游戏系统的互动中磨炼自己的技能。这一过程可以让老年人获得掌握感，有助于推动他们去尝试其他的游戏。根据游戏的性质，需要预计"晕屏症"出现的可能性。不幸的是，晕屏症并没有简单有效的治疗方法。视觉和前庭信息之间的差异越大，晕屏症就越严重，例如，在驾驶模拟中，频繁的停车、起步、转弯比直线连续行驶更容易引起晕屏症。

14.2.3 书籍

与年轻人相比，阅读是老年人更频繁参与的一项娱乐活动（见图14.1）。然而，18～29岁的年轻人最有可能在过去一年内读过书，这可能是因为他们在教育或工作中需要阅读相关的书籍（见图14.4）。值得注意的是，就整体阅读模式而言，不同年龄组所使用的获取书籍的技术大致相似，没有明显差异。阅读时，人们更倾向于选择纸质书籍，其次是电子书，然后是有声读物。虽然各个年龄段的阅读偏好大致相似，但数字鸿沟仍然存在，老年人在过去阅读电子书的可能性很低。不能顺利使用技术是一件很不幸的事情，因为这些技术对于那些正在经历年龄相关的感官变化的老年人来说尤其重要，如下所述。

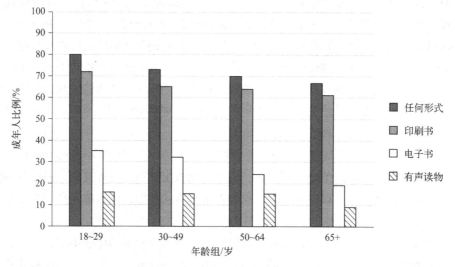

图14.4 在过去一年中至少读过一本书的美国成年人的百分比/按照书籍类型划分

（资料来源：皮尤研究中心，2016年）

14.2.3.1 挑战

（1）技术的发展

书籍的多种电子格式可能会增加阅读的复杂性。曾经可以通过磁带和光盘购买的有声读物，现在主要以数字下载的形式出售。有声读物可以通过智能手机和平板电脑应用程序进行浏览、购买和收听。尽管专用的电子阅读器自20世纪90年代末就已上市，但随着2007年亚马逊Kindle的推出，电子书的普及率才大幅度上升。这种增长可能与Kindle的两个独特功能有关：免费的3G数据访问，使读者可以从美国任何地方浏览和下载书籍，以及模拟真实纸张外观的电子墨水屏（尽管索尼Librie是第一个使用这种技术的商业电子阅读器）。

（2）视觉感知上的挑战

视力的变化，包括与年龄有关的眼部疾病，是老年读者面临的最大的挑战。40

岁以后，许多成年人需要进行视力矫正才能阅读。即使经过矫正也可能看不太清纸质书的字体，特别是平装书。在家中阅读纸质书时，光线不足会加剧视力的下降。尤其是对于老年读者而言，在平板电脑或智能手机上阅读电子书时，反光造成的问题影响较大，特别是在户外阅读的情况下。

（3）技术熟练程度

许多老年人没有智能手机或平板电脑，与年轻人相比，即使那些拥有此类设备的老年人的使用熟练程度也较低（详见第4章）。这种差异可能会阻碍老年读者采用和使用有声读物和电子书应用程序。使用能力较低可能会使老年人在浏览电子书、调整设置相关的菜单，以及下载和选择读者图书馆中的特定书籍时遇到很多的困难。

（4）界面挑战

有声读物和电子书通常通过电子阅读器、智能手机和平板电脑等小型便携式技术设备来阅读。由于屏幕空间有限，老年读者可能会在使用菜单导航时遇到困难。尽管电子书允许调整字体大小，但菜单和界面可能不支持此功能。例如，读者可以通过电子书上显示的书籍封面来浏览新书。但是，在小型设备上通过封面的设计和字体去辨认书名和作者有一些困难。此外，许多电子阅读器的按钮很小，按钮的标签的对比度很低，这会使输入变得更加困难。

14.2.3.2 解决方案

如果有声书和电子书的传输系统设计和实施得当的话，可以在一定程度上解决与年龄有关的视力变化带来的可用性问题。对于那些视力较差的老年人来说，他们可以选择电子书格式，并根据自己的需要调整字体大小，或者通过听有声书来规避视觉难题。为了鼓励阅读，应确保用多种格式提供书籍，以满足个人读者的需要。鉴于电子书格式对低视力者的重要性，在设计电子书相关的设备和界面时应着重考虑这些读者的访问和传输需求。

对于纸质书籍，字体大小应不小于12磅或更大，避免使用装饰性字体（无衬线字体效果好），并确保印刷品与页面之间的高对比度。阅读灯可以为老年读者提供更好的阅读环境。另外，要制作大字版本（16磅字体或更大）的纸质书籍，以便让随着年龄增长视力发生变化的人能够看清印刷内容。

对于有声读物和电子书，要注意字体的大小和对比度，保证设备和应用程序的菜单和界面上的内容清晰易读。目前，许多老年人使用平板电脑和智能手机的经验和熟练程度有限，应该为他们提供一些电子书阅读器、电子书和有声书应用方面的培训和教程，让这些技术经验较少的个体更容易上手。

14.3 运动、锻炼和户外活动

所有的老年人都不爱运动，是一个常见的刻板印象。研究发现，老年人喜欢做的很多事情都与运动有关。例如散步、慢跑、打球、园艺和庭院工作。与其他休闲活动类似，设计师需要设身处地地为老年人考虑，通过设计来推动这些活动的发展。这些活动深受老年人喜爱，它们有助于老年人的身心健康。涉及运动的休闲活动的数量和种类非常丰富，无法在本章中一一介绍，本章仅对一些广泛存在的问题和解决方案进行简要探讨。

14.3.1 体育锻炼和户外活动的价值

体育活动可以起到一定的治疗作用，它能减少中风或心脏病发作的风险，增加骨密度和肌肉力量，减少跌倒的可能性，降低后果的严重性。定期的体育锻炼可以帮助治疗高血压、糖尿病和关节炎等慢性疾病。有证据表明，体育活动还可以减轻抑郁症状，对于某些老年人来说，体育活动还可以作为一种治疗抑郁症的有效方法。最后，在改善大脑健康和认知能力方面，体育活动可以改善大脑的结构和功能，提高老年人的认知能力，有助于预防痴呆症的发生。支持老年人参与他们喜欢的活动非常重要，促进和支持老年人参与体育活动还有许多其他的积极意义，这里就不一一列举了。

14.3.2 提高参与度的设计

14.3.2.1 挑战

对老年人来说，在参与一些涉及体育活动和户外活动的休闲活动时，可能会受到很多年龄相关的变化的影响。例如，随着年龄的增长，他们的步行速度和耐力往往会下降，这就给徒步旅行等户外活动带来了困难。

肌肉质量的正常变化和运动范围的减少，也会削弱他们的力量和完成某些体力动作的能力。这些变化可能会给园艺和运动等活动带来挑战。平衡和活动能力也会受到衰老的影响，这可能会增加一些老年人在体育活动中跌倒的风险。应该通过设计来支持这些活动，而不是放任老年人因为身体变化和风险而避免活动，因为定期的体育锻炼可以改善这些与年龄有关的变化。

人们往往在公园和健身中心等公共空间进行户外活动、体育运动和锻炼。在许多社区，到达这些场所需要使用交通工具（交通方面的挑战详见第9章）。第9章讨论了导航问题，并对标志、地图和步道标记等的设计提出了一定的指导意见，这些标记通常用于帮助游客在公共场所找到方向。

14.3.2.2 解决方案

可以对户外休闲活动的公共空间进行一定的改造来帮助老年人。例如，通过定期放置休息用的长椅，来增加老年人探索户外空间的乐趣。老年人更容易受到高温和潮湿的影响，所以一定要提供一些阴凉的休息区。饮水机可以帮助老年人补充水分，降低中暑的风险。随着年龄的增长，人体的平衡和移动能力会逐渐降低，一旦跌倒可能会有很严重的后果，因此要确保路面的防滑并尽可能设置扶手，特别是在斜坡、楼梯等高低差较大的地方。路径应保持平坦，并进行良好的维护，以减少使用移动辅助工具的人们绊倒和跌倒的风险。

可以通过设计对老年人喜欢的许多运动做出相应的调整。例如，有些老年人因为行动不便跪下后再站起来非常费劲，这严重影响了他们的园艺工作。园艺跪垫可以辅助老年人从跪姿过渡到站姿的动作，还可以翻转作为座位，让老年人坐着完成一些园艺工作。长柄的铲子和耙子可以让园艺爱好者以站立或坐着的姿势进行一些园艺活动，而不必跪着。

14.4 社区参与和其他爱好

此外，参观博物馆、去剧院欣赏戏剧和音乐剧、参与团体游戏活动（如宾果、桥牌、麻将）、摄影、绘画、绗缝、编织、音乐、舞蹈等其他种类的休闲活动也深受老年人喜爱。所有这些活动在某种程度上都会受到与年龄有关的感知、认知和运动控制的变化的影响。然而，只要对活动需求进行仔细分析并遵循本书中提出的原则，就能找到适应这些变化的方法。

在社区参与方面，必须对物理环境进行一些改造，来提高无障碍性。此外，还应利用技术手段来提升无障碍服务。例如，许多剧院都会为轻度和中度听力障碍观众提供耳机，一些剧院还设有回音感应装置，可以将声音直接传送到具有电感线圈的助听器中。社区活动可以安排在白天，这样对夜间驾驶有困难的老年人会更舒服，他们会因此更愿意参加。

可以根据老年人的不同爱好，来制订符合他们年龄特点的方案。例如，自动穿线针可以帮助喜欢绗缝但是视力不好的老年人来完成缝纫工作。另外，就像大字书可以帮助老年人享受阅读一样，低视力扑克牌也可以帮助老年人从玩纸牌游戏中获得乐趣。沟通和社交参与是老年人经常享受和参与的另一类活动。有关这些活动以及相关的挑战和解决方案的内容详见第13章。

14.5 结论

老年人的空闲时间更多，他们会经常参与各种各样的休闲活动。和年轻人相似，老年人最常做的休闲活动是看电视。听力和视力的变化会影响看电视的体验，但通过良好的设计可以改善这个问题。虽然玩游戏目前不是老年人的流行活动，但通过精心的设计和适当的培训，可以让他们喜欢上玩游戏。阅读也深受老年人喜爱，印刷书籍和电子书籍的指南有助于他们享受阅读。最后，许多老年人喜欢的活动都与运动有关，良好的设计更有助于他们参与到有益身体活动之中，从而改善身心健康。设计师需要了解老年人的身体变化，并与老年人一起进行设计，促使老年人能够继续积极地参与活动，获得智力刺激。

14.6 推荐读物

[1] Blocker, K. A., Wright, T. J., & Boot, W. R. (2014). Gaming preferences of aging generations. Gerontechnology, 12(3), 174-184. doi:10.4017/gt.2014.12.3.008.00.

[2] Loukaitou-Sideris, A., Levy-Storms, L., & Brozen, M. (2014). Placemaking for an aging population: Guidelines for senior-friendly parks. UCLA Lewis Center for Regional Policy Studies, Los Angeles.

[3] McLaughlin, A., Gandy, M., Allaire, J., & Whitlock, L. (2012). Putting fun into video games for older adults. Ergonomics in Design, 20(2), 13-22. doi:10.1177/1064804611435654.

[4] Rogers, W. A., Meyer, B., Walker, N., & Fisk, A. D. (1998). Functional limitations to daily living tasks in the aged: A focus group analysis. Human Factors, 40(1),111-125. doi:10.1518/001872098779480613.

[5] Szanton, S. L., Walker, R. K., Roberts, L., Thorpe, R. J., Wolff, J., Agree, E., ... & Seplaki, C. (2015). Older adults' favorite activities are resoundingly active: Findings from the NHATS study. Geriatric Nursing, 36(2), 131–135. doi:10.1016/j.gerinurse.2014.12.008.

第四部分

结论

第15章
面向未来的设计挑战

> 预测未来很简单，正确预测未来很难。
>
> ——匿名

正如上边那句话所表明的那样，对未来做出准确的预测是很困难的。尽管如此，我们还是要对未来趋势作出预测。设计师们可能会发现，预测未来对如何为未来的老年人进行设计是很有用的。研究表明，从过去的案例中进行预测，特别是通过技术进步进行线性推断，是不准确的。我们曾经有超音速客机（如协和飞机），但现在它们已经消失了。实际上未来趋势是钟摆式振荡的。转盘式唱片机和黑胶唱片等技术最后都被数字音乐和电子音乐播放器实现了弯道超车。尽管如此，在生活和环境中都可能存在一些不变的因素，制约着发展的趋势，制约着设计的过程。例如，人们无法检测到50000Hz以上的声音信号，所以设计者永远不会想用这一频率范围来设计，也绝不会想用这个频率范围来发出警告信号。在这里，我们将试图探索影响人与环境的因素。

当然，政策也是一个可以影响人与环境相匹配的因素。例如，如果政府同意实施严格的碳排放法规来应对全球变暖，或者选择保护消费者隐私，那么许多产品的设计就会受到各种影响。然而，鉴于政策具有不可预测性，我们无法做出太多预测。其他预测的方法是可行的，比如，设想具体的情景。

首先，我们研究了信息和通信技术（ICT）设备的发展趋势（参见第4章）。然后，我们研究了老年人口特征的发展趋势（见第2章和第3章）。接下来，我们重点关注住宅环境，回顾一下老年人经常出入的环境有什么趋势。然后，我们又思考回顾了一些老年人试图实现的动机和目标。最后，我们提出了一些可能能经得住时间和变化考验的设计定律。虽然我们主要依靠发达国家的数据来评估趋势，但不发达国家的发展趋势似乎也与发达国家的相似，但会滞后十年或二十年。

15.1 科技发展的趋势

正如第1章和第4章所指出的，技术传播和用户采用的速度似乎正在加快。然而，传播的速度受到了环境、情境、个人和个体因素的影响，也受到它们的限制。

技术传播速度的提高部分归因于世界范围内的财富增加，可以支持技术的开发和消费。据估计从1980年到2018年，全球人均GDP增长了四倍，从2800美元增长到11700美元（国际货币基金组织，无日期）。尽管会面临经济衰退和战争影响，财富的增长有望还会继续保持。然而，从19世纪的电报线开始，到现在的无线和有线通信网络，都使得人们更容易采用新的技术产品和服务。提高农村社区的互联网接入速度和带宽可以加强新的远程医疗技术的应用。

另外，全球变暖趋势可能会增加风暴频率和强度，进而可能会降低公共电力系统的可靠性，因此必须更加关注备用电源。然而在更加节能的技术应用驱动下，稳定状态或较低的家庭电力消耗可以在一定程度上抵消这种趋势（在美国，家庭用电量在2014～2017年间稳步减少），使得发电和输电转向更为分散的模式，从而最大限度地减少对备用电源的需求。因此，两者之间有可能出现相互冲突的情况。

还有一些个人因素影响着技术推广的速度。在今天，技术的采用因用户年龄而异，老年人远远落后于年轻人。特别是社会经济地位和教育程度较低的老年人。这种情况会在未来改变吗？我们的预测是这种年龄/群体的滞后性可能会持续存在，因为人类进化缓慢，在可预见的未来，影响大脑效率的老化过程将继续对学习效率形成阻碍。对老年人说来，较慢的学习速度使得学习新技术的成本比年轻人高，不可避免地导致他们在新技术的采用方面会落后。然而，当新技术与旧技术相似时，老年人以往的使用经验可能会抵消一些学习效率上的损失。但是，如果出现与旧技术完全不同的新技术类别，老年人将面临学习效率的障碍。老年人很关注学习成本。所以在讨论智能家居技术的好处时，一位老人评论说："我不想要智能家居。我想要一个笨笨的家。"

15.1.1　产品小型化

以电话为例一个显著的趋势是用更小、更轻的产品取代更大、更重的产品，可以把20世纪30年代重型贝克莱特旋转拨号电话与20世纪90年代及以后更加流线型的按钮式电话进行对比。同样的趋势一直延续到现在，移动电话始于20世纪70年代的笨重手持设备，接下来的几代移动电话逐渐变得更小更轻。随着移动电话增加了诸如电子邮件处理等功能，屏幕尺寸也随之变长（例如，2002年左右的黑莓手机）。近年来，移动智能手机屏幕尺寸继续增大，对于那些面临老花眼等视力挑战的老年用户来说具有很大的价值，因为老花眼会使眼睛难以看清楚小字。所有的移动设备是否都趋向于制造更大的显示屏幕尺寸（电视机肯定是这样）还没有确定，对于移动手机来说，屏幕尺寸会受到手掌大小的限制。然而，对于老龄人口来说，肯定会从宽大的屏幕尺寸中受益。

小型化的趋势在计算机系统和医疗设备的发展中得到很好的体现，正如第4章中提到的未来的医疗设备纳米机器人一样。今天的移动电话的能力在几十年前被认为是超级计算。随着纳米技术和电池效率的不断提高，微型化趋势可能将会继续保持。然而，人因学的某些因素会限制一些设备设计，例如用户界面的输入输出功能。

信息和通信技术（ICT）设备持续小型化的一个可行选择是使用自然语言接口，让人们说出命令，而不是通过键盘按键或鼠标等指向性设备输入命令，并允许通过文本转语音接口输出。尽管这种接口在安静的环境下效果最好，但语音识别技术作为一种人工智能（AI）的形式，受到机器学习算法的推动，仍在不断进步。人工智能（AI）在生成自适应界面方面具有巨大潜力，可以学习用户行为模式，从而对未来的用户——系统交互做出准确的预测。随着专用芯片被开发出来支持深度学习算法所需的计算，人工智能可能会被嵌入设备中，不再需要将数据传输到云端来处理自然语言。这些变化可以在网络连接不稳定的情况下提高技术系统的可靠性。基于语音的界面应该对老年人特别有利。

对人类行为的预测长期以来一直是计算机系统的一个特点，从UNIX等早期操作系统开始，这些系统依靠保存用户命令的历史记录，使人们能够轻松地重复这些命令。今天的平板电脑和手机等移动设备采用了预测输入算法，可以提供输入单词的建议或自动完成单词输入。这样的系统对有严重关节炎、中风、神经系统疾病等障碍而无法手动输入信息的人很有帮助。

15.1.2 产品间通信

信息和通信技术的进步，使得物联网（IoT）的发展成为可能。也就是说，设备不再是孤立存在的，而是可以利用有线和无线通信渠道将它们与其他设备绑定在一起形成网络。大多数网络依赖于无线电传输和/或通过传输线路来形成本地网络，使用诸如蓝牙、ZigBee和近场通信等协议，或使用有线网络和Wi-Fi连接到互联网的广域网络。由于大多数物联网设备依赖于Wi-Fi通信协议，无线路由器正在成为智能家居的必需品。

最终的结果是，即使是以前独立的产品，比如灯泡，也可以通过软件应用程序进行远程控制。许多物联网设备，如智能手表，也能依靠手机应用程序来控制并将它们连接到家庭网络。在美国，一个有意思的趋势是减少家庭宽带连接，增加智能手机与互联网的连接。随着蜂窝网络带宽的增加，我们可能会看到从有线（如电缆、DSL）到无线（如5G）宽带接入转变的趋势。这个趋势所造成的一个影响是，如果设备直接通过与蜂窝网络而不是通过多个协议（如蓝牙、Wi-Fi、以太网、蜂窝网络），那么维护家庭网络所需的故障排除需求可能会减少。另一个影响是，老年消费者将需要更好的指导和技术支持来完成设备的最初设置。如前所述，75%的65岁及以上老年人表示需要新设备初始设置的帮助，特别是在对健康至关重要的关键医疗设备方面，技术采用的意愿将越来越取决于所提供的支持服务。虽然人工智能正在以客服电话和计算机助手或"聊天机器人"的形式进入支持领域，但这种技术仍然是相对原始，尚不够健全。至少在未来10年或20年内，用人工智能完全取代人类智能来来为技术使用提供支持仍然困难。因此，仍然有必要为老年人提供训练有素的人力支持。

15.1.3 机器人

考虑到曾经被称为"人口年龄金字塔"的结构可能会发生倒置，许多发达国家都开始担心未来是否有足够的护理人员。日本一直拒绝通过允许移民来支撑其不断萎缩的劳动力市场，更愿意通过投资机器人技术来解决劳动力短缺问题。社交机器人是人工智能的一种形式，可能会解决老年人群孤独和社会孤立的风险。最早的社交机器人，比如海豹帕罗几乎没有沟通能力。最近的社交机器人如Jibo可以通过语音进行交流。尽管社交机器人领域已经取得了重大进展，但这些系统在现实世界环境中往往相当"脆弱"。这类机器人可能不太适合老年人的实际需求，部分原因是他们的设计目的是对抗广为流传的"衰老是缺陷"的观点，而实际上老年人的需求是多样化的，不一定都是缺陷需要弥补。

15.1.4 半自动和自动化交通

老年人担心的另外一个问题是由于身体能力下降而丧失行动能力，进而降低安全驾驶能力。这种问题在那些缺乏完善高效的公共交通系统而不得不依赖于汽车的国家或地区尤为突出，比如美国的农村地区。虽然先进驾驶辅助系统（ADAS）还不够完善，但采用该系统的部分自动驾驶汽车技术可以通过及时提供道路状况的反馈，延长驾驶能力下降的老年人的安全驾驶时间。目前许多系统还无法识别停住的车辆或静止的障碍物进行制动。出租车、优步、Lyft和滴滴出行等按需服务有时可以弥补公共交通系统的空白，但在人口较少的地区则不行。在未来10～20年，自动驾驶汽车（AV）可能会完全取代人类驾驶员。在先进驾驶辅助系统中，设计人员需要在车辆中加入适当的控制，并提供足够的指导，以支持老年人的采用。对于自动驾驶汽车，仍然需要解决的是所谓的"最后10米问题"，即如何帮助用户从他们的家中到达车辆或返回他们家中，特别是对于使用轮椅的人。

15.1.5 安全与隐私

一个不好的趋势是，安全漏洞越来越多，导致了敏感的个人信息被泄露。一个例子是2017年信用评估机构Equifax的隐私信息泄露事件，泄露了美国一半人口的敏感个人信息，以及一些加拿大和英国的个人信息（Gressin, 2017年）。使用互联设备必然会导致隐私的丧失，这使得互联网服务提供商和通信链上的其他人能够监控和捕获通过互联网传输的数据。这些数据被挖掘用来做算法推荐、提供个性化广告，也被卖给第三方，增加了欺诈手段和金融盘剥的风险。

目前，老年人和年轻人一样担心隐私丧失，但他们采取适当措施保护隐私的可能性最小。有一种可能是，政府将对提供隐私信息产品和服务的公司施加限制，就像欧盟最近在关于保护隐私的新政策《通用数据保护条例》（GDPR）中所做的那样。总的来说，消费者愿意用隐私来换取便利，年轻人和残障人士比老年人和正常人更愿意。未来可能会出现的情况是消费者更倾向保护隐私而不是换取便利，政府也将更倾向于保护消费者利益而不是商业利益。无论是哪种情况，设计师都需要确保未来的物联网产品遵循得到广泛证明的安全模型（加密、访问认证）来管理用户数据，并确保产品能够安全更新以应对黑客发现和利用不可避免的程序缺陷。

15.2 人的发展趋势

第3章概述了当前重要的个体差异。在这里，我们试图检验一些影响近期群体水平趋势的表现及其对未来个体差异的影响。

15.2.1 能力的世代差异

除非在生物学和医学领域出现突破性进展，否则人们将继续表现出与年龄有关的知觉、认知和精神运动功能变化（见第2章和第3章）。因此，为视力、听力、灵敏度、认知和一般行动能力有障碍的人提供支持的设计原则（为信息提供更多备用的通道）可能仍然很重要。

从积极的方面来看，最近的世代在这些基本功能的总体平均水平方面有所提高，例如，在美国，60～69岁的年轻老年人有听力损失的比例正在下降。尽管如此，最近的世代中听力功能仍有显著的年龄相关性下降，在20～29岁的人群中2%的语音频率听力障碍，到60～69岁的人群中语音频率听力障碍增加至39%。因此，依赖于语音的接口（比如语音助手）需要确保音量和频率足以应对与年龄相关的听力变化，可以通过选择适当的默认值，也可以选择指导老年用户如何更改音量值来实现。许多有听力障碍的老年人不使用助听器，但随着助听器设备变得越来越智能、便宜、不显眼和更容易使用维护，可能会有更多的人使用助听器。

"衰老是缺陷"的社会认知框架可以很好地解释变老的许多方面，与年龄相关的认知能力变化也是可以预测的。有两个相互关联的趋势支持这一预测。第一种是被称为弗林效应的趋势，即每一代人的流动认知能力都高于他们的父母一代。第二种趋势也是一个长期存在的趋势，即受教育程度的提高。最近，西方人口中痴呆患病率的下降部分归因于较高的受教育水平。如果这些趋势持续下去，未来的老年人世代将拥有更好的认知能力，也许可以平衡应对信息和通信技术设备日益复杂的认知需求。

另外，长期以来的健康状况和死亡率改善趋势出现了逆转。如果由于肥胖症的持续存在，成年期发病的糖尿病和相关并发症也会增加，那么最近的世代的功能能力下降（例如，Crimmins和Beltrán-Sánchez，2010年）趋势可能会继续。随着人类能力出现明显矛盾趋势，前面章节的指导原则应该也适用于未来的10年或20年。

15.2.2 更多的百岁老人

就像之前探讨的那样，未来高龄老年人特别是像90多岁和百岁老人这样的超高龄人群预计将继续增加。然而，在美国，近年来（2014～2016年）人口预期寿命的下降可能会削弱这一趋势。年龄越大，身体和智力受损的可能性就越大。身体虚弱是极端高龄的常态，在这些年龄段中患有严重残疾的人数预计将大幅增加。因此，对包容性设计方法的推动可能在未来几十年获得动力。

15.2.3 家庭结构

在美国，传统的家庭结构发生了重大变化，由于高离婚率和非婚生子等社会规范的变化，单亲家庭增多。在著名的婴儿潮（1946～1964年在美国出生的人）时期，在大多数发达国家接连几代的女性都选择了更小的家庭规模。一些国家的出生率现在已经低于更替率，在没有增加移民的情况下，将导致人口总规模的下降。生育率下降也发生在发展中国家，这些国家致力改善妇女受教育的机会。然而，较小的家庭单位可能意味着老年家庭成员在照料方面可获得的资源更少。

与此趋势相对应的是，如果男女之间预期寿命的差距缩小，丧偶期可能会缩短。不过，男性预期寿命增加的趋势近年来在美国发生了逆转。另外，未婚及终身无子的老年人也在增加，他们有时被称为"高龄孤儿"。在晚年老年人对护理支持的需求将会增加，这为通信技术特别是那些涉及远程监测健康和福祉的技术提供了机会。如果在大萧条之后房价复苏，家庭成员的流动性跟随恢复，这种需求将进一步加剧。退休的老年人搬家的频率远低于年轻人（年轻人为了找工作而搬家），因此他们可能面临家庭成员搬家的风险。因此，获得远程护理技术对家庭来说可能变得越来越重要，他们可能会更多地依赖社交媒体网络和社交机器人来对抗孤独和社会孤立。

15.2.4 多样性

如第3章所述，在美国，人口的多样性——尤其是在性别和种族方面——预计将会增加。尽管在大衰退期间和随后的时间里，该国的移民政策变得更加严格，但预计仍会出现这种增长。特别是在未来的劳动力构成方面，我们可以预期会看到种族多样性和女性劳动参与率在不断增加。从人类工效学角度来看，多样性——比如女性平均比男性更矮小、更弱，一些种族比其他种族身材更矮小——将需要通过改善工作场所的环境为劳动者提供支持（例如能够到达相应设备和力量要求的能力）。这种多样性的增加可能导致在制造业中广泛使用外骨骼设备，或更广泛地使用机器人来协助体力需求高的劳动。

15.3 环境和生活方式的发展趋势

老年人常花费大部分时间在家里看电视（见图14.1）。尽管如此，商店和超市等公共场所依旧是老年人的常见目的地。许多老年人为了日常活动和休闲旅行，会去使用诸如机场、火车站、地铁站和港口等交通枢纽。他们还经常去可提供医疗服务的地方，比如医生办公室、诊所和医院。考虑到肥胖问题，未来老年人的户外娱乐活动可能会增加，因此需要精心设计道路以便让行动不便的人也能充分使用。随着这些活动越来越多地转移到互联网上，老年人可能会减少外出购物、理财和保持健康等的日常出行活动。

15.3.1 住宅

过去十年，在美国等发达国家出现的一个趋势是年轻一代的住房拥有率下降，而在城市地区，房价上涨导致新建住宅更小、密度更高，扭转了20世纪70年代建造大房子的长期的趋势。尽管人们认为城市化会使生活可从郊区转移到城市，但对于老年人来说，这种转变迄今尚未实现。

婴儿潮世代的老年人与之前的老一代想法相同，大部分都喜欢就地养老（见第11章）。此外，老年人更有可能选择在乡村就地养老。然而，随着生命末期生理能力的衰弱，他们可能离开乡村的家，而不是留在原地去世。如前所述，医疗保健支持也正在从机构向家庭倾斜。由于大多数医疗保健支出都用于管理慢性病，所以患有慢性病的老年人（见第10章）可能是最需要家庭医疗保健监测技术的。

但这样的房子会是什么样子呢？虽然战争和自然灾害等因素会导致住房市场的变化，但住房市场的变化相当缓慢。例如，在美国，2016年住房存量为1.357亿套，2017年达到1.366亿套（美国人口普查局2017年），大约三分之二住房是自有房产，三分之一是租赁房产。在欧盟，2015年大约有40%的居民住在公寓/公寓楼中，33%居住在独立式住宅中，24%居住在半独立式住宅中（欧盟统计局，2017年）。在美国，虽然老年人很可能住在他们自己的旧房子里，并且这一趋势会持续下去，但并非所有发达国家的老年人都拥有很高的住房自有率，比如德国的租赁率就很高。

而就物联网的连通性而言，较小的独立住宅可能更适合使用无线技术进行家庭网络连接，这取决于建筑材料对Wi-Fi无线电频率渗透性的不同。砖石和水泥等建筑材料对Wi-Fi的友好程度较低，这意味着使用网状Wi-Fi网络可能是在老房子中使用物联网设备的必要条件。半独立式和公寓式住房可能会更多受到邻近Wi-Fi网络的干扰，除非存在强加密，否则在高密度房屋中窃听传输更容易。因此，需要继续为网络产品提供易于实现的安全技术。

为物联网设备和很多潜在控制设备（如智能手机、智能手表和其他可穿戴设备、平板电脑）供电和充电的电源插座位置，可能会存在不方便放置或不容易够到的情况，这意味着需要进行改装，通过诸如重新布线、添加扩展电源条或开发多设备无线充电等方式实现。最后，很多老房子的照明系统可能很弱，由于许多设备在控制装置的设计上对比度不高（见图7.2），在光线不好的情况下可能难以辨认它们的控制装置。未来几十年内，由于节能照明的发展，家庭环境可能会变得更亮，但在低照明条件下规划设备的设计和使用仍将是明智之举。

15.3.2 工作和商业建筑

如前所述（见第9章和第11章），老年人将面临延迟退休，工作和志愿服务的时间会变长。因此，考虑年龄相关的变化是工业环境设计师面临的挑战。商业建筑的寿命比住宅长，大约为50年，它们的内部信息和通信设备的更新频率很高，可能每三到五年更新一次。这些建筑物往往光线充足，但舒适性不太可控。与家庭不同，许多商业建筑没有可调节的恒温器，因此对温度和可能影响劳动的其他因素（如振动和噪声）的控制较少。未来几十年，远程办公等非传统工作方式可能会增加，需要关注如何为家庭环境提供更符合人体工程学的设计。尽管如此，工作/志愿服务环境的物理特征可能在未来几十年还将保持稳定。

15.4 用户需求和愿望的作用

最终购买产品和服务是为了满足用户的需求，例如提升工作效率、休闲娱乐和健康管理。用户需求和愿望框架的金字塔如图15.1所示。对生存和独立至关重要的日常生活活动（ADL）是基础，例如吃饭；其次是完全独立所需的工具性日常生活活动（IADL），例如管理财务。金字塔顶端是增强性日常生活活动（EADL），例如社交活动，这对于高水平的生活满意度和幸福感很重要。虽然有正式的量表来衡量ADL和IADL，但在未来需要改变用于评估日常功能的工具，例如，通过使用移动电话技术代替有线电话。与使用有线电话相比，使用智能手机的认知需求更大（例如，移动操作系统和应用程序的定期更新），积极的趋势（例如弗林效应、教育收益）能否抵消需要更多的技术知识来管理工具性日常生活活动的需求，这将有待考究。在这里，再次强调了好的系统设计和教学设计的必要性。

老年人的动机可能保持稳定，并遵循人生发展理论的传统生命历程轨迹。相关理论表明，老年人更关心培养现有关系而不是新的关系，更注重运用现有技能而不是发展新的技能，当目标受阻时，更少依赖于一次性控制（改变世界）而更多依赖于二次控制（改变自己的目标），并且，选择性优化和补偿是老年人应对年龄相关损失的策略。这些理论表明，在管理工具和环境方面的自我效能感随着时间的推移而改变的可能性不大。基于上面讨论的家庭模式的转变，可能会发生的一个潜在变化是老年人会更加强调与年轻群体建立支持关系，特别是对于高龄老年人来说。

图 15.1 用户需求和愿望的框架示意图

15.5 总结：优秀设计的持久性

在未来20年，人类能力和欲望这一人类因素在人—环境相匹配中不太可能发生剧烈变化，但是环境方面则不太确定，因为随着新技术产品的发展和旧技术产品的更新，互联网将被链接到大多数信息和通信技术设备中，所以预计物联网将得到扩展。将各种设备链接起来的主要工具可能还是智能手机，因为智能手机便于携带和易于故障排除。除非智能手机屏幕尺寸继续增加（例如，使用屏幕折叠或投影技术），否则较小的智能手机的外形将继续对老年人的可用性构成挑战。因此，前几章中讨论的限制类型可以预计会在功能层面上持续存在，以便为设计工具和环境提供方向和指导。我们在本书中讨论的支持老年人优秀设计的工具和环境原则很可能会持续存在。

参考文献

[1] Adams, G. A., & Rau, B. L. (2011). Putting off tomorrow to do what you want today: Planning for retirement. American Psychologist, 66(3), 180-192. doi:10.1037/a0022131.

[2] Adams, A. E., Rogers, W. A., & Fisk, A. D. (2012, January). Choosing the right task analysis tool. Ergonomics in Design, 20(1), 4-10. doi:10.1177/1064804611428925.

[3] Administration on Aging, Administration for Community Living. (2016). A profile of older Americans. Washington, DC: U.S. Department of Health and Human Services.

[4] Administration for Community Living. (2017). A profile of older Americans: 2016. Washington, DC: U.S. Government Printing Office, Department of Health and Human Services.

[5] Amante, D. J., Hogan, T. P., Pagoto, S. L., English, T. M., & Lapane, K. L. (2015). Access to care and use of the internet to search for health information: Results from the U.S. National Health Interview Survey [Table 1: Sample characteristics by health information technology (HIT) use among adults, NHIS 2011.]. Journal of Medical Internet Research, 17(4), e106. Retrieved from https://www.ncbi.nlm.nih.gov/pmc/articles/PMC4430679/table/table1/.

[6] American Association of Retired Persons. (2016). Caregivers and technology: What they want and what they need. Washington DC: AARP.

[7] Anderson, N. D., Damianakis, T., Kröger, E., Wagner, L. M., Dawson, D. R., Binns, M. A.,... & The BRAVO Team. (2014). The benefits associated with volunteering among seniors: A critical review and recommendations for future research. Psychological Bulletin, 140(6), 1505-1533. doi:10.1037/a0037610.

[8] Anderson, M., & Perrin, A. (2017, May 17). Tech adoption climbs among older adults [Report]. Pew Research Center. Retrieved from http://assets.pewresearch.org/wp-content/uploads/sites/14/2017/05/16170850/PI_2017.05.17_Older-Americans-Tech_FINAL.pdf.

[9] Baernholdt, M., Yan, G., Hinton, I., Rose, K., & Mattos, M. (2012). Quality of life in rural and urban older adults 65 years and older: Findings from the national health and nutrition examination survey. Journal of Rural Health, 28(4), 339- 347. doi:10.1111/j.1748-0361.2011.00403.x.

[10] Baber, C. (2018). Designing smart objects to support affording situations: Exploiting affordance through an understanding of forms of engagement. Frontiers in Psychology, 9, 292. doi:10.3389/fpsyg.2018.00292.

[11] Baltes, P. B., & Baltes, M. M. (1990). Psychological perspectives on successful aging: The model of selective optimization with compensation. In P. B. Baltes & M. M. Baltes (Eds.), Successful aging: Perspectives from the behavioral sciences (pp. 1-34). New York: Cambridge

University Press.

[12] Barbour, K. E., Helmick, C. G., Boring, M., & Brady, T. J. (2017, March 10). Vital signs: Prevalence of doctor-diagnosed arthritis and arthritis-attributable activity limitation—United States, 2013-2015. Morbidity and Mortality Weekly Report, 66(9), 246-253. doi:10.15585/mmwr.mm6609e1.

[13] Barnett, I., van Sluijs, E. M., & Ogilvie, D. (2012). Physical activity and transitioning to retirement: A systematic review. American Journal of Preventive Medicine, 43(3), 329-336. doi:10.1016/j.amepre.2012.05.026.

[14] Bartha, M. C., Allie, P., Kokot, D., & Roe, C. P. (2015). Field observations of display placement requirements and character size for presbyopic and prepresbyopic computer users. Work, 52(2), 329-342. doi:10.3233/WOR-152158.

[15] Beach, S. R., Schulz, R., Downs, J., Matthews, J., Barron, B., & Seelman, K. (2009). Disability, age, and informational privacy attitudes in quality of life technology applications: Results from a national web survey. ACM Transactions on Accessible Computing (TACCESS), 2(1), 1-21. doi:10.1145/1525840.1525846.

[16] Belbin, E., & Belbin, R. M. (1972). Problems in adult retraining. London: Heineman.

[17] Bengtson, V. L., & Settersten, R. (2016). Handbook of theories of aging (3rd ed.). New York: Springer.

[18] Berkowsky, R. W. & Czaja, S. J. (2015). The use of technology in behavioral intervention research: Advantages and challenges. In L. N. Gitlin & S. J. Czaja (Eds.), Behavioral intervention research: Designing, evaluating, and implementing (pp. 119-136). New York: Springer.

[19] Bixter, M., Blocker, K. A., & Rogers, W. A. (2018). Enhancing social engagement of older adults through technology. In R. Pak & A. McLaughlin (Eds.), Aging, technology, and health (pp. 179-214). London: Elsevier.

[20] Blanson Henkemans, O., Rogers, W. A., & Dumay, A. C. M. (2011). Personal characteristics and the law of attrition in randomized controlled trials of eHealth for self-care. Gerontechnology, 10(3), 157-168. doi:10.4017/ gt.2011.10.3.004.00.

[21] Blocker, K. A., Wright, T. J., & Boot, W. R. (2014). Gaming preferences of aging generations. Gerontechnology, 12(3), 174-184. doi:10.4017/gt.2014.12.3.008.00.

[22] Boot, W. R., Charness, N., Czaja, S. J., Sharit, J., Rogers, W. A., Fisk, A. D.,... & Nair, S. (2013). Computer Proficiency Questionnaire: Assessing low and high computer proficient seniors. The Gerontologist, 55(3), 404-411.doi:10.1093/geront/gnt117.

[23] Boot, W. R., Moxley, J. H., Roque, N. A., Andringa, R., Charness, N., Czaja, S. J., Sharit, J., Rogers, W. A., Mitzner, T., & Lee, C. C. (2008). Exploring video gaming habits of older adults in the PRISM randomized controlled trial. Innovation in Aging, 2(1). doi:10.1093/geroni/igy009.

[24] Boot, W. R., Sothart, C., & Charness, N. (2014). Improving the safety of aging road users: A mini-review. Gerontology, 60(1), 90-96. doi:10.1159/000354212.

[25] Bosworth, B., Burtless, G., & Zhang, K. (2016, January). Later retirement, inequality in old age, and the growing gap in longevity between rich and poor [Report]. Economics Studies at Brookings. Retrieved from https://www.brookings.edu/wp-content/uploads/2016/02/BosworthBurtlessZhang_retirementine qualitylongevity_012815.pdf.

[26] Brandt, J., Spencer, M., & Folstein, M. (1988). The Telephone Interview for Cognitive Status. Neuropsychiatry, Neuropsychology, & Behavioral Neurology, 1(2), 111-117.

[27] Brewer, M., Murillo, D., & Pate, A. (2014). Handbook for designing roadways for the aging Population (No. FHWA-SA-14-015). U.S. Department of Transportation. Retrieved from https://safety.fhwa.dot.gov/older_users/handbook/aging_driver_handbook_2014_final%20.pdf.

[28] Brooke, J. (2013). SUS: A retrospective. Journal of Usability Studies, 8(2), 29-40.

[29] Brooke, L. (2003). Human resource costs and benefits of maintaining a matureage workforce. International Journal of Manpower, 24(3), 260-283. doi:10.1108/01437720310479732.

[30] Bureau of Labor Statistics. (2017, August, 24). Number of jobs, labor market experience, and earnings growth among Americans at 50: Results from a longitudinal survey [Press release]. Retrieved from https://www.bls.gov/news.release/pdf/nlsoy.pdf.

[31] Burkhardt, J. E., Bernstein, D. J., Kulbicki, K., Eby, D. W., Molnar, L. J., Nelson, C. A., & McLary, J. M. (2013). Travel training for older adults: A handbook. Washington, DC: Transportation Research Board. Retrieved from https://trid.trb.org/view/1323301.

[32] Card, S. K., Moran, T. P., & Newell, A. (1983). The psychology of human-computer interaction. Hillsdale, NJ: Lawrence Erlbaum Associates.

[33] Carlson, M. C., Hasher, L., Zacks, R. T., & Connelly, S. L. (1995). Aging, distraction, and the benefits of predictable location. Psychology and Aging, 10(3), 427-436. doi:10.1037/0882-7974.10.3.427.

[34] Carstensen, L. L., Isaacowitz, D. M., & Charles, S. T. (1999). Taking time seriously: A theory of socioemotional selectivity. American Psychologist, 54(3), 165-181. doi:10.1037/0003-066X.54.3.165.

[35] Centers for Disease Control and Prevention [CDC]. (2016). Multiple chronic conditions. Retrieved from https://www.cdc.gov/chronicdisease/about/multiple-chronic.htm.

[36] Charles, S. T., & Carstensen, L. L. (2010). Social and emotional aging. Annual Review of Psychology, 61, 383-409.

[37] Charness, N. (2010). Computer workstation ergonomics for an aging workforce. In T. Marek, W. Karwowski, & V. Rice (Eds.), Advances in understanding human performance: Neuroergonomics, human factors design, and special populations (pp. 818-823). Boca Raton, FL: CRC Press.

[38] Charness, N., Best, R., & Evans, J. (2016). Supportive home health care technology for older adults: Attitudes and implementation. Gerontechnology, 15(4), 233-242. doi:10.4017/gt.2016.15.4006.00.

[39] Charness, N., Boot, W. R., Kaschak, M., Arpan, L., Cortese, J., Clayton, R., Roque, N., Paedae, B., & Barajas, K. (2017). Human Factors Guidelines to Develop Educational Tip Cards for Aging Road Users (Technical Report BDV30-977-10). Florida Department of Transportation. Retrieved from http://www.fdot.gov/research/completed_proj/summary_TE/FDOT-BDV30-977-15-rpt.pdf.

[40] Charness, N., Demiris, G., & Krupinski, E. A. (2011). Designing telehealth for an aging population: A human factors perspective. Boca Raton: CRC Press.

[41] Charness, N., & Dijkstra, K. (1999). Age, luminance, and print legibility in homes, offices, and public places. Human Factors, 41(2), 173-193.doi:10.1518/001872099779591204.

[42] Charness, N., Kelley, C. L., Bosman, E. A., & Mottram, M. (2001). Word processing training and retraining: Effects of adult age, experience, and interface. Psychology and Aging, 16(1), 110-127. doi:10.1037/0882-7974.16.1.110.

[43] Chen, K., & Chan, A. H. S. (2014). Gerontechnology acceptance by elderly Hong Kong Chinese: A senior technology acceptance model (STAM). Ergonomics, 57(5), 635-652. doi:10.1080/00140139.2014.895855.

[44] Chien, W., & Lin, F. R. (2012). Prevalence of hearing aid use among older adults in the United States. Archives of Internal Medicine, 17(3), 292-293. doi:10.1001/archinternmed.2011.1408.

[45] Clay, O. J., Wadley, V. G., Edwards, J. D., Roth, D. L., Roenker, D. L., & Ball, K. K. (2005). Cumulative meta-analysis of the relationship between useful field of view and driving performance in older adults: Current and future implications. Optometry and Vision Science, 82(8), 724-731. doi:10.1097/01.opx.0000175009.08626.65.

[46] Coleman, R., Clarkson, J., Dong, H., & Cassim, J. (2012). Design for inclusivity: A practical guide to accessibility, innovation and user-centred design (Design for Social Responsibility). New York: Grower.

[47] Colonia-Willner, R. (1998). Practical intelligence at work: Relationship between aging and cognitive efficiency among managers in a bank environment. Psychology and Aging, 13(1), 45-57. doi:10.1037/0882-7974.13.1.45.

[48] Commarford, P. M., Lewis, J. R., Smither, J. A-A., & Gentzler, M. D. (2008). A comparison of broad versus deep auditory menu structures. Human Factors, 50(1), 77-89. doi:10.1518/001872008x250665.

[49] Cotten, S. R., Yost, E., Berkowsky, R. W., Winstead, V., & Anderson, W. A. (2016).Designing technology training for older adults in continuing care retirement communities.Boca Raton, FL: CRC Press.

[50] Creswell, J. W. (2018). Research design: Quantitative, qualitative and mixed method approaches. Los Angeles: Sage.

[51] Crimmins, E. M. & Beltrán-Sánchez, H. (2010). Mortality and morbidity trends: Is there compression of morbidity? Journal of Gerontology: Social Sciences, 66B(1), 75-86. doi:10.1093/geronb/gbq088.

[52] Czaja, S. J., Boot, W. R., Charness, N., Rogers, W. A., & Sharit, J. (2018). Improving social support for older adults through technology: Findings from the PRISM randomized control trial. The Gerontologist, 58(3), 467-477. doi:10.1093/geront/gnw249.

[53] Czaja, S. J., Charness, N., Fisk, A. D., Hertzog, C., Nair, S. N., Rogers, W. A., & Sharit, J. (2006). Factors predicting the use of technology: Findings from the Center for Research and Education on Aging and Technology Enhancement(CREATE). Psychology and Aging, 21(2), 333-352. doi:10.1037/0882-7974.21.2.333.

[54] Czaja, S. J., Lee, C. C., Arana, N., Nair, S. N., & Sharit, J. (2014). Use of a telehealth system by older adults with hypertension. Journal of Telemedicine and Telecare, 20(4), 184-191. doi:10.1177/1357633X14533889.

[55] Czaja, S. J., Lee, C. C., Branham, J., & Remis, P. (2012). OASIS connections: Results from an evaluation study. The Gerontologist, 52(5), 712-721. doi:10.1093/geront/gns004.

[56] Czaja, S. J., & Sharit, J. (2012). Designing training and instructional programs for older adults. Boca Raton, FL: CRC Press.

[57] Czaja, S. J., Sharit, J., Charness, N., Fisk, A. D., & Rogers, W. A. (2001). The Center for Research and Education on Aging and Technology Enhancement (CREATE): A program to enhance technology for older adults. Gerontechnology, 1(1),50-59. doi:10.4017/gt.2001.01.01.005.00.

[58] Czaja, S. J., Sharit, J., James, J., & Grosch, J. (in press). Current and emerging trends in aging and work. New York: Springer.

[59] Czaja, S. J., Sharit, J., & Nair, S. N. (2008). Usability of the Medicare health web site. JAMA, 300(7), 790-792. doi:10.1001/jama.300.7.790-b.

[60] Czaja, S. J., Sharit, J., Ownby, R., Roth, D. L., & Nair, S. (2001). Examining age differences in performance of a complex information search and retrieval task. Psychology and Aging, 16(4), 564-579. doi:10.1037/0882-7974.16.4.564.

[61] Davis, F. D. (1989). Perceived usefulness, perceived ease of use, and user acceptance of information technology. MIS Quarterly, 13(3), 319-340. doi:10.2307/249008.

[62] Docampo Rama, M., de Ridder, H., & Bouma, H. (2001). Technology generation and age in using layered user interfaces. Gerontechnology, 1(1), 25-40. doi:10.4017/gt.2001.01.01.003.00.

[63] Doty, R. L., & Kamath, V. (2014). The influences of age on olfaction: A review. Frontiers in Psychology, 5. doi:10.3389/fpsyg.2014.00020.

[64] Eby, D. W., Molnar, L. J., Zhang, L., Louis, R. M. S., Zanier, N., Kostyniuk, L. P., & Stanciu, S. (2016). Use, perceptions, and benefits of automotive technologies among aging drivers. Injury Epidemiology, 3(1), 28. doi:10.1186/s40621-016-0093-4.

[65] Eggers, F. J., & Thackeray, A. (2007). 32 years of housing data. U.S. Department of Housing and Urban Development, Office of Policy Development and Research. Contract No. C-CHI-00839, Task C, Order No. CHI-T0002, Project No. 017-002. Retrieved from https://www.huduser.gov/datasets/ahs/ahs_taskc.pdf.

[66] Employee Benefits Research Institute. (2017, September 20). Employee tenure trends, 1983-2016, p. 2. Notes, 38(9), 1-16.

[67] Eurostat. (2017). Housing statistics. Retrieved from http://ec.europa.eu/eurostat/statistics-explained/index.php/Housing_statistics.

[68] Fausset, C. B., Kelly, A. J., Rogers, W. A., & Fisk, A. D. (2011). Challenges to aging in place: Understanding home maintenance difficulties. Journal of Housing for the Elderly, 25(2), 125-141. doi:10.1080/02763893.2011.571105.

[69] Federal Interagency Forum on Aging-Related Statistics [FIFARS]. (2016, August). Older Americans 2016: Key indicators of well-being. Federal Interagency Forum on Aging-Related Statistics. Washington, DC: U.S. Government Printing Office. https://agingstats.gov/docs/LatestReport/Older-Americans-2016-Key-Indicators-of-WellBeing.pdf.

[70] Fisk, A. D. (1999). Human factors and the older adult. Ergonomics in Design, 7(1),8-13. doi:10.1177/106480469900700103.

[71] Fisk, A. D., & Rogers, W. A. (1997). Handbook of human factors and the older adult. Orlando, FL: Academic Press.

[72] Folstein, M. F., Folstein, S. E., & McHugh, P. R. (1975). Mini Mental State: A practical method for grading the cognitive state of patients for the clinician. Journal of Psychiatric Research, 12, 189-198.

[73] Fox, M. C., & Mitchum, A. L. (2013). A knowledge-based theory of rising scores on "culture-free" tests. Journal of Experimental Psychology: General, 142(3), 979-1000. doi:10.1037/a0030155.

[74] Fox, S., & Duggan, M. (2012, November 8). Main findings: Mobile health [Report]. Pew Research Center. Retrieved from http://www.pewinternet.org/2012/11/08/main-findings-6/.

[75] Fox, S., & Duggan, M. (2013, January 15). Information triage [Report]. Pew Research Center. Retrieved from http://www.pewinternet.org/2013/01/15/information-triage/.

[76] Fujishiro, K., MacDonald, L. A., Crow, M., McClure, L. A., Howard, V. J., & Wadley,V. G. (2017). The role of occupation in explaining cognitive functioning in later life: Education and occupational complexity in a U.S. national sample of black and white men and women. Journals of Gerontology B: Psychological and Social Sciences, 00, 1-11. doi:10.1093/geronb/gbx112.

[77] Gao, Q., & Sun, Q. (2015). Examining the usability of touch screen gestures for older and younger adults. Human Factors, 57(5), 835-863.doi:10.1177/0018720815581293.

[78] Gardner-Bonneau, D., & Blanchard, H. E. (2007). Human factors and voice interactive systems. New York: Springer.

[79] Gartner, Inc. (2017, December 6). Gartner survey shows wearable devices need to be more useful [Press release]. Retrieved from https://www.gartner.com/newsroom/id/3537117.

[80] Geisen, E., & Bergstrom, J. R. (2017). Usability testing for survey research. Cambridge,MA: Elsevier.

[81] Gitlin, L. N. (1995). Why older people accept or reject assistive technology. Generations, 19, 41-47.

[82] Gitlin, L. & Czaja, S. J. (2015). Behavioral intervention research: Designing, evaluating and implementing. New York: Springer.

[83] Gómez, R. Y., Caballero, D. C., & Sevillano, J. L. (2014). Heuristic evaluation on mobile interfaces: A new checklist. The Scientific World Journal, 1-19.doi:10.1155/2014/434326.

[84] Greenberg et al. (2017). Access to electronic personal health records among patients with multiple chronic conditions: A secondary data analysis. Journal of Medical Internet Research, 19(6), e188. doi:10.2196/jmir.7417.

[85] Greenfield, E. A. (2014). Community aging initiatives and social capital: Developing theories of change in the context of NORC supportive service programs. Journal of Applied Gerontology, 33(2), 227-250.doi:10.1177/0733464813497994.

[86] Gressin, S. (2017, September 8). The Equifax breach: What to do [Blog]. Federal Trade Commission. Retrieved from https://www.consumer.ftc.gov/blog/2017/09/equifax-data-breach-what-do.

[87] Harrington, C. N., Hartley, J. Q., Mitzner, T. L., & Rogers, W. A. (2015). Assessing older adults' usability challenges using Kinect-based exergames. Proceedings of the Human Aspects of IT for the Aged Population Conference (pp. 488-499).Cham, Switzerland.

[88] Heckhausen, J., & Schulz, R. (1995). A life-span theory of control. Psychological Review, 102(2), 284-304. doi:10.1037/0033-295X.102.2.284.

[89] HFES 100 Committee (Ed.). (2007). ANSI/HFES 100-2007 human factors engineering of computer workstations. Retrieved from https://www.hfes.org/Order/PublicationDetailsByProductId?ProductId=69.

[90] Hill, E. J., Erickson, J. J., Fellows, K. J., Martinengo, G., & Allen, S. M. (2012). Work and family over the life course: Do older workers differ? Journal of Family and Economic Issues, 35(1), 1-13. doi:10.1007/s10834-012-9346-8.

[91] Hoffman, H. J., Dobie, R. A., Losonczy, K. G., Themann, C. L., & Flamme, G. A.(2017). Declining prevalence of hearing loss in U.S. adults aged 20 to 69 years. JAMA Otolaryngology-

Head & Neck Surgery, 143(3), 274-285.doi:10.1001/jamaoto.2016.3527.

[92] Huffman, A., Culbertson, S. S., Henning, J. B., & Goh, A. (2013) Work-family conflict across the lifespan. Journal of Managerial Psychology, 28(7/8), 761-780.doi:10.1108/JMP-07-2013-0220.

[93] Ilmarinen, J. (2009). Work ability—A comprehensive concept for occupational health research and prevention. Scandinavian Journal of Work Environment & Health, 35(1), 1-5. doi:10.5271/sjweh.1304.

[94] Institute of Medicine (IOM). (2008). Retooling for an aging America: Building the health care workforce. Washington, DC: The National Academies Press. Retrieved from https://www.ncbi.nlm.nih.gov/books/NBK215401/pdf/Bookshelf_NBK215401.pdf.

[95] International Monetary Fund (IMF). (n.d.). IMF DataMapper: GDP per capita, current prices [dataset]. Retrieved from http://www.imf.org/external/datamapper/NGDPDPC@WEO/OEMDC/ADVEC/WEOWORLD.

[96] Irizarry, T., Devito Dabbs, A., & Curran, C. R. (2015). Patient portals and patient engagement: A state of the science review. Journal of Medical Internet Research,17(6), e148, doi:10.2196/jmir.4255.

[97] Jastrzembski, T. S., & Charness, N. (2007). The model human processor and the older adult: Parameter estimation and validation within a mobile phone task. Journal of Experimental Psychology:Applied, 13(4), 224-248.doi:10.1037/1076-898X.13.4.224.

[98] Kemper, S., & Lacal, J. (2004). Addressing the communication needs of an aging society. In R. Pew & S. V. Hemel (Eds.), Technology for an adaptive aging (pp.131-149). Washington, DC: The National Academies Press. doi:10.17226/10857.

[99] Kim, J., Lee, H. Y., Christensen, M. C., & Merighi, J. R. (2017). Technology access and use, and their associations with social engagement among older adults:Do women and men differ? The Journals of Gerontology Series B: Psychological Sciences and Social Sciences, gbw123. doi:10.1093/geronb/gbw123.

[100] Krebs, P., & Duncan, D. T. (2015). Health app use among U.S. mobile phone owners: A national survey. JMIR Mhealth Uhealth, 3(4), e101. doi:10.2196/mhealth.4924.

[101] Krist, A. H. et al., (2014). Engaging primary care patients to use a patient-centered personal health record. Annals of Family Medicine, 12(5), 418-426. doi:10.1370/afm.1691.

[102] Kroemer, K. H. E. (2005). Extra-ordinary ergonomics: Designing for small and big persons, disabled and the elderly, expectant mothers and children. Boca Raton, FL:CRC Press.

[103] Kubeck, J. E., Delp, N. D., Haslett, T. K., & McDaniel, M. A. (1996). Does job-related training performance decline with age? Psychology and Aging, 11(1), 92-107.doi:10.1037/0882-7974.11.1.92.

[104] Kumar, V. (2013). 101 design methods: A structured approach for driving innovation in your

organization. Hoboken, NJ: Wiley.

[105] Langa, K. M., Larson, E. B., Crimmins, E. M., Faul, J. D., Levine, D. A., Kabeto, M. U., & Weir, D. R. (2017). A comparison of the prevalence of dementia in the United States in 2000 and 2012. JAMA Internal Medicine, 177(1), 51-58.doi:10.1001/jamainternmed.2016.6807.

[106] Lawton, M. P. (1977). The impact of the environment on aging and behavior. In J. E. Birren & K. W. Schaie (Eds.), Handbook of the psychology of aging (pp.276-301). New York: Van Nostrand Reinhold.

[107] Lee, H. R., & Riek, L. D. (2018). Reframing assistive robots to promote successful aging. ACM Transactions on Human-Robot Interaction, 7(11), 1-23. doi:10.1145/32.

[108] Levac, D., Colquhoun, H., & O'Brien, K. K. (2010). Scoping studies: Advancing themethodology. Implementation Science, 5(1), 1-9. doi:10.1186/1748-5908-5-69.

[109] Lidwell, W., Holden, K., & Butler, J. (2010). Universal principles of design, revised and updated: 125 ways to enhance usability, influence perception, increase appeal, make better design decisions, and teach through design (2nd ed.). Beverly, MA: Rockport Publishers.

[110] Lococo, K. H., Staplin, L., Martell, C. A., & Sifrit, K. J. (2012, March). Pedal application errors (DOT HS 811 597). [Report]. Washington, DC: National Highway Traffic Safety Administration. Retrieved from https://www.nhtsa.gov/staticfiles/nti/pdf/811597.pdf.

[111] Loukaitou-Sideris, A., Levy-Storms, L., & Brozen, M. (2014). Placemaking for an aging population: Guidelines for senior-friendly parks. Los Angeles, CA: UCLA Lewis Center for Regional Policy Studies.

[112] Manton, K. G., Stallard, E. & Corder, L. (1995). Changes in morbidity and chronic disability in the U.S. elderly population: Evidence from the 1982, 1984, and 1989 National Long Term Care Surveys. Journal of Gerontology: Social Sciences,50B(4), S194-S204. doi:10.1093/geronb/50b.4.s194.

[113] McLaughlin, A., Gandy, M., Allaire, J., & Whitlock, L. (2012). Putting funinto video games for older adults. Ergonomics in Design, 20(2), 13-22.doi:10.1177/1064804611435654.

[114] McMullin, J. A., & Marshall, V. W. (Eds.). (2010). Aging and working in the new economy: Changing career structures in small IT firms. Williston, VT: Edward Elgar. doi:10.1177/0094306114562197h.

[115] McNaught, W., & Barth, M. (1992, Spring). Are older workers "good buys" - A case study of Days Inns of America. Sloan Management Review, 53-63.

[116] Mein, P., Kirchhoff, A., & Fangen, P. (2014). Impacts of aging travelers on airports (Project No. A11-03, Topic S07-01). Transport Research International Documentation. Retrieved from https://trid.trb.org/view/1304003.

[117] Merrill, M. D. (2002). First principles of instruction. Educational Technology Research and Development, 50(3), 43-59. doi:10.1007/bf02505024.

[118] Mitzner, T. L., Boron, J. B., Fausset, C. B., Adams, A. E., Charness, N., Czaja, S. J.,... &Sharit, J. (2010). Older adults talk technology: Technology usage and attitudes.Computers in Human Behavior, 26(6), 1710-1721. doi:10.1016/j.chb.2010.06.020.

[119] Mitzner, T. L., Chen, T. L., Kemp, C. C., & Rogers, W. A. (2014). Identifying the potential for robotics to assist older adults in different living environments.International Journal of Social Robotics, 6(2), 213-227. doi:10.1007/s12369-013-0218-7.

[120] Mitzner, T. L., Rogers, W. A., Fisk, A. D., Boot, W. R., Charness, N., Czaja, S. J.,& Sharit, J. (2016). Predicting older adults' perceptions about a computer system designed for seniors. Universal Access in Information Society, 15(2), 271-280. doi:10.1007/s10209-014-0383-y.

[121] Mitzner, T. L., Sanford, J. A., & Rogers, W. A. (in press). Closing the capacity-ability gap: Using technology to support aging with disability. Innovation in Aging.

[122] Mitzner, T. L., Smarr, C.-A., Rogers, W. A., & Fisk, A. D. (2015). Considering older adults' perceptual capabilities in the design process. In R. R. Hoffman, P. A. Hancock, M. W. Scerbo, R. Parasuraman, & J. L. Szalma (Eds.), The Cambridge handbook of applied perception research (vol. II, pp. 1051-1079). Cambridge: Cambridge University Press.

[123] Morey, S., Barg-Walkow, L. H., & Rogers, W. A. (2017). Managing heart failure on the go: Usability issues with mHealth apps for older adults. Proceedings of the Human Factors and Ergonomics Society 61st Annual Meeting (pp. 1-5). Santa Monica, CA: Human Factors and Ergonomics Society.

[124] Morrow, D. G., & Rogers, W. A. (2008). Environmental support: An integrative framework. Human Factors, 50(4), 589-613. doi:10.1518/001872008x312251.

[125] NASA-TLX (n.d.). NASA Task Load Index [survey]. Retrieved from https://humansystems.arc.nasa.gov/groups/TLX/downloads/TLXScale.pdf.

[126] National Academies of Sciences, Engineering, and Medicine. (2017). Information technology and the U.S. workforce: Where are we and where do we go from here?Washington, DC: The National Academies Press. doi:10.17226/24649.

[127] Norman, D. A. (1983). Design rules based on analyses of human error.Communications of the ACM, 26(4), 254-258.

[128] Norman, K. L., & Kirakowski, J. (Eds.). (2018). The Wiley handbook of human computer interaction. Hoboken, NJ: Wiley-Blackwell. doi:10.1002/9781118976005.

[129] Olson, K. E., O'Brien, M. A., Rogers, W. A., & Charness, N. (2011). Diffusion of technology: Frequency of use for younger and older adults. Ageing International, 36(1), 123-145. doi:10.1007/s12126-010-9077-9.

[130] Ortman, J. M., Velkoff, V. A., & Hogan, H. (2014). An aging nation: The older population in the United States. Washington, DC: U.S. Department of Commerce.

[131] Owen, N., Healy, G. N., Matthews, C. E., & Dunstan, D. W. (2012). Too much sitting: The

population-health science of sedentary behavior. Exercise and Sport Sciences Review, 38(3), 105-113. doi:10.1097/JES.0b013e3181e373a2.

[132] Pak, R., Czaja, S. J., Sharit, J., Rogers, W. A., & Fisk, A. D. (2006). The role of spatial abilities and age in performance in an auditory computer navigation task. Computers in Human Behavior, 24(6), 3045-3051. doi:10.1016/j.chb.2008.05.010.

[133] Pak, R., & McLaughlin, A. (2010). Designing displays for older adults. Boca Raton, FL:CRC Press.

[134] Peek, S. T. M., Wouters, E. J., Luijkx, K. G., & Vrijhoef, H. J. (2016). What it takes to successfully implement technology for aging in place: Focus groups with stakeholders. Journal of Medical Internet Research, 18(5):e98. doi:10.2196/jmir.5253.

[135] Pew Research Center: Internet & Technology (n.d.). Retrieved from http://www.pewinternet.org/.

[136] Rainie, L., Kiesler, S., Kang, R., & Madden, M. (2013). Anonymity, privacy, and security online. Retrieved from http://www.pewinternet.org/2013/09/05/anonymity-privacy-and-security-online/.

[137] Reason, J. T. (1991). Human error. Cambridge, UK: Cambridge University Press.

[138] Reinhard, S. C., Levine, C., & Samis, S. (2012). Home alone: Family caregivers providing complex chronic care. Retrieved from http://www.aarp.org/content/dam/aarp/research/public_policy_institute/health/home-alone-family-caregivers-providing-com-plex-chronic-care-rev-AARP-ppi-health.pdf.

[139] Remillard, E. T., Fausset, C. B., Fain, W. B., & Bowers, B. J. (2017). Aging with long-term mobility impairment: Maintaining activities of daily living via selection, optimization, and compensation. The Gerontologist, gnx186, doi:10.1093/geront/gnx186.

[140] Resnik, L., Allen, S., Isenstadt, D., Wasserman, M., & Iezzoni, L. (2009). Perspectives on use of mobility aids in a diverse population of seniors: Implications for interventions. Disability and Health Journal, 2, 77-85. doi:10.1016/j. dhjo.2008.12.002.

[141] Richardson, J. (2018). I am connected: New approaches to supporting people in later life online. Retrieved from https://www.goodthingsfoundation.org/sites/default/files/research-publications/cfab_report_v4.pdf.

[142] Rogers, W. A., Campbell, R. H., & Pak, R. (2001). A systems approach for training older adults to use technology. In N. Charness, D. C. Park, and B. A. Sabel(Eds.), Communication, technology, and aging: Opportunities and challenges for the future (pp. 187-208). New York: Springer.

[143] Rogers, W. A., Fisk, A. D., McLaughlin, A. C., & Pak, R. (2005). Touch a screen or turn a knob: Choosing the best device for the job. Human Factors, 47(2),271-288. doi:10.1518/0018720054679452.

[144] Rogers, W. A., Meyer, B., Walker, N., & Fisk, A. D. (1998). Functional limitations to daily living tasks in the aged: A focus group analysis. Human Factors, 40(1),111-125. doi:10.1518/001872098779480613.

[145] Rogers, W. A., & Mitzner, T. L. (2017). Envisioning the future for older adults: Autonomy, health, well-being, and social connectedness with technology support. Futures, 87, 133-139. doi:10.1016/j.futures.2016.07.002.

[146] Roque, N. A., & Boot, W. R. (2018). A new tool for assessing mobile device proficiency in older adults: The Mobile Device Proficiency Questionnaire. Journal of Applied Gerontology, 37(2), 131-156. doi:10.1177/0733464816642582.

[147] Roring, R. W., Hines, F. G., & Charness, N. (2007). Age differences in identifying words in synthetic speech. Human Factors, 49, 25-31.doi:10.1518/001872007779598055.

[148] Salvendy, G. (Ed.). (2012). Handbook of human factors and ergonomics (4th ed.).Hoboken, NJ: John Wiley & Sons.

[149] Sanford, J. A. (2012). Design for the ages: Universal Design as a rehabilitation strategy.New York: Springer.

[150] Sauro, J., & Lewis, J. (2012). Quantifying the user experience. New York: Elsevier.

[151] Schaie, K. W., & Willis, S. L. (2016). Handbook of the psychology of aging (8th ed.).London: Elsevier.

[152] Shockley, K. M., Shen, W., DeNunzio, M. M., Arvan, M. L., & Knudsen, E. A.(2017, July 27). Disentangling the relationship between gender and work-family conflict: An integration of theoretical perspectives using meta-analytic methods. Journal of Applied Psychology. Advance online publication.doi:10.1037/apl0000246.

[153] Simons, D. J., Boot, W. R., Charness, N., Gathercole, S. E., Chabris, C. F.,Hambrick, D. Z., & Stine-Morrow, E. A. (2016). Do "brain-training" programs work? Psychological Science in the Public Interest, 17(3), 103-186.doi:10.1177/1529100616661983.

[154] Sims, T., Reed, A. E., & Carr, D. C. (2017). Information and communication technology use is related to higher well-being among the oldest-old. The Journals of Gerontology: Series B, 72(5), 761-770. doi:10.1093/geronb/gbw130.

[155] Soederberg Miller, L. M., & Bell, R. A. (2012). Online health information seeking:The influence of age, information trustworthiness, and search challenges.Journal of Aging and Health, 24, 525-541. doi:10.1177/0898264311428167.

[156] Streufert, S., Pogash, R., Piasecki, M., & Post, G. M. (1990). Age and management team performance. Psychology and Aging, 5(4), 551-559. doi:10.1037/0882-7974.5.4.551.

[157] Sweller, J. (1994). Cognitive load theory, learning difficulty and instructional design.Learning and Instruction, 4(4), 295-312. doi:10.1016/0959-4752(94)90003-5.

[158] Szanton, S. L., Walker, R. K., Roberts, L., Thorpe, R. J., Wolff, J., Agree, E.,... &Seplaki, C.

(2015). Older adults' favorite activities are resoundingly active: Findings from the NHATS study. Geriatric Nursing, 36(2), 131-135.doi:10.1016/j.gerinurse.2014.12.008.

[159] Taha, J., Sharit, J., & Czaja, S. J. (2009). Use of and satisfaction with sources of health information among older internet users and nonusers. Gerontologist, 49(5),663-673. doi:10.1093/geront/gnp058.

[160] Toossi, M. (2016). Labor force projections to 2024: The labor force is growing, but slowly. Monthly Labor Review, U.S. Bureau of Labor Statistics, December 2015.doi:10.21916/mlr.2015.48.

[161] Trahan, L., Stuebig, K. K., Hiscock, M. K., & Fletcher, J. M. (2014). The Flynn Effect:A meta-analysis. Psychological Bulletin, 140(5), 1332-1360. doi:10.1037/a0037173.

[162] Transamerica Center for Retirement Studies. (2016, December). 17th annual Transamerica retirement survey: A compendium of findings about American workers (TCRS 1335-1216). Retrieved from https://www.transamericacenter.org/docs/default-source/retirement-survey-of-workers/tcrs2016_sr_retirement_survey_of_workers_compendium.pdf.

[163] United Nations, Department of Economic and Social Affairs, Population Division.(2015). World population ageing. New York: United Nations.

[164] United Nations Population Fund. (2012). Ageing in the twenty-first century: A celebration and a challenge. New York: United Nations Population Fund.

[165] U.S. Bureau of Labor and Statistics. (1979). National Longitudinal Survey of Youth (NSLY79). Washington, DC: U.S. Department of Labor.

[166] U.S. Census Bureau (2017). Housing vacancies and home ownership (CPS/HVS):Annual statistics 2017. Retrieved from https://www.census.gov/housing/hvs/data/ann17ind.html.

[167] U.S. Department of Health and Human Services. (n.d.). Quick guide to health literacy: Fact sheet. Retrieved from https://health.gov/communication/literacy/quickguide/factsbasic.htm.

[168] Verhaeghen, P. (2013). The elements of cognitive aging: Meta-analyses of age-related differences in processing speed and their consequences. New York: Oxford University Press.

[169] Weinger, M. B., Wiklund, M. E., & Gardner-Bonneau, D. J. (Eds). (2010). Handbook of human factors in medical device design. Boca Raton: CRC Press.

[170] Women's Bureau, U.S. Department of Labor. (2017). Fact sheet: Older women and work. Retrieved from https://www.dol.gov/wb/resources/older_women_and_work.

[171] Woo, E. H. C., White, P., & Lai, C. W. K. (2016). Ergonomics standards and guidelines for computer workstation design and the impact on users' health - a review. Ergonomics, 59(3), 464-475. doi:10.1080/00140139.2015.107652.

[172] World Health Organization. (2007). Global age-friendly cities: A guide. Geneva,Switzerland: WHO Press.